Bernd Ahrbeck/Stephan Ellinger/
Oliver Hechler/Katja Koch/
Gerhard Schad

Evidenzbasierte Pädagogik

Sonderpädagogische Einwände

Verlag W. Kohlhammer

Dieses Werk einschließlich aller seiner Teile ist urheberrechtlich geschützt. Jede Verwendung außerhalb der engen Grenzen des Urheberrechts ist ohne Zustimmung des Verlags unzulässig und strafbar. Das gilt insbesondere für Vervielfältigungen, Übersetzungen, Mikroverfilmungen und für die Einspeicherung und Verarbeitung in elektronischen Systemen.

Die Wiedergabe von Warenbezeichnungen, Handelsnamen und sonstigen Kennzeichen in diesem Buch berechtigt nicht zu der Annahme, dass diese von jedermann frei benutzt werden dürfen. Vielmehr kann es sich auch dann um eingetragene Warenzeichen oder sonstige geschützte Kennzeichen handeln, wenn sie nicht eigens als solche gekennzeichnet sind.

1. Auflage 2016

Alle Rechte vorbehalten
© W. Kohlhammer GmbH, Stuttgart
Gesamtherstellung: W. Kohlhammer GmbH, Stuttgart

Print:
ISBN 978-3-17-030778-0

E-Book-Formate:
pdf: ISBN 978-3-17-030779-7
epub: ISBN 978-3-17-030780-3
mobi: ISBN 978-3-17-030781-0

Für den Inhalt abgedruckter oder verlinkter Websites ist ausschließlich der jeweilige Betreiber verantwortlich. Die W. Kohlhammer GmbH hat keinen Einfluss auf die verknüpften Seiten und übernimmt hierfür keinerlei Haftung.

Inhaltsverzeichnis

Evidenzbasierte Pädagogik? Erziehung geht anders! Zur Einleitung 6

Ankunft im Alltag – Evidenzbasierte Pädagogik in der
Sonderpädagogik 9
Katja Koch

Evidenzbasierte Pädagogik – Von der verlorenen Kunst des Erziehens ... 42
Oliver Hechler

ADHS und Evidenzbasierung 84
Bernd Ahrbeck

Ökonomisierung + Inklusion = Evidenzbasierte Pädagogik? 100
Stephan Ellinger

Miniaturen 129
Gerhard Schad

Autorenspiegel 143

Evidenzbasierte Pädagogik? Erziehung geht anders! Zur Einleitung

Aktuell wird die pädagogische Disziplin und Profession mit dem konfrontiert, was die betriebswirtschaftlich ausgerichtete Bildungsökonomie, empirische Bildungsforschung und Bildungspolitik als sogenannte »Evidenzbasierung« bezeichnen. Dies gilt gleichermaßen für ihre sonderpädagogischen und sozialpädagogischen Subdisziplinen.

Ganz offenbar liegt für die Pädagogik ein besonderer Reiz in der Vorstellung, man könne, auf gesicherter wissenschaftlicher Basis von spezifischen erzieherischen oder unterrichtlichen Interventionen auf spezielle Effekte schließen. Dadurch wird einem Fach ein Statusgewinn in Aussicht gestellt, das wegen der scheinbaren Unbestimmtheit seiner Aussagen immer häufiger als »weiche«, wissenschaftlich zweitrangige Disziplin gilt. Nunmehr, so scheint es, können in der Theorie Erkenntnisse entstehen, die nahezu unumstößliche Gewissheiten repräsentieren. Gemeinsam mit einer von Irritationen befreiten Praxis, die sich ihres Erfolges gewiss sein kann. Standardisierte Trainings-, Unterrichts- und Förderprogramme ersetzen die Expertise professioneller Praktiker und ignorieren die Komplexität schulischer Handlungsanforderungen bei sonderpädagogischen Zielgruppen. In den Rang einer »best practice« erhoben, wird eine möglichst große Verbreitung beansprucht – geadelt von einem Begriff, der aus der angloamerikanischen Betriebswirtschaftslehre stammt.

Der Preis, der dafür gezahlt werden muss, ist nicht unerheblich, denn eng verbunden mit dem zugrunde liegenden Wissenschaftsverständnis, dem Forschungsdesign und der daraus resultierenden Interventionspraxis ist ein ganz bestimmtes Menschenbild: Kinder, Jugendliche und Erwachsene müssen konsequenterweise als mehr oder weniger triviale Ursache-Wirkungs-Maschine angesehen werden. Der alte Traum von der gradlinigen Steuerung des Menschen gerät, wie es scheint, noch einmal in greifbare Nähe. Unbestimmtheit hat demgegenüber kaum noch einen Platz. Der Mensch wird faktisch nicht mehr als »offene Frage« begriffen, ihm somit auch keine individuelle Bildsamkeit mehr unterstellt. In der Forschung dominiert die Subsumtionslogik nach dem Motto: »Kenne ich einen, kenne ich alle!«. Die Praxis hebt darauf ab, an augenscheinlich objektivierbaren Menschen schulisch und außerschulisch Trainings- und Förderprogramme konsequent zu exekutieren.

Anliegen des vorliegenden Bandes ist die Auseinandersetzung mit dem zunehmenden Einfluss, den die Evidenzbasierung in Theorie und Praxis der Pädagogik und Sonderpädagogik gewinnt. Diese Auseinandersetzung wird in zweifacher Hinsicht geführt. Einerseits geht es darum, dass der Begriff der Evidenzbasierung auf seine Tragfähigkeit bezüglich der pädagogischen Theorie und Erziehungspraxis hinterfragt wird. Zum anderen soll aber nicht nur auf Schwachstellen dieses

Paradigmas aufmerksam gemacht werden. Vielmehr ist dem Band auch daran gelegen, einen pädagogisch begründeten Gegenentwurf zu formulieren. Gewagt wird somit die Wiederaneignung der *Sache der Pädagogik* durch die Pädagogik selbst.

Diesem Vorhaben entsprechend, ist auch das Buch aufgebaut.

Den Anfang bildet der Beitrag von *Katja Koch*. Sie führt zunächst ein in die (internationale und nationale) Genese der Evidenzbasierten Pädagogik, beschreibt die Konturen des Diskurses und deckt wesentliche Differenzlinien auf. Auf dieser Grundlage beschreibt sie die Auswirkungen, die sich aus den mit der Evidenzbasierten Pädagogik verbundenen vielfältigen Interdependenzen zwischen Forschung, Praxis und (Bildungs-)Politik für die Sonderpädagogik ergeben. Vor dem Hintergrund, dass diese Auswirkungen bis dato ignoriert oder einfach »in Kauf genommen« werden, generiert sie zentrale Anfragen an das Fach Sonderpädagogik und seine Zukunft.

Ausgehend von der Explikation der konstitutionstheoretischen und erkenntnistheoretischen Verortung des Gegenstands der Pädagogik, fragt *Oliver Hechler* in seinem Beitrag nach den Möglichkeiten, Pädagogik als Profession zu bestimmen. Durch die Darlegung eines belastbaren Verständnisses von Pädagogik als Wissenschaft und Praxis kann abschließend beurteilt werden, ob sich der evidenzbasierte Zugriff auf die Pädagogik als Disziplin und Profession noch durchhalten lässt.

Der Beitrag *Bernd Ahrbecks* setzt sich mit Hyperaktivitäts-und Aufmerksamkeitsstörungen auseinander, die Lehrerinnen und Lehrer vor besondere Herausforderungen stellen – insbesondere bei schwerer beeinträchtigten Kindern und Jugendlichen. Die Motive ihres Erlebens und Handelns sind oft kaum nachvollziehbar, gehaltvolle pädagogische Antworten werden dadurch infrage gestellt. Einfache Verursachungs- und Veränderungstheorien wie das »multimodale Modell«, das sich seiner Evidenzbasierung rühmt, bieten sich als Lösung an. Der Preis, der dafür gezahlt werden muss, ist allerdings beträchtlich. Ein hoch komplexes medizinisches, psychologisches und pädagogisches Gefüge wird entdifferenziert und den kindlichen Entwicklungsbedürfnissen dadurch nur unzureichend Rechnung getragen. Das pädagogische Geschehen verflacht.

Stephan Ellinger entwickelt in seinem Beitrag die Kernthese, dass ursprünglich suboptimale Entwicklungen an den Universitäten und in den Schulsystemen Deutschlands zur Ausformulierung der sogenannten »Evidenzbasierten Pädagogik« führten. Diese Lösungsphantasie wird allerdings in einigen Kreisen nicht als diskussionswürdige Folge systemischen Wandels eingestanden, sondern vielmehr als disziplinäre Weiterentwicklung behauptet. Dabei überrascht der z. T. absolute und beinahe aggressive Ton, in dem anders argumentierende Fachvertreter auf das nun geltende Paradigma verwiesen werden. Damit ist allerdings eine umfassende Legitimationskrise vorprogrammiert: Jede inhaltliche und forschungsmethodologische Verengung innerhalb der Sonderpädagogik ist sowohl mit Blick auf die Schülergruppe, deren Anwalt sie sein sollte, als auch hinsichtlich der mittelfristigen Entwicklung der Professionalität kontraindiziert und riskiert den Niedergang einer ganzen Fachkultur.

Abschließend führt *Gerhard Schad* aus, dass Wissenschaft und Forschung in ihrem Wandel und in ihrer aktuellen Ausformung als Indikator betrachtet werden können für einen dominierenden Zeitgeist, der unsere gesamte Kultur, Bildung, Erziehung und in zunehmendem Maße auch unsere Existenzbedingungen bestimmt. Schad versucht in seinem Beitrag, Diskussion um evidenzbasierte Forschung und evidenzbasierte Praxis in Form von Gedankenminiaturen anzureichern, die weit über die methodologische und wissenschaftstheoretische Auseinandersetzung hinausweisen und den Blick öffnen können für Zusammenhänge, die für menschliche Praxis überhaupt von Bedeutung sind.

Die Autoren wünschen allen Leserinnen und Lesern eine anregende Lektüre, die ein Nach- und vielleicht auch Umdenken ermöglicht. In diesem Sinne wurde versucht, auf die oftmals umständlich anmutende akademische Ausdrucksweise zu Gunsten einer Schriftsprache zu verzichten, die die Sachverhalte, die uns wichtig erscheinen, möglichst unverstellt zur Darstellung bringen.

Bernd Ahrbeck
Stephan Ellinger
Oliver Hechler
Katja Koch
Gerhard Schad

Berlin, Rostock und Würzburg im Frühjahr 2016

Ankunft im Alltag – Evidenzbasierte Pädagogik in der Sonderpädagogik

Katja Koch

Zur Jahrtausendwende sah sich die wissenschaftliche Pädagogik aufgrund des schlechten Abschneidens des deutschen Bildungssystems in der ersten PISA-Studie harscher Kritik ausgesetzt: Weder gelänge es ihr, relevantes Wissen für die Praxis zu generieren, noch sei sie in der Lage, Antworten auf drängende bildungspolitische Fragen zu geben. Dies führte zu einer umfassenden Neuorientierung auf mehreren Ebenen: Programmatisch für die Bildungspolitik wurde die datengestützte und wirksamkeitsorientierte Steuerung des Bildungssystems (»Neue Steuerung«), erklärte Aufgabe der Bildungsforschung in diesem Kontext wurde, Daten für Praxis und Politik in Form von empirischen Wirksamkeitsnachweisen zu produzieren. Unter der Leitidee »What works?« etablierte sich die empirische Pädagogik in der Folge zu einer sog. evidenzbasierten Bildungsforschung.

Die wissenschaftliche Sonderpädagogik blieb von der Kritik im Gefolge der PISA-Studie weitestgehend »verschont«. Zu klein und zu unbedeutend ihre Zielgruppe, dementsprechend wenig politisch beachtet die Forschungsergebnisse aus ihrem Fach. Spätestens mit der durch die UN-Konvention motivierten, politisch gesteuerten Inklusionsbewegung gerieten jedoch die originären Zielgruppen der Sonderpädagogik in den Blick. Immer deutlicher stellen sich auch hier Fragen nach Evidenzen: Zum einen geht es um die Wirksamkeit der Sonderschulen, die bis dato unhinterfragt als Beschulungslösung für die Kinder mit Behinderungen fungierten. Gleichzeitig steigt das Bedürfnis in den allgemeinen Schulen, effektive, d. h. wirksame Fördermethoden und Interventionen »in die Hand« zu bekommen, um die neue Aufgabe erfolgreich bewältigen zu können, nämlich die Unterrichtung und Erziehung von Kindern mit unterschiedlichsten Förderbedarfen. Mit dem bildungspolitischen und praktischen Bedarf nach Wirksamkeitsnachweisen geht ein enormer Bedeutungsanstieg der wissenschaftlichen Sonderpädagogik einher: Die ehemals mehrheitlich kleinen Institute prosperieren, an zahlreichen Universitäten erfolgen Neugründungen. Große Forschungsprojekte werden gefördert, zahlreiche Kolleginnen und Kollegen sind bildungspolitisch beratend tätig. Die durch die politische Relevanz der Zielgruppen gestiegene Sichtbarkeit der Sonderpädagogik, ihre im Kontext der »Neuen Steuerung« entstandene »Salonfähigkeit«, hat zu einem massiven Aufschwung der empirisch-wissenschaftlichen Forschungstätigkeit geführt. Sonderpädagogik heute forscht evidenzbasiert für eine evidenzbasierte Politik und eine ebensolche Praxis! Die Idee der »Evidenzbasierten Pädagogik« ist in der Sonderpädagogik »angekommen«: sowohl im »Alltag« der wissenschaftlichen Disziplin als auch in dem der schulischen Praxis. Und die Sonderpädagogik ihrerseits ist angekommen in der neuen Bildungswissenschaft.

Fast kurios mutet an, wie wenig die in ihren Wurzeln sozialkritisch orientierte wissenschaftliche Sonderpädagogik die intensive und umfassende Wirkung zur Kenntnis nimmt, Welche die Idee der Evidenzbasierten Pädagogik inzwischen auf die eigene Disziplin entfaltet. Die zahlreichen, diesseits wie jenseits des Atlantiks geführten erziehungswissenschaftlichen, soziologischen und politikwissenschaftlichen Diskurse um Evidenzbasierte Pädagogik werden durch die Sonderpädagogik kaum rezipiert. Die Dynamiken, die aus der engen Verschränkung zwischen evidenzbasierter Bildungsforschung, evidenzbasierter Praxis und evidenzbasierter Bildungspolitik als Bestandteile der »Evidenzbasierten Pädagogik« einhergehen, werden für das eigene Fach kaum reflektiert. Stattdessen erfolgt die Neu-Orientierung des Faches relativ unkritisch und stark verkürzt mit dem Fokus auf der Bereitstellung von *Wirkungs*wissen. Mit der Ignoranz gegenüber den zahlreichen Problematiken, die im Zusammenhang mit dem Programm einer »Evidenzbasierten Pädagogik« diskutiert werden, sind jedoch (auch) für die Sonderpädagogik einige Gefahren verbunden.

Die »Ankunft im Alltag« soll in diesem Beitrag zum Anlass genommen werden, Bilanz zu ziehen und zu analysieren, welche Anfragen sich aus den Diskursen um »Evidenzbasierte Pädagogik« an das wissenschaftliche Fach Sonderpädagogik ergeben.[1]

Im ersten Teil des Beitrages wird zunächst den Spuren der »Evidenz-Bewegung« sowie ihren Effekten auf die Bildungsforschung und deren Methoden nachgegangen, ebenso werden die Konturen des Diskurses sowie die wesentlichen Differenzlinien nachgezeichnet. Im zweiten Teil wird die Perspektive darauf gerichtet, wie sich die Sonderpädagogik in diesen Diskursen verortet (oder auch nicht), welche Gefahren in einer verkürzten und unkritischen Übernahme liegen, welche Anfragen sich für die Sonderpädagogik ergeben und welche Aspekte der Debatte für die Disziplin fruchtbar gemacht werden könnten und sollten.

1 Genese des Programmes einer Evidenzbasierten Pädagogik[2]

Die Idee, die Pädagogik in ein Feld evidenzbasierter Praxis[3] zu verwandeln, basiert international auf einer grundsätzlichen Kritik an Qualität und Bedeutung der Bil-

---

1 Die Anlehnung des Titels an einen Roman von Brigitte Reimann erfolgt insofern in voller Absicht: auch hier geht es grundsätzlich um eine »Bewährung in der Praxis«.
2 Der Anspruch liegt hier nicht in einer vollständigen Abhandlung, sondern der Aufdeckung historischer Grundlinien der Entwicklung mit der Perspektive auf Teil 2 des Beitrages.
3 Abweichend von der alltagssprachlichen Anwendung bedeutet Evidenz (evidence) in diesem Kontext empirisch gewonnener Wirksamkeitsnachweis. Evidenzbasierung (»Evidencebased«) meint demzufolge: beruhend auf empirisch gewonnenen Wirksamkeitsnachweisen.

dungsforschung (inkl. Erziehungswissenschaft und Pädagogik). In Großbritannien beklagen exemplarisch Tooley-Report (Tooley/Darby 1998) und Hillage-Report (1998), dass Forschung keine generalisierbaren und reliablen Ergebnisse liefere, dass sie methodisch unzureichend sei und kaum relevantes Wissen kumuliert werde, um die praktische Arbeit zu einer forschungsbasierten professionellen Tätigkeit zu entwickeln. Handlungen und Entscheidungen von Politikern und Praktikern seien demzufolge nur unzureichend durch Forschungsbefunde basiert (Biesta 2011, 96; Schrader 2014, 197). Coe verfasst daraufhin ein vielbeachtetes Plädoyer für evidenzbasierte Bildungsreformen und votiert für experimentelle Feldstudien als Forschungsstandard (Coe 1999).

Ähnlich zeigt sich diese Entwicklung auch für die Vereinigten Staaten: Auf Basis des National Council Report konstatieren Feuer et al. (2002, 28) fehlende oder schwache Theorie, geringe praktische und politische Relevanz, keine empirische Forschung nach anerkannten Konventionen, geringes Maß an Replizierbarkeit der Befunde und Ideologieanfälligkeit. Auch hier werden experimentell gestützte, kausale Erklärungen der Effektivität pädagogischer Programme gefordert.

Sowohl für Großbritannien als auch für die USA lassen sich in der Folge diverse Bemühungen nachzeichnen, die das Ziel verfolgen, die konstatierte Kluft zwischen Forschung, Praxis und Politik zu schließen. Insbesondere durch die Gründung von Netzwerken und Informationszentren, welche die Ergebnisse der Bildungsforschung systematisch zusammengefasst zur Verfügung stellen, erhoffte man sich einen optimierten Transfer von Forschungsergebnissen in pädagogische und politische Institutionen (EPPI-Centre). Mit dem US-amerikanischen »No Child left Behind-Gesetz« (NCLB) im Jahr 2002 erhält das Postulat der »Evidenzbasierung« eine neue Dimension: Mit diesem Gesetz wurde, so Tenorth (2014, 8), nicht nur ein bildungspolitisches Programm formuliert, sondern gleichzeitig definiert, was unter wissenschaftlicher Forschung (»Scientifically Based Research«) zu verstehen sei: nämlich eine Forschung, die strenge, systematische und objektive Verfahren anwendet, um reliables und valides Wissen mit sowohl theoretischer als auch praktischer Relevanz zu generieren. Verbunden ist diese Definition mit Erwartungen an das Design wissenschaftlicher Untersuchungen: Gefordert werden experimentelle und quasi-experimentelle Designs, bevorzugt mit randomisierten bzw. parallelisierten Stichproben. Die Studien sollen so klar und detailliert dargestellt werden, dass sie systematische Replikationsstudien ermöglichen und sie sollen vor der Publikation in einem Fachjournal eine strenge, objektive und wissenschaftliche Überprüfung durchlaufen[4].

---

4 The term ›scientifically based research‹ — »(A) means research that involves the application of rigorous, systematic, and objective procedure to obtain reliable and valid knowledge relevant to education activities and programs«, vgl. No child left behind act, 2001/02, Title IX General Provisions, Part A, Definitions, Ziff. (37).
»(B) Includes research that – (i) employs systematic, empirical methods that draw on observation or an experiment; (ii) involves rigorous data analyses that are adequate to test the stated hypotheses and justify the general conclusions drawn, (iii) relies on measurement or observational methods that provide reliable and valid data across evaluators and observers, across multiple measurements and observations, and across studies by the same or

Im Rahmen des NCLB-Programms wurden detaillierte Kriterienkataloge ausgearbeitet, wie Forschungsqualität zu bewerten ist. Mit dem »What Works Clearinghouse« (WWC) schließlich entstand eine Institution mit dem erklärten Ziel »[to] provide educators with the information they need to make evidence-based decisions« (Institute of Education Sciences 2014).

Mittels diesen politisch (!) bestimmten Kriterien von Wissenschaftlichkeit werden zugleich Rahmenbedingungen für die Förderung von Forschung abgesteckt: Nur solche Programme sollen staatliche Fördermittel erhalten, die auf evidenzbasierter Forschung beruhen, ebenso soll die Evaluation solcher Programme diesem Forschungstypus entsprechen.

Als Vorbild der evidenzbasierten Pädagogik gilt übrigens die bereits ältere Tradition der »Evidence-based Medicine« (EbM) (z. B. Jornitz 2009, 70). EbM meint, dass die Versorgung individueller Patienten immer auf der Grundlage der besten wissenschaftlichen Evidenz zu basieren habe. Unter evidenzbasierter Praxis versteht man hier »die Integration individueller klinischer Expertise mit der bestverfügbaren externen Evidenz aus systematischer Forschung« (Sackett et al. 1996, 71). Gleichzeitig werden sowohl einheitliche Standards für Konzeption und Durchführung, als auch klare Kriterien für die Bewertung medizinischer Studien festgelegt. Die Evidenzkriterien der EbM orientieren sich an der Aussagekraft wissenschaftlicher Erkenntnismethoden.[5]

Das international breit rezipierte und stark propagierte Programm fand auch in Deutschland schnell Aufmerksamkeit. Hier hatten im etwa gleichen Zeitraum die internationalen Schulleistungsuntersuchungen (und das schlechte Abschneiden deutscher Schülerinnen und Schüler) breite sowohl wissenschaftsinterne als auch politisch-öffentliche Diskussionen veranlasst. Initiiert und angeleitet durch die OECD wurden, ebenso in diesem Zeitraum, in mehreren Bundesländern erzie-

---

different investigators; (iv) is evaluated using experimental or quasi-experimental designs in which individuals, entities, programs, or activities are assigned to different conditions and with appropriate controls to evaluate the effects of the condition of interest with a preference for random-assignment experiments or other designs to the extent that those designs contain within-condition or across-condition controls; (v) ensures that experimental studies are presented in sufficient detail and clarity to allow for replication or, at a minimum, offer the opportunity to build systematically on their findings; and (vi) has been accepted by a peer-reviewed journal or approved by a panel of independent experts through a comparably rigorous, objective, and scientific review.« (No child left behind act, 2001/02, Title IX General Provisions, Part A, Definitions, Ziff. (37).

5 Das Deutsche Cochrane Zentrum (2014) veröffentlicht auf seiner Internetseite folgende Einteilung, die sich auf die grundsätzliche Eignung eines Studiendesigns bezieht, durch die Vermeidung systematischer Fehler valide Ergebnisse zu erhalten: Ia – wenigstens ein systematischer Review auf der Basis methodisch hochwertiger kontrollierter, randomisierter Studien (randomized controlled trials – RCTs); Ib – wenigstens ein ausreichend großer, methodisch hochwertiger RCT; IIa – wenigstens eine hochwertige Studie ohne Randomisierung; IIb – wenigstens eine hochwertige Studie eines anderen Typs quasi-experimenteller Studien; III – mehr als eine methodisch hochwertige nichtexperimentelle Studie; IV - Meinungen und Überzeugungen von angesehenen Autoritäten (aus klinischer Erfahrung); Expertenkommissionen; beschreibende Studien. (ebenso Oxford Centre for Evidence-based Medicine 2014).

hungswissenschaftliche Institute evaluiert. Das Ergebnis war relativ einheitlich, die »Mängelliste« liest sich ernüchternd und ähnelt in Wesentlichem den o. g. internationalen Befunden: geringe wissenschaftliche Qualität, wenig internationale Sichtbarkeit, geringes Maß an eingeworbenen Drittmitteln, keine übergreifenden Forschungsprogramme, geringe praktische Relevanz (Tenorth 2005, 28). Dies führte auch in Deutschland im Zeitraum zwischen PISA (2000) und TIMSS (2007) zu einer umfassenden Neuorientierung auf mehreren Ebenen: Auf der politischen zu einer datengestützten und outcomeorientierten Steuerung des Bildungssystems (»Neue Steuerung«), in der Bildungsforschung zum Bemühen um die Produktion der benötigten Daten. Dokumentiert wird diese »empirische Wende« u. a. durch das vom Bundesministerium für Bildung und Forschung eingerichtete »Rahmenprogramm zur Förderung der empirischen Bildungsforschung« (BMBF 2007). Prominent wird hier die Notwendigkeit konstatiert, »im Zuge der Umsteuerung zu einer evidenzbasierten und am Output orientierten Steuerung in hohem Maße empirisch belastbares Wissen für Reformprozesse zur Verfügung zu stellen« (BMBF 2007, 2). Dieses Programm legt den Grundstein zu einer umfangreichen Förderung der Variante von Bildungsforschung, deren erklärtes Ziel es ist, »systemrelevantes Steuerungswissen bereitzustellen und damit den Transfer von wissenschaftlichen Erkenntnissen in Bildungspolitik und -praxis zu verbessern« (Tippelt/Claassen 2010, 22 f.). Zum wesentlichen Ankerpunkt für Qualitätsentwicklung im Bildungssystem werden somit nachweisbare Ergebnisse und Leistungen, zentrale Grundlage dafür ist das Programm der evidenzbasierten Pädagogik mit den drei wesentlichen Bereichen evidenzbasierte Praxis (evidence-based practice), evidenzbasierte Bildungsforschung (evidence-based educational research) und evidenzbasierte Politik (evidence-based policy).

2 Konturen und Differenzlinien des Diskurses

Das Programm der Evidenzbasierten Pädagogik wurde im englischsprachigen Raum von Anfang an, später auch in Deutschland von zahlreichen kritischen Diskursen begleitet. Im Folgenden werden zentrale Debatten und wesentliche Differenzlinien nachgezeichnet.

Was ist Evidenzbasierte Bildungsforschung?

Die o. g. beschriebene Kritik trifft die Bildungsforschung mitten in ihrem Selbstverständnis: So dreht sich der Diskurs 1.) um die Frage, was genau evidenzbasierte Bildungsforschung sein soll und welche Forschungsstrategien/Methoden sich an dieses Verständnis anschließen. Zum anderen geht es 2.) um die grundsätzliche disziplinäre Identität der Pädagogik.

1.) Die Forderung nach empirischer Evidenz ist fachwissenschaftlich im Prinzip nicht neu. Bereits 1962 hatte Roth eine »realistische Wendung« der Pädagogik und mit ihr die Orientierung von Pädagogik und Praxis an empirischer Gewissheit anstelle pädagogischer Normativität gefordert. Neu hingegen, so Tenorth (2014, 6), ist zum einen die Idee der konsequenten Grundlegung empirischer Evidenz für praktische und politische Entscheidungen (und Handlungen), zum anderen die strenge Fokussierung auf Ursache-Wirkungs-Zusammenhänge und die damit einhergehende Präferenz eines bestimmten methodischen Vorgehens in Verbindung mit der Präferenz für pädagogisch-psychologische Theorieprogramme.

Auf die Methodik der Produktion von Wirksamkeitswissen bezogen lassen sich zwei grundlegende Standpunkte unterscheiden: a) Ausgehend davon, dass in jeglicher Art von empirischer (Bildungs-)Forschung theoretische Aussagen systematisch und intersubjektiv nachvollziehbar mit empirischen Verfahren geprüft bzw. begründet werden, gibt es unterschiedliche methodische/methodologische Forschungszugänge. Diese Auslegung von Evidenz plädiert für die Pluralität von Methoden. Dem gegenüber steht b) ein enges Verständnis von Evidenz, bei dem unter evidenzbasierter Pädagogik ein Ansatz verstanden wird, der nicht mit dem unter a) genannten weiten Verständnis empirischer Bildungsforschung gleichgesetzt werden kann (Bellmann/Müller 2011a, 14). Wissen darüber, »What works«, rekurriert immer auf den Zusammenhang zwischen Ursache und Wirkung. Evidenz ist demzufolge stets Wissen über kausale Zusammenhänge und nicht jedwedes wissenschaftliche, auch nicht empirisch gewonnene Wissen. Wissen über kausale Zusammenhänge wiederum könne ausschließlich durch experimentelle, randomisierte kontrollierte Studien[6] generiert werden. In diesem Verständnis verbindet sich empirische Bildungsforschung mit einer Allein- oder zumindest deutlichen Vorrangstellung experimenteller Studiendesigns. Obwohl der »Goldene Standard« experimenteller, randomisierter Studien im pädagogischen Feld nicht immer zu realisieren ist[7], so die (rein) forschungspragmatisch (nicht erkenntnistheoretisch) motivierte Relativierung, misst sich die Qualität einer Evidenzaussage immer an der höchsten Qualität, mithin am »Goldstandard«. Qualitätsmessung erfolgt, orientiert am medizinischen Paradigma, in sog. *Stufen (oder Graden) von Evidenz*, welche durch die jeweils eingesetzten empirischen Methoden bestimmt sind. Verbreitet ist eine Einteilung, auf deren oberster Stufe Befunde stehen, deren Evidenz durch mehrere randomisierte Feldstudien oder wenigstens eine Metaanalyse nachgewiesen wurde. Auf der zweiten Stufe folgen Befunde aus mindestens einer randomisierten Feldstudie, auf Stufe drei Befunde aus gut designten quasi-experimentellen Studien, Stufe vier bilden Befunde aus vergleichenden und korrelativen Fallstudien und auf Stufe 5 befinden sich Befunde aus Einzelfallstudien (vgl. Fußnote 5).

Auffällig ist, dass sich in Deutschland auch Forschungsansätze mit dem Begriff Evidenzbasierung identifizieren, die den strengen Kriterien des originären Paradigmas kaum genügen. Während Coe postuliert, »evidence must come from experiments in real contexts. ›Evidence‹ from surveys or correlational research is not a basis for action« (Coe 1999), gelten indikatorengestützte Bildungsberichterstattung (surveys) und Korrelationsanalysen (correlational research) in Deutschland

---

6 Randomisierte kontrollierte Studien (RCT – randomized controlled trials).
7 Thematisiert werden hier v. a. die Unmöglichkeit einer konsequenten Randomisierung im pädagogischen Feld (Bromme et al. 2014, 14) sowie die Schwierigkeiten bei der Gewährleistung interner Validität.

als Formen evidenzbasierter Forschung (vgl. Bellmann/Müller 2011a, 22). Ebenso nehmen (in der jüngeren Diskussion) die Plädoyers für Mixed Methods Strategien zu (vgl. z. B. Prenzel 2012; Helsper/Klieme 2013).

2.) Eine weitere Debatte fokussiert die Identität der Disziplin Pädagogik. Konstatiert wird eine (qua Evidenzforderung und Forschungsförderung) politisch gesteuerte Transformation der Erziehungswissenschaft in eine stark psychologisch geprägte »Bildungswissenschaft«[8]. Pädagogik, so die OECD (2002, 9), sei keine eigenständige Disziplin, sie brauche zwingend Hilfe aus anderen Disziplinen. Noch immer in einem primitiven Stadium der Entwicklung, sei sie eine Kunst, keine Wissenschaft. Dass die Frage nach der Formung und Entwicklung des Menschen im gesellschaftlichen Kontext rein psychologisch beantwortet werden kann, wird nicht angezweifelt.

Ebenso grundsätzlich diskutiert werden der Stellenwert und die Bedeutung der Empirie in der Bildungsforschung. Kritisiert wird die Engführung auf ein »technologisches und utilitaristisches Verständnis von Wissenschaft, das die Evidenz von Forschung nur nach ihrer praktischen und bildungspolitischen Verwertbarkeit beurteilt« (Schüßler 2012, 63). Laut Biesta (2011, 117) konzentriere sich die Diskussion über evidenzbasierte Pädagogik übermäßig auf »technische Fragen«, es ginge insgesamt um eine rein technologische Erwartung an die Forschung, nämlich um die Antwort auf die Frage »Was wirkt?«. Bildungsforschung darf sich aber nicht darauf beschränken, die Effektivität pädagogischer Mittel zu untersuchen, sondern muss ebenso die Erwünschtheit pädagogischer Ziele untersuchen. Die Identifizierung von Bedingungen für wünschenswerte Effekte kann nicht ohne eine kritische Auseinandersetzung mit der Frage stattfinden, was wünschenswerte Effekte für wen bedeuten. Daher muss immer auch eine bildungstheoretische Analyse hinzutreten. Evidenzbezug als steuerungspolitische Strategie setzt allerdings erst jenseits von Interessen-, Norm- oder Wertekonflikten ein, ein Wertbezug wird, so Emmerich (2014, 100), zwar nicht geleugnet, aber aus dem Zweckbezug ausgeschlossen.

Die Bereitstellung instrumentellen Wissens ist nur eine Variante, wie Bildungsforschung pädagogische Praxis aufklären und entwickeln, wie sie praktisch tätige Pädagogen unterstützen kann, ihre Praxis zu sehen oder eben auch anders zu sehen (Biesta 2011, 114). Die Notwendigkeit einer Auseinandersetzung mit normativen und politischen Fragen darüber, was pädagogisch wünschenswert ist, bleibt im Evidenzparadigma vollkommen unbeachtet. Biesta argumentiert, dass pädagogische Praxis ihrem Wesen nach nicht-kausal und normativ sei und dass Pädagogen demzufolge immer auch Urteile darüber fällen müssen, was pädagogisch wünschenswert ist. Die Erforschung dessen, was wirkt, könne solche normativen Urteile nicht ersetzen. Zudem schränke sie das Recht der Pädagogen ein, von ihrer Urteilskraft darüber, was in einer bestimmten Situation pädagogisch wünschens-

---

8 Verstanden wird hier unter Bildungswissenschaft eine »hybride Leitdisziplin«, agierend als Zusammenschluss unterschiedlicher Teildisziplinen (Erziehungswissenschaft, Schulpädagogik, Psychologie, Sozialwissenschaften ...), ausführlich dazu Casale et al. 2010, 55 ff.

wert ist, Gebrauch zu machen, obwohl es der empirischen Befundlage möglicherweise nicht entspricht.[9]

Zum Verhältnis zwischen Forschung, Praxis und Politik[10]

Jenseits methodischer bzw. methodologischer Fragen ist Evidenz auch Gegenstand eines intensiven forschungs- und bildungspolitischen Diskurses, rege diskutiert wird das Verhältnis der drei Bereiche Evidenzbasierter Pädagogik: das Verhältnis mithin zwischen evidenzbasierter Praxis, evidenzbasierter Bildungsforschung und evidenzbasierter Politik.

Konsens (im Spektrum der Kritiker) besteht darüber, dass sich dieses Verhältnis nur als »Dreiecksverhältnis« in dem Sinne denken lässt, dass jeder Bereich eine je spezifische Beziehung zu jedem anderen Bereich hat. Die Vielfalt und Komplexität möglicher Verhältnisbestimmungen zwischen Forschung als Produzent von Wissen sowie Politik und Praxis als Abnehmern dieses Wissens demonstriert sich bereits im Spektrum der verwendeten Ausdrücke, welches von »evidenzinformiert« (evidence-informed) über »evidenzbeeinflusst« (evidence-influenced) bis hin zu »evidenzbasiert« (evidence-based) reicht, um nur einige Varianten zu zitieren.

Zur Analyse der jeweiligen Beziehungen werden aus dem »Beziehungsdreieck« zunächst einzelne Paar-Konstellationen analysiert, wobei gleichzeitig darauf eingegangen wird, wie sich Dynamiken auch über die jeweilige Paar-Konstellation hinaus auswirken können.

Grundsätzlich geht es bei den nachfolgenden Ausführungen um die Frage: Wer informiert, beeinflusst bzw. basiert da wen, in welcher Weise, mit welcher Absicht und welche Folgen hat dies auf weitere Beziehungen innerhalb des »Dreiecks«?

Verhältnis Forschung & Politik

Grundidee einer evidenzbasierten politischen Steuerung des Bildungswesens ist die Kontrolle über die Kausalitätsbedingungen innerhalb des Erziehungssystems und damit der Gewinn von Einfluss auf operative Strukturen. Die Bildungswissenschaften sollen dafür Handlungs-, Entscheidungs- und Steuerungswissen zur Verfügung stellen. Der Diskurs fokussiert insbesondere die enge Verknüpfung zwischen Forschung und Steuerung, die dem Begriff Evidenz eine gesellschaftliche Funktion gibt.

---

9 Biesta (2011, 116 f.) bescheinigt der Evidenzbasierten Pädagogik, die pädagogisches Handeln auf das mechanische Anwenden von wissenschaftlich rigoros validierten Interventionen reduziert, eine Einschränkung der Autonomie der Praktiker und damit insgesamt ein Demokratiedefizit.

10 Im Folgenden wird für »Praxis«, »Forschung« und »Politik« der Kollektivsingular genutzt, wohlwissend, dass sich unter den Begriffen je verschiedene Akteure versammeln.

Intensiv problematisiert wird in diesem Zusammenhang die Gefahr, dass die staatliche Förderpolitik selbst nur noch solche Projekte fördert, die a) entsprechendes Steuerungswissen produzieren oder b) über Forschung ermittelte Effizienzkriterien in die pädagogische Praxis implementieren wollen (Schüßler 2012, 54; Tenorth 2014, 8). Gespeist wird diese Befürchtung durch die Tatsache, dass mit dem Evidenzparadigma gleichzeitig Kriterien von Wissenschaftlichkeit (NCLB-Gesetz) bzw. ein bestimmtes methodologisches Vorgehen postuliert werden. Dies verhindert nicht nur die Unabhängigkeit von Wissenschaft und Forschung, es greift auch massiv in die interne Struktur der (Erziehungs-)wissenschaft ein. »Hebel« dafür ist die großzügige Finanzierung einer »empirischen Bildungsforschung« (bis hin zur Schaffung außeruniversitärer Strukturen, wie z. B. DIPF), die im direkten politischen Auftrag agieren (Radtke 2013, 13).

Die empirische Bildungsforschung wird so zum Dienstleister der Bildungspolitik (Buchhaas-Birkholz 2009, 27), zum »zuverlässige[n] Lieferanten administrativ verwertbaren Wissens« (Radtke 2013, 13). Von Forschung im Rahmen der Evidenzbasierten Pädagogik wird lediglich die Erfüllung einer technischen Aufgabe verlangt.

Hinzuweisen ist in diesem Zusammenhang zudem auf die Gefahren, die sich aus der Vermarktung »evidenzbasierter Produkte« qua Gütesiegel einer Prüfstelle, wie sie bspw. das »What Works Clearinghouse« darstellt, ergeben. Wenn die »Produktion von Evidenz« »von einer entsprechend lancierten staatlichen Forschungsförderung [...] oder von renditeorientierten privaten Forschungsinvestitionen« abhängig wird, könnte dies zu einer »politisch gewollten (Um-)Gestaltung der Forschungslandschaft« führen (Bellmann/Müller 2011, 17 f.; Schüßler 2012, 55).

Auch die Metaanalysen, die als hohe Stufe der Qualität von Forschung gelten, werden kritisch hinterfragt. So sieht Jornitz (2009) Metaanalysen als Instrument, machtpolitisch einen Herrschaftsanspruch durchzusetzen: Indem methodisch nicht kompatible Forschung aus den Reviews herausfällt, wird jene auch nicht mehr in die Destillierung von Evidenz eingeschlossen (73 f.). Ein wissenschaftlicher Diskurs darüber, welche Methode zu welchem Ergebnis führt, werde nicht mehr geführt, ein Teil von Wissenschaft werde damit gleichsam »exkommuniziert« (70). Konsequent weitergedacht bedeutet dies: Indem sie sich auf diese Weise ihre Deutungshoheit über »Evidenz« erhalten, kann für einzelne Forschungsrichtungen ein wesentlicher Gewinn an Reputation und finanzieller Förderung resultieren.

Schlussendlich muss auch gefragt werden, inwieweit Politik als Akteur überhaupt beeinflussbar ist. In diesem Zusammenhang wird konstatiert, dass »die vielfältigen Interaktionen zwischen wissenschaftlichen, staatlichen, professionellen und zivilgesellschaftlichen Akteuren (Stiftungen, Verbände, Medien usw.) und deren Wirkungen [...] für den Bildungsbereich [...] noch kaum hinreichend erforscht« sind (Schrader 2014, 212). Die Bereitschaft und Fähigkeit der Politik zu forschungsbasierten Reformen ist insgesamt wohl eher skeptisch zu sehen, vielfach ist der Umgang mit Forschungsbefunden eher von machtpolitischen Interessen geleitet (Dedering et al. 2003).

Verhältnis Forschung & Praxis

Zentral für die im Programm der evidenzbasierten Pädagogik postulierte praktische Relevanz gewonnener Evidenzen ist die Übertragbarkeit der Studien in die Praxis pädagogischer Felder. Ein Evidenzverständnis, das sich lediglich am Postulat von Wirksamkeitsnachweisen orientiert, muss für den pädagogischen Bereich als wenig praxisrelevant angezweifelt werden. Während die Überprüfung der *Wirksamkeit* (efficacy) unter den kontrollierten und standardisierten Bedingungen des Experiments erfolgt, zeigt sich die *Wirkung* (effectiveness) erst unter den Bedingungen der realen Alltagspraxis. Eine Übernahme des medizinischen Konzepts der Evidenzbasierung wird nach Berliner (2002, 20), auf den die Debatte in der Regel verweist, insbesondere durch drei grundsätzliche Charakteristika des Bildungsbereichs erschwert: die Macht des komplexen Kontextes und seiner Einflüsse, die Allgegenwart von Interaktionen und die geringe »Halbwertszeit« der Befunde empirischer Bildungsforschung. Die ersten beiden Aspekte beschreiben das »unentwirrbare und experimentell unkontrollierbare Mehrebenengefüge von Wirkfaktoren und Interaktionen in institutionellen Lehr-Lern-Kontexten wie z. B. dem Klassenzimmer« (Pant 2014, 81). Geringe »Halbwertszeit« meint, dass selbst solide gewonnene Befunde über empirische Evidenz aufgrund des sozialen Charakters pädagogischer Phänomene sowie der historischen Relativität schnell veralten können. Insbesondere die Komplexität des Kontexts und der kontextbezogenen Interaktionen macht es nahezu unmöglich, einzelne Faktoren zu isolieren und ihren Effekt, geschweige denn die Effekte für konkrete Kontextkonstellationen, abzuschätzen. Obgleich Berliner hiermit sowohl die interne, als auch die externe Validität von Experimenten bedroht sieht, empfiehlt er nicht, vom Anliegen der Kausalforschung Abstand zu nehmen, denn problematisch sei nicht das Experiment als Methode, sondern die Interpretation bzgl. Praxisrelevanz und -übertragbarkeit seiner Befunde. Die einschlägige Diskussion thematisiert, neben der internen[11], vor allem die externe Validität experimenteller Studien, mithin also die Wirkungen unter Realbedingungen.[12] Gerade der Kernbereich des Berufsfeldes von Lehrerinnen und Lehrern, nämlich der Unterricht, ist hochkomplex, schwer durchschaubar, kaum kontrollierbar und nur bedingt planbar. Experimente aber basieren immer auf der Reduktion

---

11 Bezüglich der internen Validität von RCT wird insbesondere die Schwierigkeit der Kontrolle und Standardisierung der Faktoren thematisiert. Die Skepsis an der internen Validität. betrifft auch systematische Reviews und Metaanalysen. So betont Cholewa (2010, 53 f.) insbesondere die Gefahren, die sich daraus ergeben, dass von Fachzeitschriften eher Beiträge akzeptiert werden, die die Wirksamkeit einer Maßnahme bestätigen, und dass so zusammenfassenden Bewertungen von Forschungsständen ein erhebliches Verzerrungspotenzial immanent ist (publication-bias).
12 Dem schließt sich eine Diskussion um den Umgang mit Metaanalysen an, die in der Hierarchie von Evidenz neben randomisierten Studien fungieren (z. B. Pant 2014; Beelmann 2014). Ohne Einbezug der Implementierungsproblematik können, mit mehr oder minder deutlich formuliertes Fazit, Metaanalysen der Beurteilung komplexer Interventionen nicht gerecht werden. Pant (2014) diskutiert die Bewertung und Erstellung solcher Analysen explizit unter dem Gesichtspunkt externer Validität.

von Komplexität: Kontexte werden fragmentiert, indem sie in einzelne Faktoren zerlegt werden. Der Praktiker jedoch muss mit Bedingungen rechnen, die im Experiment per Design ausgeschlossen werden: Multikausalität, Interaktionen zwischen bedingenden Faktoren, nichtlineare Beziehungen, Feedbackschlaufen, dynamische Prozesse, die das Kausalgefüge laufend verändern. Während der Forscher ein komplexes Phänomen analysieren und fragmentieren kann, kann dies der Praktiker nicht. Er muss, oft unter Zeitdruck, auf unvorhersehbare Ereignisse, die zudem niemals gleich sind, reagieren. Das heißt, selbst wenn die Bildungsforschung ausschließlich experimentell forschen würde, wäre der Anspruch der Evidenzbasierten Pädagogik, Wissen bereitzustellen, das die Bedingungen, unter denen pädagogische Zielzustände per Intervention erreicht werden, exakt beschreibt, nicht einlösbar (Herzog 2011, 136). Das Bild, das die Bildungsforschung von der pädagogischen Wirklichkeit zeichnen kann, beruht auf Annäherungen und Vereinfachungen, es ist kaum zu erforschen, welche Ursachen mit welchen Wirkungen in welcher Beziehung stehen.

Obwohl die Übertragbarkeit ins praktische Feld gerade in der deutschen Diskussion verstärkt betont wird, bleibt die in den Evidenz-Stufen-Modellen angelegte klare Hierarchisierung der Methoden und damit eine Dominanz experimenteller, randomisierter Studien und Metaanalysen unwidersprochen.

Wenn, so der erklärte Anspruch, Evidenzforschung veränderungsrelevantes Wissen generieren soll, welches der Praxis eine solide Basis für professionelles Handeln bietet, stellt sich die Frage, was die Praxis überhaupt mit diesem Wissen anfängt. Diese Frage wird ausführlich als die Frage nach dem Wissenstransfer in die Praxis problematisiert. Hier wird insbesondere auf die Eigenlogik professioneller Akteure als Hürde sowie auf zahlreiche »Implementationsbrüche« bei der Umsetzung empirischer Erkenntnisse in alltägliches Handeln hingewiesen (z. B. van Ackeren et al. 2011; Zlatkin-Troischanskaja et al. 2012). Inzwischen gibt es zahlreiche Befunde über Bedingungen, von denen ein gelungener Transfer abhängig ist. Insbesondere wird darauf verwiesen, dass die breite Nutzung von Forschungsevidenz durch Praktiker von der »Übersetzung der Forschungsbefunde« in praktisch nutzbare Produkte (z. B. Lehrmaterialien u. ä.) abhänge (Radcliffe et al. 2005). Als zentral erweisen sich ebenso die angebotenen Kooperationsstrukturen für Lehrkräfte sowie deren Motivation (Gräsel 2008, 203).

Kritisiert wird in diesem Zusammenhang insbesondere die sog. Top-Down-Logik evidenzbasierter Reformstrategien, die allein die Wissenschaft als Produzenten von Wirksamkeitswissen zulassen, welches alsdann in der Praxis umgesetzt werden soll. Eine seitens der Praxis vollzogene Weiterentwicklung oder Veränderung von Innovationen wird »eher als unerwünschte Entwicklung betrachtet« (Gräsel 2010, 15). Gräsel plädiert für partizipative Transferstrategien, die Akteure mit unterschiedlicher Expertise einbeziehen. Hier erfährt die Dissemination von evidenzbasiertem Wissen mithilfe von Informationsstellen (wie es das »What Works Clearinghouse« darstellt) eine deutliche Weiterentwicklung.

Auch machtpolitische Aspekte spielen im Diskurs eine wesentliche Rolle: Mittels des forschungsgestützten »Evidenzprogramms« kann bildungspolitisch direkt auf die Gestaltung der Praxis eingewirkt werden. Dies weckt, so auch Herzog (2011,

123), den Verdacht, dass es sich bei der Evidenzbasierten Pädagogik »nicht um ein pädagogisches, sondern um ein politisches Programm« handele, »dessen Zweck in der besseren Kontrolle der pädagogischen Praxis liegt«. Via Forschung sollen »Top Down« politische Interessen durchgesetzt werden, Forschung bekommt damit eine systemerhaltende Funktion. In diesem Zusammenhang muss auch beachtet werden, dass die Faszination administrativer und politischer Entscheidungsträger für die Evidenzbasierung auch in ihren potenziell kostendämmenden Effekten begründet liegen könnte. Cholewa (2010, 53) verweist hierzu auf die rechtliche Verankerung des Leitgedankens im Sozialgesetzbuch V.

Als ein Fazit der Debatte lässt sich konstatieren, dass sich das Programm der Evidenzbasierten Pädagogik nicht nur rhetorisch, sondern auch organisatorisch in seiner Verbindung von Wissenschaft und Politik zu einer Wirklichkeit eigener Art »mit monopolistischen Tendenzen« (Tenorth 2014, 7) vedichtet hat. Evidenz scheint zur Allzweckwaffe gegen jegliche Krise im Kontext Schule, zum Breitbandantibiotikum für alles, woran Bildung, ob als Bildungsforschung, als pädagogische Praxis oder als Bildungspolitik, krankt, geworden zu sein. Selbstinszenierung (Jornitz 2009, 75) und Selbstvermarktung (Gruschka 2013, 5) von Wissenschaft spielen dabei einträchtig zusammen[13].

Allerdings finden sich in der Evidenzbasierten Pädagogik weder ein hinreichendes Forschungsprogramm noch eine disziplinäre Identität.

3 Vom Diskurs in der Sonderpädagogik[14]

Die Sonderpädagogik bleibt von der Kritik im Gefolge der PISA-Studie zunächst weitestgehend »verschont«. Ihre originäre Zielgruppe, Kinder mit Beeinträchtigungen in verschiedensten Bereichen ihrer Entwicklung, gerät erst mit dem Beginn der (politisch gesteuerten) Inklusionsbewegung in den Blick der Bildungspolitik. Immer deutlicher treten nun Fragen in den Vordergrund, die die Effektivität von Sonder(schul)systemen thematisieren, welche bis dato (von politischer Seite) relativ unhinterfragt als Beschulungslösung für die Kinder mit Beeinträchtigungen/Behinderungen galten. Mit deren Ankunft im Alltag der allgemeinen Schulen

---

13 Um eine mögliche Macht der Politik in der Forschung zu analysieren postulieren Bellmann/Müller (2011, 17), die methodologische und erkenntniskritische Diskussion »durch Perspektiven der Wissenschaftsforschung und Wissenschaftssoziologie, die in der Lage sind, das Paradigma im Kontext forschungs- und bildungspolitischer Machtkämpfe zu verorten«, zu ergänzen.
14 Einbezogen werden hier ausschließlich Veröffentlichungen, deren Autorinnen und Autoren explizit und ausgewiesen einschlägig im Fach Sonderpädagogik und seinen Fachdisziplinen agieren.

jedoch steigt dort die Nachfrage nach effektiven, d. h. wirksamen Fördermethoden und Interventionen, um die neue Aufgabe, die Unterrichtung und Erziehung von Kindern mit unterschiedlichsten Förderbedarfen, erfolgreich bewältigen zu können[15].

Die Sonderpädagogik kann zu diesem Zeitpunkt bereits auf eine längere Tradition der Interventionsforschung[16] verweisen. Dies illustriert sich durch eine schier unüberschaubare Menge von auf dem Markt vorhandenen Förder- und Therapieprogrammen. Allerdings wird, beklagt Nußbeck bereits 2007 (147), »selten nach der wissenschaftlich-theoretischen Begründung eines Konzeptes und noch seltener nach dem Nachweis seiner Wirksamkeit in der Praxis gefragt«. Sie fasst die Situation der Sonderpädagogik kurz und treffend zusammen, indem sie konstatiert: »Es klafft [...] eine Lücke zwischen sonderpädagogischer Praxis und der wissenschaftlichen Überprüfung der angewendeten Interventionen, Fördermaßnahmen oder Therapien«. Gründe dafür, neue Förderansätze oder -verfahren nicht auf ihre Wirksamkeit hin zu überprüfen, vermuten Hartke et al. (2010, 11 f.) in der Tradition der Erstellung solcher Materialien und dem hohen Aufwand einer von Evaluationsprozessen begleiteten Entwicklung von Materialien«. In der Folge wird der Ruf nach empirisch abgesicherter Wirksamkeit immer lauter. Während Nußbeck (2007) noch sorgsam abwägend und besonnen die Übertragbarkeit des Konzeptes der Evidenzbasierten Praxis auf sonderpädagogisches Handeln analysiert, ändert sich die Konnotation der Diskussion bald zu einem nachdrücklichen Appell. Die Argumentationsfigur ist bekannt, denkbar einfach und unbestritten schlüssig: Sonderpädagogische Förderung/Intervention basiere (nach wie vor) zu stark auf Erfahrung, Intuition, subjektiv empfundener Bewährung, anekdotischen Fallbeschreibungen ... Der Anspruch aber müsse sein, (Förder- und Interventions-) Entscheidungen auf der Grundlage empirisch nachgewiesener Wirksamkeit zu treffen. Die sonderpädagogische Forschung sei in der Pflicht, Wirksamkeitsnachweise zu liefern und Praktikern das vorhandene Wissen aufbereitet zur Verfügung zu stellen. In zahlreichen Studien wird seitdem die Effektivität unterschiedlicher Programme, Ansätze und Interventionen untersucht, ebenso erschienen zahlreiche den Forschungsstand systematisierende Arbeiten (z. B. Ellinger/Fingerle 2008; Hartke et al. 2010). So hat sich in den letzten zehn Jahren ein betriebsamer Eifer eingestellt und geradezu euphorisch wird eine »Empirisierung der gesamten deutschen (Sonder)Pädagogik« beschworen, die sich zudem (und dadurch) um »internationale Anschlussfähigkeit« (Kuhl/Euker 2015, 3) bemüht.

---

15 So betonen z. B. Casale et al. (2014, 37), exemplarisch für zahlreiche Belege, die Bedeutung evidenzbasierter Maßnahmen für die schulische Förderung von Verhalten ausdrücklich »in Zeiten inklusiver Schulneuerungsprozesse«.
16 Wobei der Begriff »Interventionsforschung« uneindeutig verwendet wird: Leutner (2013) zufolge ginge es bei Interventionsforschung darum, »die Wirkung einer Intervention zu evaluieren« (19) und so »wertvolle Hinweise für eine evidenz-basierte Verbesserung der pädagogischen Theorie und Praxis« (21) abzuleiten. Im Gegensatz dazu grenzt Grünke (2008) Interventions- und Evaluationsforschung klarer voneinander ab.

Das sonderpädagogische Evidenzverständnis

In Anlehnung an Teil 2 soll nun zunächst analysiert werden, was unter evidenzbasierter Forschung in der Sonderpädagogik verstanden wird und welche Forschungsstrategien sich mit diesem Verständnis verknüpfen. Weitere Fragen richten sich an die grundsätzliche disziplinäre Identität des Faches.

Bei der Suche nach einem »sonderpädagogischen Verständnis« von Evidenz zeigt sich zunächst eine Orientierung an einem eher weiten Evidenzbegriff, der eine gewisse Vielfalt an Methoden zulässt. So thematisiert bereits Nußbeck (2007)[17] die Probleme, die sich bei der Übertragung des Konzeptes der EbM auf die Sonderpädagogik ergeben. Betont werden insbesondere die Komplexität des sozialen Feldes, die fehlende Manipulierbarkeit von Variablen, ihre wechselseitige Beeinflussung von Bedingungen, die Unkenntnis weiterer Kontextfaktoren sowie Versuchsleitereffekte. Effektivitätsforschung, die für Praktiker in komplexen Handlungsfeldern bedeutsam sein solle, müsse Komorbiditäten und Alltagssettings berücksichtigen. »Gerade bei komplexen Problemen, beispielsweise im Zusammenhang mit geistiger Behinderung, wenn es um das Verstehen eines speziellen Phänomens mit seinen Entstehungsbedingungen und den Veränderungsmöglichkeiten geht, ist qualitative Forschung unerlässlich« (Nußbeck 2007, 153). Sei das Ziel dahingegen eine verallgemeinerbare Aussage, dies sei der Fall »bei spezifischen Diagnosen und besonderen, darauf ausgerichteten Behandlungsmethoden, beispielsweise in der Sprachtherapie« (ebd.), seien quantitative Methoden/Designs die Methode der Wahl. Hier werden die schon bekannten methodischen Probleme, die sich aus der Tatsache der Komplexität des sozialen Feldes ergeben, vor dem Hintergrund der diese Komplexität noch steigernden Spezifika der sonderpädagogischen Zielgruppe diskutiert.

Ellinger und Fingerle (2008) rekurrieren zudem auf den erheblich größeren Aufwand beim Einsatz qualitativer Methoden. Zwar ließen sich summative Evaluationen grundsätzlich auch mit qualitativen Forschungsmethoden durchführen, allerdings übersteige der Aufwand den quantitativer Studien erheblich. Ebenso thematisieren sie die Nachteile des im quantitativen Ansatz notwendigen Reduktionismus.

Alsbald werden modifizierte Systeme von Beurteilungskriterien i. S. von Evidenzgraden erstellt, die den besonderen Bedingungen sonderpädagogischer Forschung gerecht zu werden versuchen (z. B. Hartke 2005, 17 für schulische Präventionsarbeit; Ellinger/Fingerle 2008, 9 f. für Förderprogramme). Dieser Versuch mündet in einer (im Vergleich zu den Evidenzklassen der EbM) »methodischen Abschichtung/Modifizierung«, indem nicht mehr explizit zwischen experimentellen und quasiexperimentellen Studien unterschieden wird (z. B. Ellinger/Fingerle 2008). Gleichzeitig werden quantitative Einzelfallstudien[18] gestärkt, die Notwen-

---

17 Der Begriff »Evidenzbasierte Praxis« wird bei Nußbeck (2007) abweichend von vorliegendem Beitrag verwendet: Er umfasst sowohl die evidenzbasierte Forschung, als auch die (evidenzbasierte) Praxis im Wortsinn.
18 Im Sinne eines Pendants »zu gruppenstatistischen Verfahren mit experimentellem Kontrollgruppenvergleich« (Leutner 2013, 24).

digkeit zur Darstellung der externen Validität[19] (im Sinne von Wirkung »effectiveness«) wird betont und es wird postuliert, ergänzend qualitative Methoden einzusetzen[20]. Allerdings zeigt sich sowohl bei Hartke (2005) als auch bei Ellinger und Fingerle (2008), dass auch die modifizierten Systeme bei einer grundsätzlichen Orientierung am »Goldenen Standard« verbleiben[21]. Unklar bleibt, ob sich die »Abschichtung« als pragmatisches Zugeständnis an eine noch nicht ausreichend entwickelte sonderpädagogische Evaluationsforschung (i. S. der Masse evaluierter Materialien/Programme/Maßnahmen) lesen lässt oder als Skepsis an der Deutungshoheit quantitativer empirischer Methodik.[22] Auffällig ist zudem, dass in den Evidenzgraden sonderpädagogischer Provenienz (anders als in den Systemen der EbM) als grundlegende Voraussetzung für Evidenz gilt, dass die überprüfte Maßnahme durch eine wissenschaftliche Theorie begründet ist.

Ein konsistentes oder gar eigenständiges sonderpädagogisches Verständnis von Evidenz lässt sich aus den einschlägigen Veröffentlichungen schwerlich generieren. Zu konstatieren ist allenfalls eine Relativierung der empirischen Voraussetzungen für »festgestellte Evidenz« zugunsten einer »liberaleren Position zur Frage, wie viel bzw. welche empirische Evidenz für EBP erforderlich ist« (Hartmann 2013, 340). Eine nähere Klärung dessen, was unter »liberalerer Position« konkret zu verstehen ist, bleibt an dieser Stelle jedoch aus. Klar scheint, dass randomisierte kontrollierte Studien nicht die einzig akzeptierte Quelle für Evidenz bilden. Aber das ist prinzipiell ja auch im Evidenzgradsystem der EbM nicht anders.

Voß et al. (2015, 98) konzedieren recht offensiv, dass Experimente im engeren Sinne (in diesem Falle zur Prüfung von Unterrichts- und Fördermaterialien) vermutlich oft methodisch nicht zu realisieren sind, was »gegen eine zu enge Anlehnung an die Evidenzhierarchien aus der Medizin« spräche. Wenn aber gleichzeitig postuliert wird, dass es nicht um eine »Aufhebung der Evidenzstandards« (ebd.) gehen könne – welche Standards sind denn dann gemeint? Eine größere Rolle erhält in der letzten Zeit die Einzelfallstudie. Hillenbrand (2015, 316) zitiert den aktuellen Council for Exceptional Children, der seinerseits detailliert die methodischen Anforderungen für die höchste Stufe von Evidenz formuliert und dabei ausdrücklich Einzelfallstudien einbezieht. Die Festlegung auf »fünf kontrollierte Einzelfallstudien mit insgesamt 20 Teilnehmern« bleibt allerdings begründungslos und wirkt daher recht willkürlich. Auch Grünke (2012) und Casale et al. (2015, 332) halten es für sinnvoll, quantitativen Einzelfallstudien eine höhere Bedeutung beizumessen,

---

19 So jedenfalls lässt sich das Postulat, »Die Ansätze sollten in schulischen Settings überprüft worden sein« für die oberste Kategorie »bewährte Ansätze« bei Fingerle/Ellinger (2008, 9) interpretieren.

20 »Bewährte Ansätze« bei Fingerle/Ellinger (2008, 9): »... die quantitativen Maße werden durch qualitative Daten ergänzt, welche die Nachteile der quantitativen Maße kompensieren«.

21 Gleichwohl bei Hartke (2005, 15) im Beurteilungssystem lediglich »empirische Studien« gefordert werden, verweist seine gleichzeitige Forderung, Reformen auf Experimente zu stützen, auf den sog. Goldstandard.

22 Interessanterweise wird auf diese Systeme in den aktuellen sonderpädagogischen Veröffentlichungen beinahe nie rekurriert, die Orientierung verbleibt weiterhin am Evidenzgradmodell der EbM.

letztere betonen den Nutzen insbesondere für die »Überprüfung der Wirksamkeit von wissenschaftlich noch nicht überprüften Fördermaßnahmen zur Evidenzbasierung im Einzelfall«. Dabei bleibt offen, ob Einzelfallstudien eine »Vorstufe« zur Goldstandard-Gruppenuntersuchung bilden, oder ob sie, in Kumulation oder in Ergänzung, eine Evidenzstufe erreichen und wenn ja, welche.

Im Fazit vertritt die Sonderpädagogik mehrheitlich ein Verständnis, in dem unter Evidenzbasierung bzw. evidenzbasierter Praxis verstanden wird, die je »bestmöglichen« Forschungsbelege, die auffindbar sind, als Grundlage für Praxisentscheidungen zu nutzen. In dieserart beinahe salomonisch anmutenden Formulierungen wird offengelassen, ob der sog. »Goldstandard«, die höchste Stufe von Evidenz, im pädagogischen Feld überhaupt sinnvoll *erreichbar* ist. Gleichzeitig wächst die Bedeutung von Einzelfallstudien, wobei unklar bleibt, welches Gewicht sie in den immer wieder neu granulierten Modellen von Evidenzstufen bzw. -graden erhalten soll(t)en.

Zum Verhältnis zwischen sonderpädagogischer Forschung, sonderpädagogischer Praxis und Politik

Auffällig ist, dass auf den oben entfalteten Diskurs zum Verhältnis evidenzbasierter Praxis, evidenzbasierter Forschung und evidenzbasierter Politik kaum Bezug genommen wird. In beinahe grenzlosem Pragmatismus beschränkt sich die Sonderpädagogik auf die einfache Argumentationsfigur, es gäbe zu wenige empirische Wirksamkeitsnachweise für ihr Tun. »Evidenzbasierte Pädagogik« wird schlicht reduziert auf die Notwendigkeit einer (sonderpädagogischen) Wirksamkeitsforschung für eine evidenzbasierte Praxis. Intensiv diskutiert werden beinahe ausschließlich die methodischen Probleme[23] evidenzbasierter Forschung bei den sonderpädagogischen Zielgruppen.[24] Im Gegensatz zu methodischen scheinen grundsätzliche Fragen an die eigene Disziplin die Sonderpädagogik im Rahmen des Evidenzprogrammes kaum zu bewegen. Die sonderpädagogische evidenzbasierte Forschung orientiert sich am Leitkriterium »Was wirkt?«, die diesem Kriterium immanente technologische Erwartung an die Forschung (Biesta 2011, 117) wird genauso selten thematisiert wie die grundsätzliche Frage nach der Erwünschtheit pädagogischer Ziele. Auch das (im dargestellten Diskurs als folgenschwer diskutierte) »Dreiecksverhältnis« zwischen Bildungsforschung, Bildungspolitik und (Bildungs-)Praxis mit all seinen Dynamiken wird lediglich vereinzelt angesprochen und in seiner Bedeutung für die Sonderpädagogik erörtert. So thematisiert Speck (2008) die Entwicklung der Sonderpädagogik vor dem Hintergrund der Abhängigkeit der Sonderpädagogik von der aktuellen wirtschaftlichen und gesellschaftlichen Entwicklung und konstatiert, dass mit der Bildungsreform auf Basis von Schulleistungsvergleichen (wie PISA) auch in der Sonderpädagogik das Prinzip des

---

23 Vergleiche die Kritik Biestas an der Konzentration auf »technische Fragen« (2011, 117).
24 Eine Ausnahme bildet Rödler (2012), der explizit das »Problem pädagogischer Praxis mit Ergebnissen ›evidenzbasierter‹ Wissenschaft« thematisiert.

funktionellen Kompetenzerwerbs in den Vordergrund rückt. Diese »Akzentverlagerung ins Pragmatische« (Speck 2008, 82) werde für das Fach nicht ohne Folgen bleiben. In Anlehnung an Teil 2 dieses Beitrages soll nunmehr analysiert werden, welche Anfragen sich vor dem Hintergrund der Beziehungskonstellationen an die Sonderpädagogik ergeben.

Anfragen an das Verhältnis Forschung & Politik

Formulierter Anspruch der evidenzbasierten sonderpädagogischen Forschung, wie er der einschlägigen Literatur zu entnehmen ist, besteht darin, Handlungs- und Entscheidungswissen für die Praxis zur Verfügung zu stellen. Das »Dienstleistungsverhältnis« bezüglich (bildungs-)politischen Steuerungswissens wird dahingegen kaum explizit thematisiert, geschweige denn problematisiert[25]. Dass Hillenbrand (2015, 322) erstmals explizit darauf hinweist, dass »problematische Aspekte, etwa die Nutzung zur Steuerung von Ressourcen in Forschung bzw. Praxis [...] kritisch diskutiert werden [müssen]«, zeigt immerhin Problembewusstsein, trägt aber zu einer kritischen Diskussion selbst noch wenig bei.

Gleichwohl gibt es, gerade im Kontext der Inklusionsentwicklung, inzwischen eine Vielzahl von sonderpädagogischen Forschungsprojekten, die durch die Bildungsministerien der jeweiligen Länder finanziert, bisweilen sogar mit konkreten Forschungsfragen in Auftrag gegeben werden. Gerade weil die Sonderpädagogik bei den einschlägigen Institutionen der Forschungsförderung (wie DFG oder bekannten Stiftungen) wenig Aussicht auf finanzielle Förderung hat, wird das ministerielle Engagement vielfach dankbar aufgenommen, ermöglicht es doch auch der Sonderpädagogik kostspielige wissenschaftliche Forschung. Nicht zuletzt diese finanzielle Förderung hat dem Fach auch innerhalb der Fakultäten/Universitäten vielfach zu einem merkbaren Bedeutungszuwachs verholfen.

Diese neue Struktur der Förderung hat die Forschungslandschaft der Sonderpädagogik deutlich verändert und mit ihr die Struktur der Disziplin. Gefördert werden Projekte, die Handlungs-, Entscheidungs- und Steuerungswissen generieren können, als deutlich dominant erweisen sich Projekte auf der Basis empirisch-quantitativer Methodik. Nur selten wird diese Entwicklung so deutlich kommentiert wie von Fingerle, der konstatiert, dass die »quantitative Methodologie inzwischen den Status eines Herrschaftswissens besitzt«, denn bildungspolitische Entscheidungen werden sich »in Zukunft in einem Ausmaß auf quantitative Evaluationen stützen [...], das in der Geschichte der Bundesrepublik wohl ohne Beispiel ist« (Fingerle 2007, 297). In welchem Ausmaß die im Diskurs thematisierte Verknüpfung von Forschung und Steuerung auch für die Sonderpädagogik relevant ist, zeigt folgendes Beispiel:

---

25 Außer bei Rödler (2012) im Kontext Inklusion.

> Im Schuljahr 2006/7 nahm die Universität Rostock den ministerial finanzierten Forschungsauftrag an, die Effektivität der Diagnoseförderklassen (DFK) in Mecklenburg-Vorpommern zu überprüfen. In einem längsschnittlichen Design wurde (2006–2009) analysiert, wie sich die Schulleistungen entwicklungsgefährdeter Kinder in DFK im Vergleich zu Kindern in Grundschulklassen entwickeln. Den Befunden des im 2009 erschienenen Forschungs-berichts ließ sich entnehmen, dass eine lernzeitverlängernde Maßnahme wie DFK bei entwicklungsauffälligen Kindern nur sehr eingeschränkt positive Schulleistungseffekte erbringt. Im Fazit wurde konstatiert, dass die praktizierte Förderung in der Schuleingangsstufe von in ihrer schulischen Entwicklung gefährdeten Kindern neu zu überdenken ist (Blumenthal et al., 2010). Ohne eine weitere Aussprache zu diesen Befunden, den methodischen Beschränkungen der Studie und ohne jegliche vorbereitende Maßnahme in der Schulstruktur wurden die DFK durch die Schulverwaltung Mecklenburg-Vorpommerns zum auf den Bericht folgenden nächsten Schuljahr geschlossen.

Die Befunde sonderpädagogischer Forschung wurden hier als Basis einer schnellen und gravierenden bildungspolitischen Entscheidung genutzt, die im Endeffekt möglicherweise nicht grundsätzlich falsch, aber zum Zeitpunkt der Durchführung aufgrund der mangelnden Wissensbasis über Alternativen und der mangelnden Vorbereitung der Praxis auf eine neue Situation eigentlich nicht tragbar war (und mit deren problematischen Nachwirkungen das Land heute noch umgehen muss). – Die sonderpädagogische Forschung wurde gefragt, wie schön! Aber nun muss sie plötzlich auch mit der bildungspolitischen Umsetzung ihrer Antworten umgehen! Dass Forschungsbefunde Beachtung finden und sogar praktische Effekte erzeugen, ist per se ein wünschenswerter Umstand. Der Glaube aber, dass sie nicht interessengeleitet interpretiert und genutzt werden, ist schlicht naiv.

In diesem Zusammenhang lässt sich auch die Unbefangenheit hinterfragen, mit der die Sonderpädagogik den von Bellmann/Müller (2011a, 17) angesprochenen Gefahren der Vermarktung gegenübersteht. So konstatieren Voß et al. (2015, 98), dass die Schulbuchverlage selbst an Effektivitätsstudien interessiert seien, denn ein aus einer systematischen Evaluation resultierender Wirksamkeitsnachweis stelle ein wichtiges Kaufargument dar. Hier sollte die Sonderpädagogik aktiv reflektieren und kritisch diskutieren, welche Auswirkungen eine solche Verknüpfung von wissenschaftlichen Effektivitätsstudien mit kommerziellen Interessen auf die (sonderpädagogische) Forschungslandschaft haben könnte. Nußbeck verweist zudem bereits 2007 (152) auf den sog. Kommerzbias, der sich ergeben kann, wenn Urheber oder Finanziers ausschließlich an der Veröffentlichung positiver Ergebnisse interessiert sind.

An die Sonderpädagogik als Disziplin stellen sich daraus zahlreiche relevante Fragen: Welche Verantwortung trägt Sonderpädagogik durch ihre Forschung für die forschungsbasierte, gleichwohl interessengeleitete bildungspolitische Umsetzung ihrer Befunde? Wie geht sie mit der Verantwortung um, die sie für bildungspolitische Entscheidungen trägt? Wie geht sie mit den (oben beschriebenen) »Übersetzungsproblemen« um? Welches Selbstverständnis des Faches zeigt sich in diesem Umgang? Ist es »Dienstleister«, ist es Regulativ, ist es Korrektiv? Wie reflektiert sie die letztendliche Nutzung des durch sonderpädagogische Forschung zur Verfügung gestellten Wissens? Und nicht zuletzt: Wie unabhängig i. S. von objektiv kann staatlich finanzierte Forschung sein?

Die Struktur der Disziplin Sonderpädagogik beginnt sich merkbar zu verändern. Wenn Casale et al. (2010, 54) von einer »kompletten Psychologisierung der Lehrerbildung« im Hinblick auf Forschungsmethoden und Inhalte (was sich unter anderem an der Gründung von Schools of Education illustriert) sprechen, zeigt sich dies in Forschung und Lehre als eine auffällige Dominanz pädagogisch-psychologischer Theorieprogramme in der sonderpädagogischen Forschung. Auch die »Berufungspolitik« der letzten Jahre verweist auf eine deutliche Tendenz zur Psychologie. Vermutlich ist dies nicht in der originären Ausbildung per se begründet, sondern in den berufseigenen Kompetenzen zu empirischer Forschung. Das erfolgreiche Einwerben von Drittmittelprojekten ist inzwischen obligatorisches Kriterium für eine Berufung. Erfolgreich Drittmittel wirbt (bei ministeriellen Geldgebern) momentan derjenige ein, der sichtbar das Bedürfnis nach Steuerungswissen zu befriedigen vermag. Steuerungswissen im Kontext der Evidenzbasierten Pädagogik wird präferiert quantitativ-methodisch beantwortet. Die sonderpädagogischen Lehrstühle werden folglich von jenen besetzt, die das »Herrschaftswissen« (Fingerle 2007, 297) besitzen und anwenden.

Nicht nur die damit einhergehende Präferenz eines bestimmten methodischen Vorgehens, auch diese inhaltliche Präferenz beschränkt die Sonderpädagogik auf wenige (obgleich wesentliche) ihrer eigentlichen Arbeitsfelder. Indem Evidenz nur dort »produziert« werden kann, wo Ergebnisse eindeutig messbar sind, wird der Gegenstandsbereich der Pädagogik erheblich eingeengt (Rödler 2012, 381 f.). So werden ganze Komplexe aus diesem Gegenstandsbereich gleichsam ausgeklammert, weil sie mit den geforderten methodologischen Zugängen nicht erschließbar sind. Der Beitrag der Erziehungswissenschaft zur Lehrerbildung (und zur Bildungsforschung) schrumpft, die Sonderpädagogik entkernt sich selbst!

Die Frage ist, ob eigentlich die Deutungshoheit darüber, was »gute Forschung« ist, noch im Fach selbst beantwortet wird und wenn nicht, durch wen eigentlich dann? Ebenso muss sich die Sonderpädagogik die Frage danach stellen, was ihr originärer Beitrag im »Konstrukt Bildungswissenschaften« und bei der Lehrerbildung sein soll.

In diesem Zusammenhang sei an die Tatsache erinnert, dass ein Großteil derer, die sich in der Zielgruppe der Sonderpädagogik befinden, aus benachteiligenden Verhältnissen stammt. Ihre Probleme resultieren aus einer Vielzahl von Bedingungen, die pädagogisch nur wenig und nicht unmittelbar beeinflussbar sind. Es spricht natürlich nichts dagegen, Lernprobleme mit wirksamen Maßnahmen anzugehen. Aber es spricht vieles dagegen, diese Bedingungen mittels Wirksamkeitsversprechen zu wattieren. Hier hat Sonderpädagogik nicht zuletzt eine sozialkritische Funktion, indem sie unermüdlich auf die enge Verknüpfung zwischen diesen Bedingungen und dem Zustandekommen von Lern-Behinderungen aufmerksam macht, anstatt zu verheißen, sie könne solche wirksam verhindern. Gerade im Inklusionsdiskurs mit seinen Debatten um egalitäre Differenz, wertzuschätzende Vielfalt oder Dekategorisierung blitzen die Gefahren auf, die für diese

Gruppe drohen, wenn die Sonderpädagogik sie in diesen Diskursen nicht pädagogisch und anwaltlich begleitet (vgl. Ahrbeck 2011; Koch 2015). Gerade hier ergeben sich einige grundsätzliche Fragen an unser Fach, zentral ist gerade jene nach den Zielvorstellungen pädagogischen Handelns. Und gerade hier dürfte eine wesentliche Aufgabe der Sonderpädagogik darin bestehen, zur Herausarbeitung solcher Zielvorstellungen beizutragen.

Wichtig wäre hier eine kultursoziologische Perspektive, denn dass dieserart Fragen nicht (evidenz-)empirisch beantwortet werden können, liegt auf der Hand.

Die theoretische Grundlegung kann sich, soll (Sonder-)Pädagogik hier »wirksam« werden, nicht auf eine psychologische Perspektive beschränken, die prioritär den Lehr-Lernprozess fokussiert. Soziale Ungerechtigkeit könnte auch konsolidiert werden, weil keine alternative methodologische Herangehensweise sie mehr aufdecken kann.

Evidenzen lassen sich hier ungleich schwerer nachweisen, und vermutlich überhaupt nicht experimentell. Dass man sich bisweilen auf eine Perspektive beschränkt, um andere Perspektiven anderen zu überlassen, ist weder ungewöhnlich noch verwerflich. Die Tragik besteht allerdings darin, dass durch die politische Präferenz und die daraus resultierende finanzielle Untermauerung der Forschung im Rahmen des Wirksamkeitsparadigmas die Themenvielfalt der Sonderpädagogik verhindert wird. Indem nur die Forschungsprojekte gefördert werden, die ins Paradigma passen, werden andere, ebenso notwendige Perspektiven resp. methodische Zugänge verhindert. Könnte es sein, dass (evidenzbasierte) hochstrukturierte, lehrgangsartige, isolierte Förderung von sozialen Fähigkeiten und Kompetenzen das (Forschungs-)Bemühen um die wissenschaftliche Fundierung alltagsintegrierter Förderung in sozialen Bezügen (und da wird sozialer Umgang gemeinhin gelernt), verdrängt, weil die Chance, hier mit der dominanten Methodik Evidenz nachzuweisen und damit die Chance, gefördert zu werden, eher geringer wird? Bereits heute lässt sich eine deutlich unterschiedliche Intensität von empirischen Forschungsbemühungen bezüglich der verschiedenen Zielgruppen der Sonderpädagogik ausmachen. Exemplarisch bei der Gruppe der Kinder mit geistiger Behinderung stoßen quantitative, gar experimentelle Methoden schnell an ihre Grenzen. In der Folge gibt es evidenzbasierte Forschung hier nur in homöopathischen Dosen. Auch die staatliche Forschungsförderung ist hier zurückhaltend: zu klein die Gruppe, eher irrelevant für die schlussendliche Erfolgsbilanz-Bilanz des Bildungssystems. Wer hier forscht, erzeugt (im besten Falle relevantes) Wissen für eine unbedeutende Gruppe und bleibt dabei selbst unbedeutend. Aus all dem erwächst für die Sonderpädagogik die Gefahr einer Zwei-Klassen-Forschung: Auf der einen Seite gibt es Zielgruppen, die relevant für die Bilanz der Neuen Steuerung sind. Sie wird, solange diese Gruppen quantitativer Methodik zugänglich sind, finanziell gefördert. Dadurch bleibt sie anschlussfähig an die moderne und internationale Bildungsforschung. Auf der anderen Seite gibt es ganz offensichtlich »irrelevante« Zielgruppen. Welche Verantwortung trägt die Sonderpädagogik für diese ebenso originären Zielgruppen?

Eine weitere Problematik soll aufgegriffen werden, die sich im Rahmen der bereits angesprochenen Inklusionsbewegung ergibt: Die Eigenständigkeit der sonderpädagogischen Wissenschaft (inkl. ihrer einzelnen Fachdisziplinen) ist eng verbunden mit der historischen Entwicklung hin zu einem ausdifferenzierten Sonderschul-System. Mit dem Inklusionsgebot rückt nicht nur eine lange marginalisierte Personengruppe, sondern auch die Sonderpädagogik jäh in den Blick des Interesses. Bisher legitimiert dadurch, ein gesellschaftliches Erfordernis, nämlich die Bildung und Erziehung behinderter Kinder, abzusichern, indem sie das allgemeine Schulsystem möglichst wenig tangieren, wird mit dem Inklusionsbestreben nicht nur das System der Sonderschulen in Frage gestellt, sondern auch die Sonderpädagogik, die durch Inklusion ja gewissermaßen selbst zum Anachronismus wird, was ihr Deutungsmonopol maßgeblich gefährden dürfte. Die Diskussion um das Verhältnis von Sonderpädagogik und Pädagogik ist indes nicht neu, bereits Paul Moor positionierte das Fach hierzu pointiert und deutlich: »Heilpädagogik ist Pädagogik und nichts anderes« (1965, 273). Die historische Entwicklung hat nichtsdestotrotz zu einem ausdifferenzierten System (nicht nur der Schulen, sondern auch) im wissenschaftlichen Feld geführt.

Auf der einen Seite rückt Sonderpädagogik also in den Vordergrund des Interesses, verspricht man sich doch von ihr Lösungen für die zahlreichen Schwierigkeiten in der Praxis, welche die Inklusion behinderter Kinder ins allgemeine Schulsystem mit sich bringt. Auf der anderen Seite sieht sie sich genötigt, ihre Existenz, genauer ihre Eigenständigkeit als Fach neu zu begründen. In Bedrängnis gerät das Fach also sowohl bezüglich der politischen wie praktischen Anforderungen, als auch bezüglich seiner eigenständigen Existenz. Auch diese Bedrängnis ist Nährboden für die Faszination, die Wirksamkeitsversprechen allerorts entfalten. Natürlich hat die Sonderpädagogik Wesentliches dazu beizutragen, dass die Beschulung behinderter Kinder erfolgreich gelingt, auch und gerade in inklusiven Settings. Und auch durch Evidenzforschung kann sie dazu beitragen. Aber sie sollte sich nicht darauf beschränken lassen, denn ihr Beitrag zum Gelingen ist ein wesentlich größerer. Das alte Spannungsfeld, in dem sich die Sonderpädagogik in ihrem Selbstverständnis und im Verhältnis zur Pädagogik befindet, gefüllt mit Ideen zwischen subsidiär, supplementär, Spezialistentum ..., rückt vor dem Hintergrund der Evidenzbasierten Pädagogik in ein neues Licht. Es scheint, als ginge es hier vorrangig zunächst um die Evidenz der Sonderpädagogik, die selbige zu beweisen habe.

Anfragen an das Verhältnis Forschung & Praxis

Die Evidenzbasierte Pädagogik ist in der Praxis der Sonderpädagogik angekommen – aber *wie* kommt sie dort an?

Entscheidend für die Realisierung einer evidenzbasierten Praxis sind Implementation und Transfer[26] evidenzbasierten Wissens in die Praxis. Eine wesentliche

---

26 Wobei hier unter Implementation die Phase verstanden wird, in der Ergebnisse aus Feld- oder Laborstudien, Experimenten, Modellklassen ... in größeren Gruppen erprobt werden und dabei untersucht wird, ob Innovationen auch unter »Realbedingungen« positive Effekte haben. Als Transfer wird die Phase der Verbreitung in die Fläche bezeichnet (Gräsel 2008, 201).

Bedingung für erfolgreichen Transfer ist eine grundsätzliche Akzeptanz in den sonderpädagogischen Praxisfeldern. Diese dürfte wesentlich dadurch bestimmt sein, wie sinnhaft und relevant das durch die sonderpädagogische Forschung generierte Wissen ist und durch eben jene Praxis empfunden und inwieweit die Praxis in die Produktion des Wissens einbezogen wird. In dieser Hinsicht ist ebenso von Bedeutung, wie die Praxis in der Lage ist (oder in die Lage versetzt wird), Forschungsbefunde zu rezipieren und kritisch zu reflektieren. Im Folgenden soll die gegenwärtige Situation der Sonderpädagogik vor dem Hintergrund folgender Fragen umrissen werden:

Wie praxisrelevant sind die Forschungsbefunde der Sonderpädagogik? Wie arbeitet die Sonderpädagogik, Forschungsbefunde in die Praxis zu implementieren und zu transferieren? Wie bezieht sie die Praxis in die Produktion von Wissen mit ein, wie wertschätzt sie die kumulierte Erfahrung der praktischen Akteure? Inwieweit wird die Praxis dabei unterstützt, Forschungsbefunde zu rezipieren und kritisch zu reflektieren?

Voraussetzung einer kritischen Rezeption und Reflexion ist eine Grundgewissheit darüber, was unter Evidenz(basierung) überhaupt zu verstehen ist. Das inkonsistente Begriffsverständnis der Sonderpädagogik dürfte dabei ein erstes Problem darstellen, denn unklar bleibt, (ab) wann eine Maßnahme denn nun evident ist, will heißen (ab) wann wird empfohlen, eine Intervention etc. anzuwenden? Woran kann sich die Praxis orientieren?

Eine Reihe von Überblickswerken, welche u. a. die Nichtexistenz von Metaanalysen zu kompensieren versuchen, gibt inzwischen Aufschluss über als wirksam evaluierte Maßnahmen, wobei es sich vielfach um standardisierte Programme handelt. Die oben dargestellten Stufenmodelle geben dabei den Grad von Evidenz an, den die jeweils dargestellten Maßnahmen erreichen, praxisnah »übersetzt« in »empfehlenswert« oder »bewährt«.

Immer wieder wird betont, dass, »so wünschenswert es auch ist, Konzepte einer Prüfung hinsichtlich ihrer Wirksamkeit zu unterziehen, auch diejenigen, die bislang weniger intensiv erforscht wurden, nicht notwendiger Weise weniger effektiv sind« (z. B. Hintz 2014, 261). Nicht nur den forschungsbasierten Leser, sondern auch den Praktiker hinterlassen solche Anmerkungen ratlos, denn was soll das konkret bedeuten? Ist sonderpädagogische Evaluationsforschung bzgl. der »bestmöglichen Absicherung« i. S. der Evidenzgrade irgendwann am Ende ihrer Möglichkeiten angekommen, weil sich die oberste (methodische) Stufe im komplexen sozialen Feld niemals erreichen lässt? Ist man als Praktiker zur Handlungsunfähigkeit verdammt, oder muss man eben so lange im Dunkeln bzw. (schon »ein bisschen abgesichert«) im Halbdunklen arbeiten, bis das Programm *best*möglich abgesichert ist, arbeitet dann aber eben nur ein bisschen evidenzbasiert? Oder in einem »Übergangsstatus«, wie es Voß et al. (2015) implizieren, wenn sie ihren auf Expertenmeinung begründeten Kriterienkatalog für die Unterrichtswerke als »eine Art Übergangswerkzeug« (98) bezeichnen, »welches solange von Relevanz ist, bis der Nachfrage nach evidenzbasierten Lehrmitteln in geeignetem Maß nachgekommen wird« (ebd.). Ähnlich ratlos bzgl. der Frage, was in der Sonderpädagogik unter Evidenz verstanden wird, hinterlassen Voß et al. (2015), wenn sie (für den Einsatz von Unterrichtswerken) postulieren: »Solange noch keine evidenzbasierten Materialien verfügbar sind, ist jeweils im Einzelfall zu prüfen, inwieweit einzelne empirisch bewährte Elemente in den Materialien enthalten oder mithilfe der Materialien zu realisieren sind« (86). Was heißt das? Wenn die Wirksamkeit von »Elementen« mittels randomisierter kontrollierter Studien belegt wurde, ist wesentliches Charakteristikum dieser Studien doch gerade ihre interne Validität. Werden aus einem (als wirksam evaluierten Programm) nun einzelne Elemente herausgelöst, können sie dann – in der Logik des Paradigmas – auch »einzeln«, d. h. in anderen (inhaltlichen und situativen) Kontexten (z. B. im Rahmen eines Unterrichtswerkes) als »wirksam« gelten? Logisch ist das nicht.

Eine Antwort findet sich jüngst bei Casale et al. (2015, 331), die (in Anlehnung an den Council for Exceptional Children) formulieren, die Anwendung von Fördermaßnahmen, die noch nicht wissenschaftlich evaluiert wurden, sondern »aufgrund theoretischer Annahmen, persönlicher Empfehlungen oder positiver praktischer Erfahrungen als wirksam angenommen werden«, sei im Konzept einer evidenzbasierten Praxis »mitgedacht« (331). Das Evidenzpostulat bleibt auf diese Weise merkwürdig unklar und abstrakt. Wie aber sollen Befunde (so erwartet von den Praktikern) bewertet werden, wenn die Kriterien der Bewertung derart schwammig bleiben, wenn das Evidenzparadigma sogar die »angenommene« Wirksamkeit »mitdenkt«, respektive beinhaltet? Es scheint, mit Verlaub, als kapituliere die Bewegung mit solchen Aussagen vor der Unerfüllbarkeit ihres eigenen (methodischen) Anspruches und gäbe nun Absolution all denen, die ihr Handeln zumindest reflektieren, oder aber als verstünde sie sich mittlerweile selbst als unerfüllbare Vision, die auf dem Weg in die eigene Richtung zumindest ein paar Evidenzen errechnet. Summa summarum versichern Befunde auf solcherart Grundlage weniger, als dass sie, gerade bei den reflektierten Praktikern, Verunsicherung erzeugen.

Auch jenseits des eigentlichen Verständnisses von »Evidenz« wäre zu überprüfen, inwieweit die Texte aus wissenschaftlichen Fachzeitschriften für Praktiker überhaupt (noch) mit Gewinn zu rezipieren sind. Der inzwischen deutlich gestiegene Anspruch an das methodische Vorgehen bei empirischen Untersuchungen führt zu einer Fülle von berichteten statistischen Kennwerten, die diejenigen, die nicht alltäglich und tief »in der Materie stecken«, nicht selten überfordern dürften. Bisweilen entsteht der Eindruck, als würde hier Herrschaftswissen *vorgeführt*, statt Befunde für die Praxis zu berichten. Die Sonderpädagogik hat bei der »Übersetzung« ihrer Befunde und Diskurse für die Praxis deutliche Potenziale.

Dies führt unmittelbar auf die Frage, auf welche Weise der Transfer generierten Wissens in die Handlungsfelder sonderpädagogischer Praxis gelingt. Daraus dass, wie im Evidenzprogramm, ein Nützlichkeits*anspruch* besteht, ergibt sich logisch noch nicht zwingend das tatsächliche Vorliegen von Nützlichkeit und ebenso wenig, dass vorliegender Nutzen auch tatsächlich erkannt und (richtig) genutzt wird. Obgleich die Sonderpädagogik auf eine lange Tradition von intensiver Begleitforschung zurückschauen kann und sich bezüglich der Praxisnähe ihrer Forschung sicher positiv von angrenzenden Wissenschaften unterscheidet, tendiert sie im evidenzbasierten Ansatz dazu, die pädagogische Praxis aus dem Prozess der Wissensproduktion auszuschalten. Über die gezielte Planung einer Beteiligung der Lehrerinnen und Lehrer an der Produktion evidenzbasierten Wissens, einer

Rückkopplung zur tatsächlichen praktischen Relevanz oder gar einer Weiterentwicklung der Maßnahmen durch die Praxis selbst bereits in der Anlage von Forschungsprojekten wird höchst selten berichtet. Die Modifikation empfohlener Maßnahmen durch die Praxis ist eher unerwünschte Abweichung vom (Forschungs-)programm als wertgeschätzte Weiterentwicklung. Partizipative Transferstrategien, wie von Gräsel (2010) postuliert, sind eher eine Seltenheit. Eine positive Ausnahme bildet hier das Rügener-Inklusions-Projekt (RIM, z. B. Hartke et al. 2014; Blumenthal et al. 2015), bei dem von vornherein zahlreiche Rückkopplungsschleifen eingeplant wurden, um die Praktiker an der Weiterentwicklung des Projektes, in welchem es u. a. um die Implementation evidenzbasierter Materialien ging, zu beteiligen. Gleichzeitig wurden Fortbildungen und praktische Handreichungen für den (evidenzbasierten) Unterrichtsalltag angeboten, um die Dissemination zu begleiten und zu befördern. Nicht zuletzt konnte durch die enge Kooperation mit der Praxis die Wirkungsforschung durch Befunde qualitativer Untersuchungen ergänzt werden.

Trotz vereinzelter Positivbeispiele folgt die Sonderpädagogik im Fazit einer Top-Down-Logik, bei der allein Wissenschaft Wissen generiert, das anschließend in der Praxis umgesetzt werden soll. Dementsprechend wenige Hinweise gibt es dazu, welchen Stellenwert professionelle Kompetenz, Urteilsvermögen und Handlungswissen erfahrener Berufspraktiker im sonderpädagogischen Evidenzprogramm einnehmen. Während der Sackettsche Evidenzbegriff im EbM-Paradigma noch ausdrücklich die Integration »individueller klinischer Expertise« mit der bestverfügbaren externen Evidenz aus systematischer Forschung (Sackett et al. 1996, 71) postuliert, spielen die kumulierten Erfahrungen der Praktiker im Evidenzparadigma der Sonderpädagogik keine sichtbare Rolle. Im System der Bewährungsgrade bei Hartke (2005, 17) sind zwar noch ausdrücklich die Berichte von »Praktikern« aufgeführt, im System von Ellinger und Fingerle (2008) kommen »Experten« gar nicht vor. Und bei Voß et al. (2015, 98) gibt es Experten, aber diese stammen nicht aus der Praxis: »Letztlich dienen die hier erarbeiteten Kriterien einer nachvollziehbaren Einschätzung von Experten – also einer niedrigen, aber doch in der jetzigen Situation respektablen Stufe von Evidenz«. Erst in jüngster Zeit, vermutlich vor dem Hintergrund aufkeimender Kritik, wird die fachliche Expertise der Professionellen als Handlungsgrundlage (*neben* dem besten wissenschaftlichen Erkenntnisstand) wieder betont (z. B. Hillenbrand 2015, 313), grundsätzlich aber verbleibt der Evidenzbegriff der Sonderpädagogik enggeführt auf die Befunde aus *wissenschaftlichen* Untersuchungen. Dreh- und Angelpunkt sind Forschungsergebnisse, die Deutungshoheit über Befunde und richtiges Handeln verbleibt so im Raum der Wissenschaft.

Die evident geringe Wertschätzung von kumulierten Erfahrungen der Praktiker und ihrer professionellen Kompetenz verweist auf einen wesentlichen Bedingungsaspekt evidenzbasierter Praxis: den der grundsätzlichen Akzeptanz des Evidenzwissens in den sonderpädagogischen Praxisfeldern. Akzeptanz entsteht, wenn das durch sonderpädagogische Forschung generierte Wissen von der Praxis als sinnhaft und relevant empfunden wird. Inwieweit löst die Sonderpädagogik ihr Versprechen, evidenzbasiertes und *praxisrelevantes* Wissen bereitzustellen, ein?

Die pädagogische Praxis ist, wie oben (vgl. Berliner 2002) bereits beschrieben, komplex, und die sonderpädagogische Praxis ist, aufgrund der Vielfalt der spezifischen Zielgruppen, noch komplexer (vgl. Nußbeck 2007). Die praktische Relevanz des durch die sonderpädagogische Forschung zur Verfügung gestellten Evidenzwissens (und damit seine Sinnhaftigkeit) bemisst sich an seinen Einsatzmöglichkeiten in komplexen sozialen Feldern. Es bemisst sich daran, wie es die vielfältigen Interaktionen und Beziehungsdynamiken im Klassenzimmer berücksichtigt, wie den allgegenwärtigen Zeitdruck, unter dem pädagogische Entscheidungen getroffen werden müssen, wie die Spezifika der jeweiligen Zielgruppen. Das entscheidende Kriterium für die Relevanz von Befunden für die Praxis ist also ihre externe Validität. Im Kontext der Evidenzforschung bezeichnet externe Validität (»effectiveness«) die *Wirkung* unter den komplexen Bedingungen der Praxis. Die Wirksamkeitsforschung à la RCT fokussiert die interne Validität (»efficacy«), erreicht unter möglichst umfänglicher Kontrolle potenzieller Störvariablen. Solcherart Störvariablen lassen sich nun zwar im Labor, aber eben nicht im Klassenzimmer kontrollieren. Vor dem Hintergrund der Interdependenz von externer und interner Validität (Abnahme der externen Validität bei Zunahme der internen Validität) besteht eine zentrale Frage darin, inwieweit Wirksamkeitsbefunde auch für andere Personen, Kontextkonstellationen, Situationen ... valide sind. Das bedeutet, um relevante und sinnstiftende Befunde zu generieren, ist eine klare Orientierung an der externen Validität vonnöten. Die Analyse der Forschungsberichte zeigt dazu ein klares Bild: Die sonderpädagogische Forschung ist deutlich fokussiert auf die Herstellung interner Validität, und genau darauf beruhen auch die Befunde, die in der Fachliteratur berichtet werden. Zur Beurteilung der externen Evidenz, auch zur Gewichtung der beiden Evidenzbereiche (interne/externe Validität) im konkreten praktischen Fall werden nur wenige Hinweise gegeben. In der Mehrzahl berichten Veröffentlichungen die Befunde einer Wirksamkeitsuntersuchung, ohne ein anderes Evidenzmaß auch nur zu erwähnen. Gerade solcherart Aussagen wären jedoch für die Praxis notwendig und hilfreich[27]. Auch die inzwischen verbreitete Darlegung von Effektstärken[28] vermag nur wenig daran zu ändern, dass selbst evidenzaffine Praktiker bisweilen rat- und hilflos vor einem Transferproblem stehen. Da im sonderpädagogischen Feld komplexe Erscheinungsbilder von Entwicklungsverzögerungen/-störungen überwiegen, gibt es praktisch keine Maßnahme, die bei jedem Kind unter allen Bedingungen gleichermaßen wirksam ist (vgl. Nußbeck 2007, 153 f.). Es ist nicht so, dass dieses Problem nicht bereits lange erkannt worden wäre. So existieren inzwischen diverse (aus der Evidenzforschung auf sonderpädagogische Zielgruppen adaptierte) Phasenmodelle, die den Forschungsprozess zur Evidenzüberprüfung in verschiedene, aufeinander folgende Stufen gliedern (z. B. Cholewa 2010; Beushausen 2014). Grundsätzliches Merkmal dieser Modelle ist, dass dem Nachweis von »efficacy«

---

27 Vgl. hierzu auch Beushausen (2014) für die Sprachtherapie.
28 Die Effektstärke ist ein Maß für die *statistische* Diskriminierung von Kontroll- und Behandlungsgruppe. Als statistisches Maß drückt sie nicht zwingend einen wesentlichen *inhaltlichen* Effekt aus.

immer ein Nachweis von »effectiveness« zu folgen habe[29]. Unterschiede zeigen sich in der konkreten methodischen Ausführung der Untersuchungen zur Wirkung unter Praxisbedingungen. Während in einigen Varianten weiterhin streng auf eine experimentelle Methodik bestanden wird, ist dieses Postulat bei anderen deutlich aufgeweicht (z. B. Beushausen 2014, 102). So auch bei Voß et al. (2015, 98), indem sie bei ihren Überlegungen zur Evidenz(bestimmung) bei Unterrichtswerken explizit konzedieren, dass valide Hinweise zur ökologischen Validität hinsichtlich der Effektivität von Lehrwerken vermutlich eher in »quasi-experimentellen Feldstudien« zu erlangen sind, als durch »Experimente in sog. Lernlaboren.«[30]

Die Arbeit von Voß et al. (2015) ist noch in anderer Hinsicht bemerkenswert, denn die Autoren gehen offensiv einen deutlichen Schritt in Richtung Praxisrelevanz. Vor dem Hintergrund, dass »der Anspruch nach empirisch belegter Wirksamkeit deutscher Unterrichtswerke derzeit noch keine Realität ist«, schlagen die Autoren vor, »jeweils im Einzelfall zu prüfen, inwieweit einzelne empirisch bewährte Elemente in den Materialien enthalten oder mithilfe der Materialien zu realisieren sind«. Ziel ihrer vorgelegten Analyse von Unterrichtswerken ist es, »wesentliche wirksame Komponenten zu extrahieren und zu systematisieren«, um einen Kriterienkatalog zu erstellen, der »eine (zumindest grobe) Einschätzung von Unterrichtswerken zulässt«. Das darf als ein wahrhaft sinnhaftes Unterfangen gelten, denn der Schulbuchmarkt ist in der Tat schwer überschaubar und, wie sollte es sein, nicht jedes Schulbuch ist für jede Situation, jeden Kontext, jedes Kind … gleich gut geeignet. Schulbücher aber sind zentrales Element für den Unterricht bei allen Kindern. Mit dem Versuch, Lehrern hier eine Systematisierungsmöglichkeit zu bieten, nehmen sich die Autoren einer zentralen Aufgabe der Sonderpädagogik als Wissenschaft an. Bezüglich ihrer eigenen Standards begeben sie sich damit allerdings auf dünnes Eis, insofern ist der Titel »Was heißt hier Evidenzbasiert?« ziemlich programmatisch für die gesamte Sonderpädagogik.

Beachtenswert ist der Beitrag auch aus dem Grund, weil hier die enge Programmatik standardisierter (lehrgangsorientierter) Förder*programme* verlassen wird. Obgleich es inzwischen eine maßgebliche Anzahl gut evaluierter Förder- und Trainingsprogramme[31] für wesentliche Entwicklungs- bzw. Lernbereiche gibt (für Mathematik z. B. Mengen, zählen, Zahlen, Krajewski et al. 2007), wird deren Anwendung in der Praxis nicht selten als problematisch angesehen.[32] Dies liegt

---

29 Im Kern korrespondieren diese Phasen mit den verschiedenen Aufgaben von Interventions- und Evaluationsforschung, wie sie Grünke (2008, 16) darstellt.
30 Auch hier zeigt sich die bereits oben beschriebene Unklarheit in der Bestimmung des Evidenzbegriffes und seiner Standards in der Sonderpädagogik.
31 Unter »Programm« werden hier (hoch)strukturierte und standardisierte Materialien verstanden, deren Durchführung systematisch nach einem festgelegten zeitlichen Ablaufplan erfolgt.
32 Auch für den vorschulischen Bereich wird intensiv als Problem diskutiert, dass Pädagogische Fachkräfte trotz des vorhandenen Angebotes nicht auf evidenzbasierte Programme zurückgreifen. Als Gründe werden zum einen knappe zeitliche und personelle Ressourcen angeführt. Zum anderen wird vermutet, dass die Fachkräfte den Ansatz einer stark auf bereichsspezifische (kognitive) Fähigkeiten ausgerichteten Förderung durch diese Programme deshalb kritisch gegenüberstehen, »da sie dessen Praxis aufgrund des dahinter-

darin begründet, dass im Unterrichtsalltag die Arbeit mit Klassen im Ein-Lehrer-Prinzip dominiert, die Programme vielfach aber für die Einzel- oder Kleingruppenarbeit konzipiert sind. Lehrerinnen und Lehrer stehen im Unterrichtsalltag also schlicht vor einem »technischen« Problem, wollen sie Einzel- oder Kleingruppenförderung durchführen. Ein »technisches« Problem macht diese Art der Förderung zwar schwieriger, aber natürlich nicht per se weniger sinnvoll. Nichtsdestotrotz bleibt es ein Problem, das bisweilen nicht überwunden werden kann. Insofern muss nach sinnvollen Alternativen oder auch Ergänzungen gesucht werden.

Zu fragen wäre, inwieweit die Diskussion um alltagsintegrierte Förderung, wie sie für Kindertagesstätten geführt wird, nicht auch für den schulischen Bereich fruchtbar gemacht werden kann. Am Beispiel: Soziales Verhalten wird in sozialen Bezügen erlernt, insofern ergibt es Sinn, für die Förderung der emotional-sozialen Entwicklung resp. für die Förderung von Verhalten Alltagssituationen zu nutzen. Den Lehrern käme hierbei die Aufgabe zu, Förderpotenziale in unterrichtlichen Situationen zu erkennen und diese Situationen zielgerichtet pädagogisch zu nutzen. Dazu allerdings braucht es zum einen die Einstellung, dass neben fachlichen Unterrichtsinhalten auch das soziale Verhalten ein wichtiges Thema darstellt und zum zweiten braucht es ein gewisses Zeitkontingent, welches die Zeit für die Vermittlung fachlicher Inhalte nicht beschneidet.

Explizit den Unterrichtsalltag nehmen Voß et al. (2015) zum Anlass, indem sie einschlägige Lehrwerke und Unterrichtsmaterialien fokussieren. Sie verknüpfen bekannte Erkenntnisse aus der Allgemeinen Didaktik, Fachdidaktiken mit aktuellen Befunden der Lehr/Lernforschung und generieren daraus Kriterien für gute Materialien. Die Grundlegung im Unterrichtsalltag macht dieses Vorgehen unmittelbar praxisrelevant, denn es setzt am täglichen Tun der Lehrerinnen und Lehrer an. Es ermöglicht fundierte Entscheidungen bei der Auswahl von Materialien, gleichzeitig lässt es den praktisch Handelnden Raum für eigene Entscheidungen, wertschätzt so ihre Erfahrungen und Kompetenzen und gibt nicht zuletzt den Raum dafür, dass dieserart professionelle Expertise für das Kind fruchtbar werden kann. Der Evidenzgrad mag niedrig sein, die Praxisrelevanz aber ist hoch, und damit dürfte die Akzeptanz in der Praxis wachsen. Ob letzteres so bleibt, wenn für eine (quasi-)experimentell basierte Evaluation der Grad der Strukturierung notwendigerweise massiv gesteigert wird, darf zumindest angezweifelt werden. Dass aus guten Materialien nicht zwingend guter Unterricht resultiert, ist klar, aber

---

stehenden passiven, rezeptiven Kindbildes und des behavioristischen Lernverständnisses« (Jörns et al. 2014, 245) ablehnen. Als Alternative werden hier sozial-konstruktivistische (Roßbach et al. 2010) Ansätze gesehen. Sie beruhen auf der Annahme, dass sich Wissenserwerb durch einen intensiven Austausch der Interaktionspartner (Pädagogen und Kinder) in alltäglichen Interaktionssituationen vollzieht. Entscheidend dabei und gleichzeitig Aufgabe der pädagogischen Fachkräfte sei es, z. B. mathematische Inhalte in Alltagssituationen »aufzudecken« und diese Situationen zielgerichtet pädagogisch zu nutzen (Koch et al. 2015). Jörns et al. (2014) beschreiben in diesem Zusammenhang z. B. eine Spielorientierte Förderung numerischer Kompetenzen im Vorschulalter und evaluieren deren Eignung zur Prävention von Rechenschwierigkeiten positiv. Ähnlich plädieren Koch et al. (2015) und Jungmann et al. (2015) explizit für eine *alltagsintegrierte* Förderung.

zumindest dürften sie hilfreich für einen solchen sein. Und gleichwohl Fragen zur Implementierung in diesem Beitrag offen bleiben, kann davon ausgegangen werden, dass auch diese durch Akzeptanz positiv beeinflusst wird.

Eine andere Schwierigkeit bei der Anwendung hochstrukturierter (evidenzbasierter) Programme wird darin gesehen, dass diese häufig auf die isolierte Förderung bereichsspezifischer Fähigkeiten abheben. Was im Bereich Mathematik, Lesen oder Schreiben noch sinnvoll erscheint (und durch wissenschaftliche Befunde gestützt wird), überzeugt für andere Bereiche weit weniger. So haben »Programme« derzeit auch im Bereich soziale und emotionale Entwicklung Konjunktur[33]. Angesichts der massiven Schwierigkeiten, die in der (inklusiven) Praxis gerade mit Verhaltensproblemen empfunden werden, wundert es wenig, dass die Programme dort gut und gern aufgenommen werden – die Akzeptanz kann also durchaus als hoch bezeichnet werden. Auch und gerade durch die Sonderpädagogik werden sie als wichtiges Fördermittel propagiert, selbstredend evidenzbasiert. Die Verlockung, Verhaltensprobleme »heilen« zu können, scheint groß, daher bleiben Stimmen, die das behavioristische Lernverständnis kritisieren, ungehört. Auch der immanente sozialtechnologische Grundgedanke bleibt durch die Sonderpädagogik weitgehend unreflektiert.

Dabei hätte gerade die Sonderpädagogik viele Gründe, darüber zu reflektieren, welchen Sinn eine Orientierung an Normen hat, wenn die gleichen Normen ihre Zielgruppen erst zu Außenseitern gemacht haben. Die Idee, dass Sonderpädagogik auch eine sozialkritische Funktion hat, dass es nicht nur um Anpassung an gesellschaftliche Normen, sondern auch um das Hinterfragen solcher geht, scheint vergessen im Nebel der Verheißung, der diese Programme umgibt. Könnte es sein, dass Sonderpädagogik hier zu einer Stabilisierung gesellschaftlicher Normen beiträgt, die diejenigen, deren Verhalten sich durch eine Veränderung durch dieserart Programme entzieht, schneller zu »Unnormalen« macht, als der Programm-Koffer wieder zugeklappt ist? Die Sonderpädagogik sollte (sich) fragen, ob das sozialtechnologische Steuerungsversprechen zum einen realistisch, zum anderen für alle ihre Zielgruppen adäquat ist.

Eine weitere Schwierigkeit wird darin gesehen, dass der hohe Grad an Strukturierung Pädagogen wenig Handlungsspielraum für eigene Entscheidungen (auf der Basis ihrer Erfahrungen oder auch auf der Basis ihrer Kenntnis konkreter Kinder, ihrer spezifischen Problem- und Interessenlagen) lässt. Das versprochene Handlungs- und Entscheidungs-Wissen wird so nicht selten als Handlungs- und Entscheidungs-Begrenzung empfunden.

An dieser Stelle ergibt sich die Frage, was unter der pädagogischen Profession überhaupt zu verstehen ist: Ein wesentlicher Kern der Profession besteht in der Fähigkeit zur kritischen Reflexion. Demzufolge besteht ein wesentliches Ziel der akademischen Ausbildung explizit in der Förderung kritischer Reflexion. In der hochschulischen Ausbildung werden bewusst Krisen, Widersprüche und Konflikte

---

33 Dass diese häufig als kostenintensives Gesamtpaket von Materialien und z. B. Fortbildung angeboten werden, verweist auf die bereits oben angesprochene Verknüpfung mit kommerziellen Interessen.

erzeugt, damit die Studierenden ein kritisch-reflexives Urteilsvermögen entwickeln, das sie befähigt, Aufgaben, Probleme, Konflikte und Krisen in den verschiedenen Arbeitsfeldern ihrer Praxis zu bewältigen, für die es eben keine vorgefertigten Handlungsanleitungen und -algorithmen gibt bzw. wo solche an der Komplexität der Situationen zwangsläufig scheitern (müssen). Dieses Scheitern ist der pädagogischen Praxis immanent, ein wesentliches Merkmal und es bedeutet für den Pädagogen, individuelle kreative Lösungen zu entwickeln und theoretisch differenziert zu begründen. Eine Solche dem Evidenzversprechen immanente Verheißung, Materialien und Methoden seien, richtig angewendet, »wirksam«, reduziert Pädagogik auf die korrekte Anwendung von »Handwerkszeug«. Eine solche braucht dann allerdings auch keine akademische Ausbildung mehr.

Schlussbetrachtung

Die Strahlkraft des Ansatzes ist, so konnte dargestellt werden, für Pädagogik und Sonderpädagogik hoch. Und natürlich ist die Notwendigkeit einer Evidenz-Basierung praktischen Handelns insbesondere im öffentlich finanzierten Raum und damit die Notwendigkeit von sonderpädagogischer Evidenzforschung schwerlich in Frage zu stellen. Auch um die grundsätzliche Notwendigkeit empirischer Forschung kann es, trotz aller methodischen Probleme, die sich bezüglich der Zielgruppen darstellen lassen, nicht gehen.

Aber die mannigfachen Interdependenzen zwischen Politik, Forschung und pädagogischer Praxis im Evidenzparadigma sind nicht zu unterschätzen. Sie treffen auch die Sonderpädagogik auf vielfältige Art. Eine »Vogel-Strauß-Attitüde« gegenüber den Auswirkungen auf die Disziplin scheint wenig angemessen, denn in der Ignoranz der Verflechtungen und Interdependenzen lauern mannigfaltige Gefahren: Neben jener, dass sich sowohl Disziplin als auch die zugehörige Praxis gewissermaßen zu ent-pädagogisieren scheinen, besteht eine weitere darin, dass die Sonderpädagogik an dem diesem Ansatz immanenten technologischen Steuerungsversprechen schlicht scheitern könnte, denn es ist ihrem Feld nicht adäquat. Daher sollte immer im Blick behalten werden, dass evidenzbasierte Forschung kein Wissen generiert, das alternativlos und frei von individuellen Entscheidungen des praktischen Anwenders ist. Wirkungswissen ist kein Steuerungsversprechen endgültiger und definitiver Gewissheit, sondern Evidenz hat den »Rang von Hypothesen für die Entscheidung in individuellen Einzelfällen« (Nußbeck 2007, 153). Evidenz ist und bleibt somit nicht weniger, aber eben auch nicht mehr als ein Grad der *Wahrscheinlichkeit* von Wirkung.

Die Produktion evidenzbasierten Wissens bleibt unbestritten eine wesentliche Aufgabe. Wo pädagogisches Handeln und seine Resultate messbar sind, kann und sollte gemessen werden. Die Stärke der empirischen Bildungsforschung liegt darin, relevantes Datenmaterial zur Verfügung zu stellen. Für die pädagogische Praxis werden empirische Ergebnisse aber erst dann relevant, wenn sie in den Horizont des pädagogisch Handelnden übersetzt und dabei von diesem mit Einsichten und Erfahrungen kombiniert werden. Derzeit aber drohen die notwendige Balance, die Wertschätzung gegenüber verschiedenen Arten der Produktion wissenschaftlicher Erkenntnisse und die Bedeutung verschiedener Zugänge für eine Disziplin der beschriebenen Dominanz zu unterliegen. Eine Sonderpädagogik, die sich auf die Produktion von Wirkungswissen beschränkt und die Frage des Wünschenswerten vergisst, wirft ihren Kompass über Bord (vgl. Howe 2011, 89). Und eine Sonderpädagogik, die ihre Experten im praktischen Feld nicht wertschätzt, indem sie Wissen übersetzt sowie diese in die Wissensproduktion einbezieht, verliert ihre Bedeutung als angewandte Wissenschaft.

Literatur

Ahrbeck, B. (2011): Der Umgang mit Behinderung. Stuttgart.
Beelmann, A. (2014): Möglichkeiten und Grenzen systematischer Evidenzkumulation durch Forschungssynthesen in der Bildungsforschung. In: Zeitschrift für Erziehungswissenschaft 17, 55–78.
Bellmann, J/Müller, T. (2011): Wissen, was wirkt, Kritik evidenzbasierter Pädagogik. Wiesbaden.
Bellmann, J./Müller, T. (2011a): Evidenzbasierte Pädagogik – ein Déjà-vu? In: Bellmann, J./Müller, T. (Hg.): Wissen, was wirkt. Kritik evidenzbasierter Pädagogik. Wiesbaden, 9–37.
Berliner, D. C. (2002): Educational Research: The Hardest Science of All. In: Educational Researcher 31(8), 18–20.
Beushausen, U. (2014): Chancen und Risiken einer evidenz-basierten Sprachtherapie. In: Logos 22, 96–104.
Biesta, G. (2011): Warum »What works« nicht funktioniert: Evidenzbasierte pädagogische Praxis und das Demokratiedefizit der Bildungsforschung. In: Bellmann, J./Müller, T. (Hg.): Wissen, was wirkt. Kritik evidenzbasierter Pädagogik. Wiesbaden, 95–121.
Blumenthal, Y./Hartke, B. (2015): Der Response to Intervention-Ansatz – ein Modell für eine präventions- und inklusionsorientierte Schulentwicklung. In: Häcker, T./Walm, M. (Hg.): Inklusion als Entwicklung - Konsequenzen für Schule und Lehrerbildung. Bad Heilbrunn, 317–331.
Blumenthal, Y./Hartke, B./Koch, K. (2010): Mecklenburger Längsschnittstudie: Wie effektiv sind Diagnoseförderklassen? In: Zeitschrift für Heilpädagogik 61, 331–341.
BMBF (2007): Elemente des Rahmenprogramms des BMBF zur strukturellen Förderung der empirischen Bildungsforschung in Deutschland. http://www.empirische-bildungsforschung-bmbf.de/_media/RP_Kurzfassung.pdf, 11.03.2015.
Bromme, R./Prenzel, M./Jäger, M. (2014): Empirische Bildungsforschung und evidenzbasierte Bildungspolitik. Eine Analyse von Anforderungen an die Darstellung, Interpretation und Rezeption empirischer Befunde. In: Zeitschrift für Erziehungswissenschaft 17, 3–54.
Buchhaas-Birkholz, D. (2009): Die »empirische Wende« in der Bildungspolitik und in der Bildungsforschung. Zum Paradigmenwechsel des BMBF im Bereich der Forschungsförderung. In: Erziehungswissenschaft 39, 27–33.
Casale, G./Hennemann, T./Hövel, D. (2014): Systematischer Überblick über deutschsprachige schulbasierte Maßnahmen zur Prävention von Verhaltensstörungen in der Sekundarstufe I. In: Empirische Sonderpädagogik 1, 33–58.
Casale, G./Hennemann, T./Grosche, M. (2015): Zum Beitrag der Verlaufsdiagnostik für eine evidenzbasierte sonderpädagogische Praxis am Beispiel des Förderschwerpunktes der emotionalen und sozialen Entwicklung. In: Zeitschrift für Heilpädagogik 66, 325–344.

Literatur

Casale, R./Röhner, C./Schaarschuch, A./Sünker, H. (2010): Entkopplung von Lehrerbildung und Erziehungswissenschaft. In: Von der Erziehungswissenschaft zur Bildungswissenschaft Erziehungswissenschaft 21(41), 43–66.
Cholewa, J. (2010): Empirische Sprachheilpädagogik: Strategien der Sprachtherapieforschung bei Störungen der Sprachentwicklung. In: Empirische Sonderpädagogik 2(3), 48–68.
Coe, R. (1999): Manifesto of Evidence-Based Education, o. O. http://www.cem.org/attachments/ebe/manifesto-for-ebe.pdf, 11.03.2015
Dedering, K./Kneuper, D./Tillmann, K.-J. (2003): Was fangen »Steuerleute« in Schulministerien mit Leistungsvergleichsstudien an? Eine empirische Annäherung. In: Füssel, H.-P./Roeder, P. M. (Hg.): Recht – Erziehung – Staat. Zur Genese einer Problemkonstellation und zur Programmatik ihrer zukünftigen Entwicklung. In: Zeitschrift für Pädagogik (47), Weinheim, 156–175.
Deutsches Cochrane Zentrum (2014): Von der Evidenz zur Empfehlung (Klassifikationssysteme). http://www.cochrane.de/de/evidenz-empfehlung, 15.03.2015.
Ellinger, S./Fingerle, M. (2008): Vorwort. In: Fingerle, M./Ellinger, S. (Hg.): Sonderpädagogische Förderprogramme im Vergleich. Orientierungshilfen für die Praxis. Stuttgart, 7–10.
Emmerich, M. (2014): Evidenz und Entscheidung: Eine semantische Innovation ›Neuer Steuerung‹. In: Weber, S./Göhlich, M./Schröer, A./Schwarzer, J. (Hg.): Organisation und das Neue. Beiträge der Kommission Organisationspädagogik. Wiesbaden, 93–102.
Evidence for Policy and Practice Information and Co-ordinating Centre (EPPI-Centre) (o. J.): Evidence Informed Policy and Practice. http://eppi.ioe.ac.uk/cms/Default.aspx?tabid=64, 11.03.2015.
Feuer, M. J./Towne, L./Shavelson, R. J. (2002): Scientific culture and educational research. In: Educational Researcher 31(2), 4–14.
Fingerle, M. (2007): Kompetenzen im Bereich der Evaluations- und Forschungsmethoden. In: Mutzeck, W./Popp, K. (Hg.): Professionalisierung von Sonderpädagogen. Standards, Kompetenzen und Methoden. Weinheim, 294–298.
Gräsel, C. (2008): Die Verbreitung von Innovationen im Bildungssystem. Implementation und Transfer. In: Lankes, E-M. (Hg.): Pädagogische Professionalität als Gegenstand empirischer Forschung. Münster, 201–205.
Gräsel, C. (2010): Stichwort: Transfer und Transferforschung im Bildungsbereich. In: Zeitschrift für Erziehungswissenschaft 13(1), 7–20.
Gräsel, C./Fussangel, K./Schellenbach-Zell, J. (2008): Transfer einer Unterrichtsinnovation. Das Beispiel Chemie im Kontext. In: Lankes, E.-M. (Hg.): Pädagogische Professionalität als Gegenstand empirischer Forschung. Münster, 207–218.
Grünke, M. (2008): Offener Unterricht und Projektunterricht. In: Fingerle, M./Ellinger, S. (Hg): Sonderpädagogische Förderprogramme im Vergleich. Orientierungshilfen für die Praxis. Stuttgart, 13–33.
Gruschka, A. (2013): »Empirische Bildungsforschung« am Ausgang ihrer Epoche? In: Profil (6), 1–6.
Hartke, B. (2005): Schulische Prävention – welche Maßnahmen haben sich bewährt? In: Zeitschrift für Heilpädagogik 56, 470–481.
Hartke, B./Diehl, K./Mahlau, K./Voß, S. (2014): Prävention und Integration im Anschluss an den Response-to-Intervention-Ansatz (RTI): Das Rügener Inklusionsmodell (RIM). In: Popp, K./Methner, A. (Hg.): Schülerinnen und Schüler mit herausforderndem Verhalten: Hilfen für die schulische Praxis. Stuttgart, 89–100.
Hartke, B./Koch, K./ Diehl, K. (2010): Förderung in der schulischen Eingangsstufe. Stuttgart.
Hartmann, E. (2013): Evidenzbasiertes Denken und Handeln in der Logopädie/Sprachheilpädagogik. State of the Art und Perspektiven. In: VHN 4, 339–343.
Helsper, W./Klieme, E. (2013): Quantitative und qualitative Unterrichtsforschung – eine Sondierung. Einführung in den Thementeil. In: Zeitschrift für Pädagogik 59(3), 283–290.
Herzog, W. (2011): Eingeklammerte Praxis – ausgeklammerte Profession. In: Bellmann, J./Müller, T. (Hg.): Wissen, was wirkt. Kritik evidenzbasierter Pädagogik. Wiesbaden, 123–145.
Hillage Report (1998): Excellence in research on schools. University of Sussex: Institute for Employment Studies.

Hillenbrand, C. (2015): Evidenzbasierung sonderpädagogischer Praxis: Widerspruch oder Gelingensbedingung In: Zeitschrift für Heilpädagogik 66, 312–324.
Hiller, G.-G. (2011): Aufriss einer kultursoziologisch fundierten, zielgruppenspezifischen Didaktik. In: Heimlich, U./Wember, F. B. (Hg.): /Didaktik des Unterrichts im Förderschwerpunkt Lernen. Ein Handbuch für Studium und Praxis. 2. Auflage. Stuttgart, 41–55.
Hintz, A. M. (2014): Evaluation einer computerbasierten Förderung schriftsprachlicher Vorläuferkompetenzen in der Schuleingangsphase. In: Empirische Sonderpädagogik 3, 260–276.
Howe, K. (2011): Positivistische Dogmen, Rhetorik und die Frage nach einer Wissenschaft von der Erziehung. In: Bellmann, J./Müller, T. (Hg.): Wissen, was wirkt, Kritik evidenzbasierter Pädagogik. Wiesbaden, 57–92.
Institute of Education Sciences (2014): What Works Clearinghouse (WWC). http://ies.ed.gov/ncee/wwc/, 11.03.2015.
Jornitz, S. (2009): Evidenzbasierte Bildungsforschung. In: Pädagogische Korrespondenz 40, 68–75.
Jörns, C./Schuchardt, K./Grube, D./Mähler, C. (2014): Spielorientierte Förderung numerischer Kompetenzen im Vorschulalter und deren Eignung zur Prävention von Rechenschwierigkeiten. In: Empirische Sonderpädagogik 3, 243–259.
Jungmann, T./Koch, K./Schulz, A. (2015): Überall stecken Gefühle drin. Alltagsintegrierte Förderung emotionaler und sozialer Kompetenzen für 3- bis 6-jährige Kinder. München.
Koch, K. (2015): Integration vs. Inklusion. Konturen eines wissenschaftlichen Diskurses (aus sonderpädagogischer Sicht) und seine Konsequenzen für die Entwicklung eines inklusiven Bildungssystems. In: Zeitschrift für Pädagogik und Theologie, 217–226.
Koch, K./Jugmann, T./Schulz, A. (2015): Überall steckt Mathe drin. Alltagsintegrierte Förderung mathematischer Kompetenzen für 3- bis 6-jährige Kinder. München.
Krajewski, K./Nieding, G./Schneider, W. (2007): Mengen, zählen, Zahlen: Die Welt der Mathematik entdecken (MZZ). Berlin.
Kriz, J. (2014): Wie evident ist Evidenzbasierung? Über ein gutes Konzept – und seine missbräuchliche Verwendung. In: Sulz, S. (Hg.): Psychotherapie ist mehr als Wissenschaft. Ist hervorragendes Expertentum durch die Reform gefährdet? München, 154–185.
Kuhl, J./Euker, N./Ennemoser, M. (2015): Editorial Schwerpunktthema: Empirische Forschung bei Kindern und Jugendlichen mit intellektueller Beeinträchtigung. In: Empirische Sonderpädagogik 1, 3–4.
Kuhl, J./Euker, N./Ennemoser, M. (2015a): Förderung des lautorientierten Lesens bei Schülerinnen und Schülern mit intellektueller Beeinträchtigung. In: Empirische Sonderpädagogik 1, 41–55.
Leutner, D. (2013): Perspektiven pädagogischer Interventionsforschung. In: Severing, E./Weiß, R. (Hg.): Qualitätsentwicklung in der Berufsbildungsforschung. München, 17–28.
Moor, P. (1965): Heilpädagogik. Ein pädagogisches Lehrbuch. Bern.
No Child Left Behind (NCLB) (2002): Public Law 107–110, Jan. 8 2002. http://www.gpo.gov/fdsys/pkg/PLAW-107publ110/pdf/PLAW-107publ110.pdf, 15.03.2015.
Nußbeck, S. (2007): Evidenz-basierte Praxis – ein Konzept für sonderpädagogisches Handeln? In: Sonderpädagogik 37(2/3), 146–155.
OECD (2002): Understanding the Brain. Towards a New Learning Science. Paris.
Oxford Centre for Evidence-based Medicine (2009): Levels of Evidence. http://www.cebm.net/oxford-centre-evidence-based-medicine-levels-evidence-march-2009/, 15.03.2014.
Oxford Centre for Evidence-based Medicine (2014): OCEBM Levels of Evidence. http://www.cebm.net/ocebm-levels-of-evidence/, 15.03.2015.
Pant, H. A. (2014): Aufbereitung von Evidenz für bildungspolitische und pädagogische Entscheidungen: Metaanalysen in der Bildungsforschung. In: Zeitschrift für Erziehungswissenschaft 17, 79–99.
Prenzel, M. (2012): Empirische Bildungsforschung morgen: Reichen unsere bisherigen Forschungsansätze aus? In: Gläser-Zikuda, M./Seidel, T./Rohlfs, C./Gröschner, A./Ziegelbauer, S. (Hg.): Mixed Methods in der empirischen Bildungsforschung. Münster, 273–286.

Radcliffe, M./Bartholomew, H./Hames, V./Hind, A./Leach, J./Millar, R./Osborne, J. (2005): Evidence-based practice in science education: the researcher-user interface. In: Research papers in education 20, 169–186.
Radtke, F. O. (2013): Die Regierungskunst der Betriebswirte. Eine Zwischenbilanz der »neuen Steuerung« des Bildungssystems. In: Der pädagogische Blick. Zeitschrift für Wissenschaft und Praxis in pädagogischen Berufen, (3).
Reimann, B. (1961): Ankunft im Alltag. Erzählung. Berlin.
Rödler, P. (2012): Inklusion ist evident begründbar aber nicht evident machbar! – Das Problem pädagogischer Praxis mit Ergebnissen ›evidenzbasierter‹ Wissenschaft. In: Behindertenpädagogik 52(4), 380–387.
Roßbach, H.-G./Große, C./Klucznik, K./Freund, U. (2010): Bildungs- und Lernziele im Kindergarten und in der Grundschule. In: Leuchter, M. (Hg.): Didaktik für die ersten Bildungsjahre. Unterricht mit 4- bis 8-jährigen Kindern. Zug, 36–48.
Roth, H. (1962): Die realistische Wendung in der Pädagogischen Forschung. In: Becker, H./Blochmann, E./Bollnow, O. F./Heimpel, E. Wagenschein, M. (Hg.): Neue Sammlung. Göttinger Blätter für Kultur und Erziehung 2. Göttingen.
Sackett, D. L./Rosenberg, W. M./Gray, J. A./Haynes, R. B./Richardson, W. S. (1996): Evidence-based medicine: What it is and what it isn't. In: British Medical Journal (13), 71–72.
Schrader, J. (2014): Analyse und Förderung effektiver LehrLernprozesse unter dem Anspruch evidenzbasierter Bildungsreform. In: Zeitschrift für Erziehungswissenschaft 17(2), 193–223.
Schüßler, I. (2012): Zur (Un-)Möglichkeit einer Wirkungsforschung in der Erwachsenenbildung. Kritische Analysen und empirische Befunde. In: Report – Zeitschrift für Weiterbildungsforschung 3, 53–65.
Speck, O. (2008): System Heilpädagogik: eine ökologisch reflexive Grundlegung. 5. Aufl. München, Basel.
Tenorth, H. - E. (2005): Evaluation der Forschung in den Berufswissenschaften der Lehrerbildung in Niedersachsen. In: Mandl, H./Kopp, B. (Hg.): Impulse für die Bildungsforschung. Berlin, 25–30.
Tenorth, H. M. (2014): Evidenzbasierte Bildungsforschung vs. Pädagogik als Kulturwissenschaft – Über einen neuerlichen Paradigmenstreit in der wissenschaftlichen Pädagogik. In: Neveléstudomány Tanulmányok 3, 5–21.
Terhart, E. (2005): Lehr-Lern-Methoden. Eine Einführung in Probleme der methodischen Organisation von Lehren und Lernen. Weinheim, München.
Tippelt, R./Reich-Claassen, J. (2010): Stichwort: Evidenzbasierung. In: DIE-Zeitschrift für Erwachsenenbildung 4, 22–23.
Tooley, J./Darby, D. (1998): Educational Research: A critique. London.
Van Ackeren, I./Zlatkin-Troitschanskaia, O./Binnewies, C./Clausen, M./Dormann, Ch./Preisendoerfer, P./Rosenbusch, Ch./Schmidt, U. (2011): Evidenzbasierte Schulentwicklung. Ein Forschungsüberblick aus interdisziplinärer Perspektive. In: Die deutsche Schule 103, 170–184.
Voß, S./Sikora, S./Hartke, B. (2015): Was heißt hier Evidenzbasiert? – Kriterien zur wissenschaftlich begründeten Auswahl von Materialien für den Mathematikunterricht in der Grundschule. Zeitschrift für Heilpädagogik 66, 85–101.
Zlatkin-Troitschanskaia, O./Förster, M./Preuße, D. (2012): Implementierung und Wirksamkeit der erweiterten Autonomie im öffentlichen Schulwesen – Eine Mehrebenenbetrachtung. In: Wacker, A./Maier, U./Wissinger, J. (Hg.): Schul- und Unterrichtsreform durch ergebnisorientierte Steuerung – Empirische Befunde und forschungsmethodische Implikationen. Wiesbaden, 79–108.

Evidenzbasierte Pädagogik – Von der verlorenen Kunst des Erziehens

Oliver Hechler

»Aber der Mensch, der Gegenstand der psychosozialen Wissenschaft, hält nicht still genug, um sich in sowohl meßbaren wie relevanten Kategorien aufteilen zu lassen«

Erik H. Erikson

1 Einleitung

Im Grunde können ja gegen eine Evidenzbasierung pädagogischen Handelns keine vernünftigen Gründe angeführt werden, denn evidenzbasierte Pädagogik bedeutet nichts anderes als eine auf empirische Belege gestützte Erziehungskunst. Und der Forderung nach empirischen Belegen pädagogischen Handelns, und das ist völlig unstrittig, entspricht sowohl die pädagogische Disziplin als auch die pädagogische Profession. Wozu also die ganze Aufregung? Der Teufel sitzt mal wieder im Detail – und diesmal im Verständnis dessen, was unter Empirie verstanden wird. Denn es ist nicht der Begriff der Evidenzbasierung, der an sich Probleme aufwirft und zur kontroversen Diskussion führt, sondern das damit verbundene Verständnis von Empirie. Empirisch belegt sind nur diejenigen pädagogischen Interventionen, und das hat Katja Koch in ihrem Beitrag eindrucksvoll ausgeführt, die letztendlich den Anforderungen eines randomisierten kontrollierten Studiendesigns entsprechen (Koch 2016). Ähnlich dem Bereich der Medizin gilt dementsprechend auch in der Pädagogik die sogenannte randomized controlled trial (RCT) als der »Goldstandard« der empirischen Studienplanung und der Forschungsdesigns. Zwar lassen sich in der Forschung unterschiedliche Evidenzklassen ausmachen, so können auch Meinungen und Überzeugungen von angesehenen Experten als empirische Belege für pädagogisches Handeln angesehen werden, doch bleibt die experimentelle Studie das Maß, an dem sich die Forschungsbemühungen messen lassen müssen. Pädagogische Forschung, will sie denn im aktuellen Wissenschaftsdiskurs Geltung beanspruchen und auch mit entsprechenden Forschungsmitteln ausgestattet werden, muss sich mit diesem Verständnis von Empirie auseinandersetzen. Es ist aber nicht nur die pädagogische Forschung, die durch die Anforderungen eines so verstandenen empirischen Forschungsdesigns stark beeinflusst wird, sondern eben auch das pädagogische Handeln – denn Ziel und Zweck dieser Forschungsbemühungen ist ja die Konstitution einer evidenzbasierten pädagogischen Praxis. Zeigt sich also auf der einen Seite die pädagogische Forschungslandschaft mittlerweile als überwiegend von quasi-experimentellen Studien mit Kontrollgruppendesign dominiert, so finden deren Ergebnisse auf der anderen Seite dementsprechend ihren Ausdruck in der Konzeptualisierung standardisierter Trainings- und Förderprogramme. Die Argumentationsstruktur und deren Umsetzung in Forschungsdesign und pädagogische Praxis sind in sich auch logisch und konsequent – allerdings treffen sie nicht den Kern dessen, was Pädagogik als Wissenschaft und Profession ihrem Wesen nach bestimmt. Etwas landläufig formuliert, ließe sich sagen: »Da werden Äpfel mit Birnen verglichen«. Insofern könnte man auch, wenn die Lage der Pädagogik hierfür nicht allzu prekär wäre, ziemlich gelassen feststellen, dass die ganze Diskussion um Evidenzbasierung sicherlich interessant sei, aber mit Pädagogik nichts zu tun habe und uns dementsprechend auch nicht weiter beschäftigen müsse. Diese Einstellung versteht sich leider nicht von selbst und trägt, vehement vertreten, eher zum Schwinden der eigenen disziplinären und professionellen Reputation bei – wahrscheinlich auch zu Recht, denn es gilt, diese Aussage zu begründen. Ansonsten wäre die Aussage nichts weiter als eine Behauptung. Diese notwendige Begründung soll in drei Schritten vorgenommen werden. Zum ersten wird es darum gehen, die konstitutions- und erkenntnistheoretischen Bedingungen der »Sache der Pädagogik« (Fuhr/Schultheis 1999) zu explizieren. Es geht also um die zentrale Frage, in welchen konstitutionstheoretischen und erkenntnistheoretischen Zusammenhängen unsere disziplinären und professionellen Bemühungen ganz grundsätzlich verortet sind, so dass damit auch die Bedingungen des Erkennens und die Möglichkeiten der pädagogischen Praxis eindeutig abgesteckt werden können. Hieran schließt sich zum zweiten die Frage, ob die berufsmäßige Erziehung als professionelle Praxis gelten kann und ob die »Erzieher von Beruf« (Prange/Strobel-Eisele 2006, 44) als Vertreter einer Profession angesehen werden können. Sind diese grundlegenden Bestimmungsversuche gelungen, geht es zum dritten um die Darstellung dessen, was unter Pädagogik vor dem Hintergrund des bisher Ausgeführten zu verstehen ist, oder besser: was darunter begründet verstanden werden kann. Und so kann dann abschließend, der Blick ist ja nun geschärft und der Bedeutungshorizont eingegrenzt, nochmal genauer das Phänomen »Evidenzbasierung« betrachtet werden, um zu einem Urteil über dessen Bedeutung für die pädagogische Theorie und Praxis zu gelangen[1].

---

1 Im folgenden Text wird prinzipiell zwischen der *Pädagogik* als wissenschaftliche Disziplin und der *Erziehung* als deren korrespondierende professionelle Praxis unterschieden und dieses Begriffspaar dann auch in den Dienst der weiteren Erörterungen genommen. In diesem Sinne wird dann auch das Begriffspaar »Erzieher/Zögling« überwiegend Verwendung finden – wohl wissend, dass dies dem heutigen allgemeinen Sprachgebrauch zu wider läuft. Doch werden das Lehrer/Schüler-Verhältnis, das Verhältnis zwischen Sozialpädagogen und Jugendlichen, zwischen Sonder- und Heilpädagogen und förderbedürftigen Menschen, zwischen Erwachsenenbildner und Erwachsenen usw. immer als erzieherische Verhältnisse und damit als Sonderformen des Erzieher/Zögling-Verhältnisses angesehen. Hiervon unberührt bleibt der Sachverhalt, dass mittlerweile auf der einen Seite ja schon lange nicht mehr von Pädagogik, sondern von Erziehungs- und/oder Bildungswissenschaft(en) und auf der anderen, der praktischen Seite ebenso lange nicht mehr von Erziehung, sondern, wenn überhaupt, von Pädagogik gesprochen wird. Ebenso unberücksichtigt bleibt die Tatsache, dass die professionelle pädagogische Praxis überwiegend

2 Konstitutions- und erkenntnistheoretische Bedingungen

Wie versteht der Mensch seine Umgebung und wie verhält er sich zu ihr? Wie nimmt er die Dinge der Welt wahr und geht mit diesen um? Und welche Konsequenzen ergeben sich aus den Eigenschaften der Phänomene unserer uns umgebenden Welt? Diese Fragen gilt es grundsätzlich zu klären, um Aussagen über das Wesen der Gegenstände zu erlangen, mit denen wir uns als Wissenschaftler und professionelle Praktiker beschäftigen. Und man muss kein großer Wissenschafts- und Erkenntnistheoretiker sein, um diese Klärung vornehmen zu können.

Die Welt und ihre Teilwelten

Die Beschäftigung mit diesen Fragen geht, wie sollte es auch anders sein, zurück auf die griechische Antike. Seit Platons Überlegungen zur Dialektik ist klar: »Scheint dir nun nicht, sprach ich, die Dialektik recht wie der Sims über allen anderen Dingen zu liegen und über diese keine andere Kenntnis mehr mit Recht aufgesetzt werden zu können, sondern mit den Kenntnissen es hier ein Ende zu haben?« (Platon 2006, 442). Es scheint also Situationen und Sachverhalte in der Welt zu geben, über die nicht eindeutig Kenntnis zu erlangen ist, die eben mehrdeutig sind und sich, zur damaligen Zeit, fast überwiegend im Bereich der menschlichen Lebenspraxis finden lassen. Aristoteles (2006) greift dann diese in der Dialektik gefasste und empirisch begründete Denkfigur auf und unterscheidet die Welt, in der wir leben, in zwei Teilwelten. So spricht er zum einen von der Welt, die sich auf die durch die Menschen hervorgebrachte Veränderlichkeit bezieht, und zum anderen von der Welt des Notwendigen, des Unveränderlichen und des Immerwährenden. Diese Welt, also die des Unveränderlichen und Immerwährenden, ist charakterisiert durch naturwüchsig ablaufende Prozesse, durch eindeutige Bestimmbarkeit, durch stete Formen (Bollnow 1959), durch die Dominanz des Entweder-/oder-Prinzips und durch die Möglichkeit, dass theoretische Operationen der Praxis vorauslaufen können. Theorie verfährt in dieser Welt subsumtionslogisch: Kenne ich die grundlegende Gesetzmäßigkeit eines Phänomens, lassen sich die gleichen Phänomene dieser Gesetzmäßigkeit unterordnen. So müssen die Gesetze der Thermodynamik und der Statik zum Beispiel nicht bei jedem neuen Flugzeugbau und bei jeder neuen Brückenkonstruktion jeweils neu expliziert und auf den Einzelfall übertragen werden. In jüngster Vergangenheit hat Oevermann (2000) diese Welt als »nicht-sinnstrukturierte Welt« (439) bezeichnet und stellt sie damit der »sinnstrukturierten Welt« (439), also der Welt, die auf die von Menschen hervorge-

---

durch weibliche Fachkräfte betrieben wird. Der Text verwendet allerdings die männliche Schreibform. Wenn von diesen Setzungen in einigen Textstellen Abstand genommen wird, dann nur um des flüssigen Leseflusses, des ästhetischen Sprachgefühls oder um der besseren Darstellungsfähigkeit wegen.

brachte Veränderlichkeit abhebt, gegenüber. Diese Welt hingegen zeichnet sich durch Unbestimmbarkeit und unstete Formen (Bollnow 1959) aus, sie folgt dem Sowohl-als-auch-Prinzip. In dieser Welt ist »die Praxis viel älter als die Theorie« (Schleiermacher 1983, 11). Theorie verfährt hier im Modus der Rekonstruktionslogik. Diese Welt unterstellt menschlichem Erleben und Handeln grundlegende Sinnhaftigkeit. Der Mensch hat die Wahl und ist gezwungen zu wählen (Schmid 1998), und jeder Wahl laufen sinnstrukturierte und rekonstruierbare Entscheidungsprozesse voraus, die sich eben nicht durch standardisierte Muster zu Wege bringen lassen. Der Einfachheit halber und der Aktualität geschuldet, soll im Folgenden nur noch von sinnstrukturierter Welt und nicht-sinnstrukturierter Welt gesprochen werden, wobei ja klar geworden sein sollte, dass auch naturwüchsig ablaufende Prozesse im Großen und Ganzen besehen natürlich »sinnhaft« sind. So ergibt es eben Sinn, wenn Pollen einer Pflanze sich in der Umgebung verteilen, weil so der Bestand der Art gesichert bleibt. Nur entscheidet sich nicht die Pflanze im Rahmen eines Urteilsbildungsprozesses dafür, die Pollen in die Welt zu schicken. Verantwortlich dafür sind biologisch strukturierte Reifungsprozesse, die wir Menschen natürlich auch kennen. So wachsen wir, wir bekommen Zähne, die uns dann wieder ausfallen und Platz für neue machen, wir altern und vieles mehr. Aber ansonsten sind wir aufgefordert und gezwungen, unserem Leben eine individuelle Form zu geben – und das über den gesamten Lebenslauf. Es bleibt also festzuhalten, unsere Welt lässt sich probeweise in zwei Teilwelten unterscheiden.

Tab. 1: Merkmale der »Teilwelten« und deren Protagonisten (erhebt keinen Anspruch auf Vollständigkeit)

Protagonisten	Merkmale	Merkmale
Platon	„Sowohl-als-auch"-Prinzip	„Entweder/oder"-Prinzip
Aristoteles	Die „Welt" der durch die Menschen hervorgebrachte Veränderlichkeit: Praxis	Die „Welt" des Notwendigen, des Unveränderlichen und des Immerwährenden: Poiesis
Schleiermacher	Theorie folgt der Praxis	Theorie läuft der Praxis voraus
Dilthey	Verstehen	Erklären
Gehlen	Unbestimmbarkeit	Bestimmbarkeit
Plessner	„offene Frage"	„geschlossene Frage"
Bollnow	Unstete Formen	Stete Formen
von Foerster	nicht-trivial	trivial
Oevermann	Sinnstrukturierte Welt	Nicht-Sinnstrukturierte Welt

Gesellschaftliche Teilsysteme

Nun haben wir ja aus konstitutions- und erkenntnistheoretischer Sicht zunächst die beiden Teilwelten fast polar voneinander unterschieden. In gesellschafts- und kulturtheoretischer Hinsicht allerdings teilen sich die beiden Welten gemeinsame Strukturen. Gemeinsam ist sowohl der sinnstrukturierten als auch der nicht-sinnstrukturierten Welt die Gliederung in drei voneinander getrennte gesellschaftliche Teilsysteme (vgl. Stichweh 1994). Hierzu zählt erstens die Lebenspraxis, die die routine- und krisenhafte Alltagspraxis der Menschen beschreibt. Menschliche

Lebenspraxis zeichnet sich durch den Zwang zum Handlungsvollzug aus, der allerdings nicht immer begründet und erklärt werden muss. Man muss sich und den anderen nicht permanent Rechenschaft ablegen. Als zweites Teilsystem ist die wissenschaftliche Geltungsbegründung anzuführen – also im weitesten Sinne die Wissenschaft und deren Institutionen und Personal. Hier findet sich zwar kein Handlungsdruck oder sollte sich keiner finden, denn wissenschaftliche Praxis sollte gerade von diesem befreit sein – nicht umsonst kann man dann auch begründet vom »Elfenbeinturm« der Wissenschaft(ler) sprechen –, die Erkenntnisse aber unterliegen einer systematischen Geltungsüberprüfung. Wissenschaftliche Erkenntnisse müssen sich bewähren und der wissenschaftlichen Kritik standhalten. Drittens schließlich können wir noch in die sogenannte verwissenschaftlichte Lebenspraxis unterscheiden, die Bezug nimmt auf die berufspraktischen Anwendungen wissenschaftlichen Wissens. Selbstverständlich ist nicht jeder Beruf wissenschaftsbasiert und muss es auch nicht sein – wobei die immer mehr fortschreitende Akademisierung früherer Lehrberufe sicherlich nicht ganz unbedenklich ist –, uns interessieren aber im Folgenden diejenigen Berufspraxen, die durch die Anwendung wissenschaftlichen Wissens gekennzeichnet sind.

Tab. 2: Merkmale der gesellschaftlichen Teilsysteme

Wissenschaft	Verwissenschaftlichte Lebenspraxis	Lebenspraxis
• Wissenschaftliche Geltungsbegründung • Entlastung von Handlungsdruck	• Berufliche Anwendung wissenschaftlichen Wissens • Handlungsdruck und Begründungszwang	• Menschliche Handlungsvollzüge • Handlungsdruck ohne Begründungszwang

Teilwelten und gesellschaftliche Teilsysteme

Bringt man nun die gesellschaftlichen Teilsysteme mit den zwei Teilwelten zusammen, dann entsteht ein interessanter, aussagekräftiger und begründeter Interpretationsrahmen für die Verortung der Phänomene, mit denen wir es als Menschen, als Wissenschaftler und professionelle Berufspraktiker zu tun haben. Schauen wir zunächst auf die nicht-sinnstrukturierte Welt. Die nicht-sinnstrukturierte Welt beschäftigt sich im Rahmen der skizzierten Teilsysteme überwiegend mit naturwissenschaftlich zu beschreibenden Phänomenen. Das heißt, auf der Ebene der Lebenspraxis geht es ganz basal um praktische dezentrierte Naturerfahrung. Praktische Naturerfahrung heißt, dass wir zum Beispiel deutlich spüren, wenn es regnet und uns der Wind um die Ohren pfeift. Auch registrieren wir schmerzhaft, wenn wir uns in den Finger schneiden und Blut fließt oder wir uns den Kopf am Kofferraumdeckel anschlagen, so dass eine Beule oder ein blauer Fleck entsteht. Oder wir erfahren die Gesetze der Physik, wenn wir einen Auffahrunfall verursacht haben. Im Grunde geht es um die Auseinandersetzung mit den Regeln oder den Gesetzmäßigkeiten der gegenständlichen Welt, die uns umgibt. Die Ebene der wissenschaftlichen Geltungsbegründung hingegen widmet sich der experimentellen

Erforschung dieser Gesetzmäßigkeiten. Hier wird danach gefragt, warum denn der Apfel vom Baum fällt und nicht nach oben schwebt. Auch werden die verschiedenen Umlaufbahnen und Kräfteverhältnisse von Planeten und Himmelskörpern erforscht, so dass es möglich wird, diese Himmelskörper mittels Raketen und anderen Weltraumfahrzeugen zu erreichen. Und mittlerweile basiert die gesamte lokale und globale Kommunikation darauf, dass es möglich geworden ist, Satelliten auf eine stabile Umlaufbahn um unsere Erde zu bringen und dort zu halten. Die Liste all dessen, was Gegenstand der experimentellen Naturforschung ist, ist lang. So verdanken wir es der naturwissenschaftlichen Forschung, dass wir in ein Flugzeug steigen und in Urlaub fliegen können. Ebenso verhält es sich mit den Erkenntnissen der biologischen, physikalischen und chemischen Forschung, die uns unser Leben deutlich und spürbar erleichtert haben. Trotz der Vielfältigkeit der Phänomene ist diesen eines gemeinsam: immer geht es darum, dass die einmal erforschte Gesetzmäßigkeit eines Phänomens subsumtionslogisch auf alle weiteren Fälle des jeweiligen Phänomens angewandt werden kann. Und das ist, wie wir ja bereits gesehen haben, auch gut so – denn sonst würden wir uns nicht so ohne weiteres in ein Flugzeug setzen, über eine Brücke gehen oder im Hochhaus arbeiten. Die Ebene der verwissenschaftlichten Lebenspraxis schließlich zielt auf die ingenieuriale Wissensanwendung des naturwissenschaftlichen Wissens ab. Der prototypische akademische Beruf im Bereich der verwissenschaftlichten Lebenspraxis ist der Ingenieur. Es ist die berufliche Aufgabe des Ingenieurs, die auf dem Wege der experimentellen Naturforschung hervorgebrachten Erkenntnisse mit den Ansprüchen der Lebenspraxis zu verbinden – also ganz konkret: Flugzeuge, Brücken, Tiefgaragen, Häuser, Telekommunikationsnetze, Stromkreisläufe, Ölförderplattformen, Raumstationen, Dialysegeräte, Schwefelgasanlagen und vieles mehr zu konstruieren und zu fertigen. Dem Ingenieur hilft es bei seiner vielfältigen Arbeit, auf gewisse und eindeutige Gesetzmäßigkeiten, die zumeist in Formeln und Rechenoperationen zur Anwendung kommen, zurückgreifen zu können. Immer und in jedem Fall sind dann die Gesetzmäßigkeiten, die angewendet werden, gleich. Ein »Sowohl-als-auch« gibt es hier nicht – und wenn es doch mal zu Komplikationen kommt, spricht man diese zumeist dem »Faktor Mensch« und dessen Versagen zu.

Die sinnstrukturierte Welt hingegen hat erfahrungs- und sozialwissenschaftlich zu beschreibende Phänomene zum Gegenstand. Hier ist die Ebene der Lebenspraxis durch anthropomorphe Erkenntnis charakterisiert. Es geht auf dieser Ebene um die Wahrnehmung der Mitmenschen als intentionale Akteure, als Personen also, die fortlaufend Sinn und Bedeutung herstellen und deren Handeln durch individuelle Gründe motiviert ist, die sich so leicht nicht vorhersagen lassen. Menschsein bedeutet in dieser Perspektive, die Angewiesenheit auf gemeinsam geteilte Aufmerksamkeit und gemeinsame Kooperation (Tomasello 2010, 2014). Und diese Sachverhalte sind alles andere als unkompliziert und trivial herzustellen. Man weiß im Grunde nie, wie sich das Miteinander gestalten wird. Darüber hinaus beinhaltet anthropomorphe Erkenntnis Erfahrungsprozesse, die man mit sich selbst machen kann, die durch das Zusammensein mit anderen entstehen oder aus den Erfahrungen mit der Welt resultieren. Diese Erfahrungsprozesse, zu denen dann eben auch Lern-, Erziehungs- und Bildungsprozesse gehören, zeichnen sich durch ein hohes Maß an Individualität und Subjektivität aus. Und so sind korrespondierend auch die Institutionen und das Personal der wissenschaftlichen Geltungsbegründung aufgefordert, diesen Phänomenen erfahrungswissenschaftlich auf den Grund zu gehen. Die Methodologie und das methodische Vorgehen dieser erfahrungswissenschaftlichen Forschung orientieren sich dann entsprechend ihren Gegenständen am rekonstruktionslogischen Paradigma. Wir versuchen dann anhand der vorfindbaren Phänomene der menschlichen Lebenspraxis, deren Strukturen und deren Wesen zu rekonstruieren und zu explizieren. Ausgangspunkt ist dabei immer ein Einzelfall, den es zu verstehen gilt, und dessen Explikation uns dazu auffordert, weitere Einzelfälle hinzuzuziehen, so dass sich unsere explizierte Lesart entweder verifizieren oder aber falsifizieren lässt. Damit nähern wir uns unseren Gegenständen, können diese aber aus erkenntnistheoretischer und methodologischer Sicht nie wirklich ganz erfassen, denn wie ja bereits gezeigt werden konnte, hält der Mensch als Gegenstand der psychosozialen Wissenschaft nicht still genug, »[…] um sich in sowohl meßbaren wie relevanten Kategorien aufteilen zu lassen« (Erikson 1970, 40). Diese wissenschaftliche Annäherung und relative Bestimmbarkeit ist es auch, die im grundlegenden Konzept des »hermeneutischen Zirkels« (Gadamer 1999) beschrieben wird. Absolute und sichere Gewissheit kann es nicht geben. Das heißt natürlich nicht, dass man sich nicht relativ nah dem Wesen eines Phänomens nähern kann – eben nur nicht vollständig, umfänglich und mit absoluter Gewissheit. Insofern gestaltet sich auch die Praxis der Anwendung des wissenschaftlichen Wissens völlig anders als im Bereich der nicht-sinnstrukturierten Welt. Hier nun sprechen wir von einer interventionspraktischen Wissensanwendung, um deutlich zu machen, dass die Praxis des Einzelfalls ihre eigene Dignität aufweist, die es unbedingt zu berücksichtigen gilt. Wir können also nicht bei jedem Einzelfall, mit dem wir es zu tun haben, ein und dieselbe Gleichung anwenden – zum einen nicht, weil das wissenschaftlich generierte Wissen solche Gebrauchsanweisungen nicht bereit stellt, und zum anderen nicht, weil wir damit die konstitutionelle Unbestimmbarkeit und Offenheit des Menschen ignorieren würden. Insofern weist die Interventionspraxis immer Momente der strukturellen Ungewissheit auf, ist nicht-standardisierbar und gleicht ihrem Wesen nach mehr einer Kunst, für die es natürlich auch eine mitteilbare und erlernbare Kunstlehre geben muss. Und genau dieser Ort, an dem es um die nicht-standardisierbare Vermittlung von wissenschaftlichem Wissen und Einzelfall geht, markiert den Bereich des professionellen Handelns und der Profession. Nur dort und nirgendwo anders lässt sich begründet von professionellem Handeln sprechen. Und das verwundert natürlich, denn üblicherweise versteht man ja unter professionellem Handeln genau das Gegenteil von Ungewissheit – und damit würden wir eher das ingenieuriale Handeln als professionell bezeichnen. Professionalität zeigt sich aber gerade im Umgang mit den Paradoxien, den Antinomien und der Ungewissheit interventionspraktischer Wissensanwendung.

Das heißt zusammengefasst: Professionen sind der sinnstrukturierten Welt und dort der verwissenschaftlichten Lebenspraxis zuzuordnen. Sie zeichnen sich durch eine interventionspraktische Wissensanwendung, durch Vermittlung von allgemeinem wissenschaftlichem Wissen und Einzelfall aus, die sich einer Standardisierung widersetzt. Professionelles Handeln verfährt damit im gegenteiligen Modus einer ingenieurialen Wissensanwendung. Und damit kann begründet festgehalten

Tab. 3: Die »Welten« und die gesellschaftlichen Teilsysteme

	Sinnstrukturierte Welt	Nicht-sinnstrukturierte Welt
Wissenschaft	• Sozialwissenschaftlich zu beschreibende Phänomene • Erfahrungswissenschaftliche Sozialforschung	• Naturwissenschaftlich zu beschreibende Phänomene • Experimentelle Naturforschung
Verwissenschaftlichte Lebenspraxis	• Interventionspraktische Wissensanwendung • Vermittlung von allgemeinem Wissen und Einzelfall • Nicht-Standardisierbarkeit	• Ingenieuriale Wissensanwendung • Unvermittelte Anwendung wissenschaftlichen Wissens auf den Einzelfall • Standardisierbarkeit
Lebenspraxis	• Anthropomorphe Erkenntnis	• Dezentrierte Naturerfahrung

werden, dass mit kategorienfehlerhaften Folgen zu rechnen ist, versucht man, Verfahrensweisen aus der anderen »Teilwelt« oder aus einem anderen gesellschaftlichen Teilsystem auf den Bereich der Professionen zu übertragen.

3 Erziehen als Profession?!

An diesem Punkt angelangt, stellt sich nun konsequenterweise die Frage, ob pädagogisches Handeln professionelles Handeln ist und ob den Erziehern von Berufswegen der Status einer Profession zugesprochen werden muss. Es soll jetzt nicht an dieser Stelle auf die Unterscheidung von Professionalisierungsbedürftigkeit und faktische Professionalisiertheit vertiefend eingegangen werden (Oevermann 1996), das wird später noch Thema sein, sondern vielmehr über die strukturtheoretische Verortung hinaus inhaltlich bestimmt werden, wann welche Berufstätigkeiten als Professionen zu bezeichnen sind. Wie viele andere Begriffe der Geistes- und Sozialwissenschaften wird auch der Professionsbegriff außerhalb der einschlägigen Fachdiskurse populärwissenschaftlich trivialisiert und inflationär ausgeweitet. »Profession« und »professionell« werden dann zu Synonyme für jedwede berufliche Praxis, die irgendwie den Anschein von Kenner- und Könnerschaft vermittelt. Da ist dann der Bäcker professionell, weil er besonders leckeres Brot backt – eine in Darmstadt ansässige Bäckereikette verkündet sogar auf ihren Brottüten: »Backen ist unsere Profession« – oder aber die Bankkauffrau, weil sie darin talentiert ist, ihren Kunden in Zeiten der Finanzkrise Lebensversicherungen zu verkaufen. Und so geht das weiter, jeder, der was auf sich hält, schreibt sich Professionalität auf die Fahnen. Dabei wird allerdings vergessen, sich die grundlegenden Entstehungsbedingungen und Begründungszusammenhänge professionellen Handelns zu vergegenwärtigen. So, als verstehe sich die historische Entwicklung professionellen Handelns von selbst. Unter ökonomischen Gesichtspunkten ergibt es ja auch Sinn, den Professionsbegriff möglichst weit zu spannen, so dass viele Berufe hierunter ihren Platz finden können. Doch selbst unter den ausformulierten Professionstheorien finden sich zu Weilen divergierende Annahmen über die Begründungszusammenhänge und die theoriegeschichtliche Entwicklung professionellen Handelns. In herausgehobener Stellung konzeptualisiert zum Beispiel der machtanalytisch inspirierte Diskurs (vgl. Daheim 1992) Professionalisierung als eine Entwicklung, die dazu dient, eine Tätigkeit zu einem Beruf und damit zu einer sicheren Erwerbsquelle zu machen. Diese Entwicklung gehe mit einer deutlichen Formalisierung, Bürokratisierung und Ausdifferenzierung der Profession (vgl. Bucher/Strauss 1972) einher und führe, bei gelungener Professionalisierung, zu einer Monopolstellung und zur gesellschaftlichen Anerkennung der Professionsinhaber. Wenn darüber hinaus »die so entwickelte Profession für eine Gesellschaft wertvoll oder gar notwendig wird« (Körner 1995, 113), dürfen die Berufsrollenträger sogar damit rechnen, dass ihre Leistungen aus öffentlichen Kassen honoriert werden. Diese Sichtweise legt die Lesart nahe, es könne auch Professionen geben, die zunächst keine gesellschaftliche Relevanz besitzen und es nur eine Frage berufspolitischer Anstrengungen sei, den eigenen Ausbildungsberuf zu einer Profession als Teil der akademischen Berufe zu entwickeln (vgl. Hartmann 1972).

Genese professionellen Handelns

Am Anfang steht aber nicht die Professionalisierung eines Berufs, die dann einen gesellschaftlichen Bedarf weckt und gesellschaftliche Bedeutung erlangt, sondern die anthropologisch begründete Tatsache der Krisenhaftigkeit menschlicher Lebenspraxis. Im Rahmen der menschlichen Kulturentwicklung, angefangen von der ca. 5–6 Millionen Jahre umfassenden Mensch-Tier-Übergangszeit bis hin zu erstem Städtebau und der Entstehung von Kulturlandschaften vor ca. 5000 Jahren, formierte sich eine Lebenspraxis, die permanent von Krisen durchzogen war und bis heute von Krisen durchzogen ist. Durch Instinktreduktion bei einer gleichzeitig sich entwickelnden Fähigkeit zur Selbstwahrnehmung und zur Selbstbewusstheit – das heißt, die Fähigkeit, sich, die Welt und die Anderen zum Gegenstand des eigenen Nachdenkens zu machen – entstand eine Lebenspraxis, die sich so ohne weiteres nicht mehr von selbst ergab und in der permanent Entscheidungen in eine offene Zukunft hinein getroffen werden mussten – Entscheidungen, von denen man zum Zeitpunkt der Entscheidung noch nicht wusste, ob es auch die richtigen Entscheidungen sind. Die erfolgreiche Bewältigung dieser doch erheblich von Unsicherheit gekennzeichneten Lebenspraxis war nur möglich durch den Zusammenschluss der Menschen in Gruppen, durch die Ausbildung von Sprache und durch Erziehung. So konnte aus dem anfänglich Gejagten ein Jäger werden, der seine Umgebung mehr und mehr beherrschen konnte. Trotz des immensen evolutionären Erfolges bleibt die Krisenhaftigkeit menschlicher Lebenspraxis konstitutiv für unsere Gattung und folgt letztendlich, zumindest hat Ulrich Oevermann (2001) dies so herausgearbeitet, einem Krise-Routine-Modell. Das heißt im Grunde nichts anderes, als dass der Mensch lebenspraktisch relevante Routinen durch die wiederholte Bewältigung von Krisen ausbildet. Es zeigt sich dann bei den Bewältigungsversuchen, welche Lösungen erfolgreich sind und damit auch generalisiert werden können, so dass sie Eingang finden in das Repertoire unserer individuellen Handlungsoptionen. Es versteht sich ja von selbst, dass das, was für den einen eine erfolgreiche Krisenbewältigung darstellt, nicht auch für einen anderen Zeitgenossen gelten muss. Bewährung muss individuell erfahren und praktiziert werden. Und ob das mit der Krisenbewältigung und der Bewährung von Lösungen immer so einfach ist, hängt ganz zentral vom Charakter der Krise ab. Vieles von dem, was uns das Leben abverlangt, können wir ohne größere Einschränkung mit unserer autonomen Lebenspraxis bewältigen. Doch es bleiben Herausforderung des Lebens übrig, die unseren existentiellen Kern (Bollnow 1959) berühren. Dann wissen wir nicht mehr weiter. Dann helfen uns auch keine neuen Kenntnisse oder Fertigkeiten – wir sind durch die Krise auf uns selbst zurückgeworfen. Am deutlichsten spüren wir vielleicht diese existentielle Krisensituation, wenn wir krank werden, emotional stark erschüttert sind, und sich Hoffnungslosigkeit breit macht, wir um die gerechte Behandlung unserer Person fürchten müssen oder sich Lernaufgaben stellen, die sich eben nicht durch ein Lernen aus eigener Kraft lösen lassen. In all diesen Fällen ist uns die Führung unseres Lebens so ohne weiteres nicht mehr möglich. Die Krisenhaftigkeit gehört zur *Conditio Humana* – das war schon immer so und wird wahrscheinlich auch so bleiben. Es sind aber genau diese existentiellen Wechselfälle des Lebens, die professionelles Handeln haben entstehen lassen. Professionelles Handeln ist die Antwort auf die existentielle Krisenhaftigkeit menschlicher Lebenspraxis, und die Hauptaufgabe professioneller Praxis besteht in der stellvertretenden Deutung der existentiellen Krise für den, der von dieser betroffenen ist. Diejenigen, die sich für diese Aufgabe eignen, gab es schon immer – so zum Beispiel in Gestalt von Stammesältesten, Heilern, Weisen und Schamanen. Es würde zu weit führen, die Kulturgeschichte der Professionen und deren Vertretern bis in die heutige Zeit auszuführen. Das, was wesentlich erscheint, ist die Ausdifferenzierung der Professionen gemäß den Zentralwerten, über die eine Gesellschaft Übereinstimmung erzielt hat und die offensichtlich, sowohl für den Einzelnen als auch für die Gesellschaft, von funktionaler Relevanz sind. Gesundheit, Gerechtigkeit, Glaube/Erkenntnis und Bildung scheinen die herausragenden gesellschaftlichen Zentralwerte zu sein, die als Folie für die Ausdifferenzierung der Professionen angesehen werden müssen. Auf diesem Wege der funktionalen Ausdifferenzierung entstanden die als »klassische« Professionen bekannten akademischen Berufe des Arztes, des Richters, des Pfarrers und des Erziehers. Selbstverständlich sind diese Professionen als prototypisch anzusehen und haben sich auch noch weiter ausdifferenziert und entwickelt. So kommen beispielsweise zum Zentralwert Gesundheit aktuell noch der Psychotherapeut, den man allerdings auch dem Zentralwert Glaube/Erkenntnis oder Bildung zuordnen könnte, zum Zentralwert Glaube/Erkenntnis der Wissenschaftler und der Künstler, zum Zentralwert Gerechtigkeit der Anwalt und zum Zentralwert Bildung die pädagogischen Berufsgruppen – allen voran der Lehrberuf – hinzu. Doch das, was bleibt und allen gemeinsam ist, ist der Bezug des professionellen Handelns auf existenzielle Ernstsituationen der menschlichen Lebenspraxis. Wo dieser Bezug fehlt, kann man im engeren Sinne auch nicht mehr von professionellem Handeln sprechen. Schaut man allerdings von diesen Prototypen aus nicht weiter in Richtung Ausdifferenzierung, sondern richtet den Blick zurück auf das den Professionen gemeinsame Charakteristikum, dann lässt sich feststellen, dass professionelle Beziehungen nach dem Muster einer »guten« Eltern-Kind-Beziehung gestaltet sind (Hechler 2014). Um Missverständnissen vorzubeugen, heißt das natürlich nicht, dass die Professionellen »bessere« Eltern sein sollen oder gar, dass die Diffusität und Intimität, die neben der spezifischen Aufgabenzentrierung in allen professionellen Beziehungen zu finden sind, überbetont und agiert werden sollten – ganz im Gegenteil. Vielmehr geht es darum, die Eltern-Kind-Beziehung als ein paradigmatisches Modell professionellen Handelns zu begreifen, denn das, und dieser Tatbestand ist unübersehbar, was aber beide Praxen, die der Familienerziehung und die des professionellen Handelns miteinander verbindet, ist die Tatsache, dass es bei beiden immer um grundlegende Fragen des Lebens geht. Bei den Kindern ist das ganz klar. Da braucht es die versorgenden Eltern, die das Kind füttern, zärtlich in den Armen halten, es pflegen, es beruhigen, mit den »Regeln des Hauses« vertraut machen, ihm zeigen, wie es sich selbst anziehen und die Zähne putzen kann und vieles mehr, um eine gesunde Entwicklung zu ermöglichen. Die Eltern sind also für den Aufbau einer funktionierenden Lebenspraxis ihrer Kinder von existenzieller Bedeutung. Ähnlich verhält es sich in Situationen, in denen wir gezwungen sind, professionelle Hilfe in Anspruch zu nehmen. Das ist meist dann der Fall, wenn wir kurzfristig und punktuell mit Ereignissen im Leben konfrontiert sind, die sich nicht so einfach verstehen und bewältigen lassen – Ereignisse also, die im Grunde ebenfalls existenzieller Natur sind. In all diesen Fällen ist uns die Führung unseres Lebens so ohne weiteres nicht mehr möglich. Das, was also die Eltern-Kind-Beziehung und die professionellen Beziehungen verbindet, ist die Tatsache, dass sich beide Sozialformen auf die Bewältigung existenzieller Aufgaben richten. Und dabei wird immer der Andere, ob nun in Gestalt des Vaters/der Mutter oder des Professionellen, benötigt, um diese existentiellen Herausforderungen, die das Leben bereithält, erfolgreich zu bewältigen. Damit ist im Grunde klar gezeigt, dass Professionen immer nur *existenz*basiert und nicht *evidenz*basiert sein können.

Erziehen als Profession!

Anhand der den »klassischen« Professionen eigentümlichen Binnendifferenzierung soll im folgenden Schaubild zusammenfassend und abschließend gezeigt werden, welche Parameter inhaltlich gefüllt sein müssen, um von professionellem Handeln sprechen zu können. Und das gilt im Besonderen sowohl für die weitere Ausdifferenzierung als auch für mögliche »neue« Professionen.

Und nun kann die eingangs gestellte Frage, ob berufsmäßige Erziehung den Anforderungen an eine professionelle Praxis entspricht und ob die Erzieher von Beruf (Prange/Strobel-Eisele 2006, 44) als Profession angesehen werden müssen, eindeutig mit »Ja« beantwortet werden. Ausgangspunkt der pädagogischen Profession ist der anthropologische Tatbestand der Erziehungsbedürftigkeit des Menschen, die mit einem hohen Grad an Inkompetenz einhergeht. Wenn wir alles schon wüssten, könnten und wollten, dann bräuchten wir keine Erziehung. So ist es ja auch mit dem Arzt – den gibt es nur, weil wir potenziell krank werden können.

Tab. 4: Merkmale und Binnendifferenzierung professioneller Praxen

Disziplin	Medizin	Theologie	Rechtskunde	Pädagogik
Profession	Arzt	Pfarrer	Richter	Erzieher
Gesellschaftlicher Zentralwert	Gesundheit	Glaube	Gerechtigkeit	Bildung
Fokus der Defizitbearbeitung	Krankheit	Hoffnungslosigkeit	Ungerechtigkeit	Inkompetenz
Lebensprobleme der Menschen	Gesundheitsprobleme	Glaubensprobleme	Rechtsprobleme	Lernprobleme
Professioneller Bezug	Arzt/Patient-Beziehung	Pfarrer/Gemeinde	Richter/Staat	Erzieher/Zögling
Professionelle Grundoperation	Eingriff	Verkündigung	Urteil	Zeigen
Professionelle Handlungsoptionen	*Heil*mittel Operation, Medikation, Physikalische Rehabilitation...	*Heils*mittel Taufe, Abendmahl, Seelsorge...	*Rechts*mittel Einspruch, Berufung, einstweilige Verfügung...	*Erziehungs*mittel Unterricht, Arrangement, Übung...

Wäre dies nicht der Fall, hätte sich mit Sicherheit auch keine Heilkunde und Heilkunst herausgebildet. Wir antworten also auf den Tatbestand der Erziehungsbedürftigkeit mit Erziehung und versuchen so, die Inkompetenzen in den unterschiedlichen Lerndimensionen zu Gunsten eines Mehr-Wissens, Mehr-Könnens und Mehr-Wollens aufzuheben. Die Aneignung spezifischer Fertigkeiten, Kenntnisse und Willenseinstellung ist für die personale Selbstbestimmung (Mündigkeit), die Ausdruck dafür ist, sein Leben eigenverantwortlich und gemeinschaftsfähig führen zu können, unabdingbar. Und um diese Aneignungsprozesse, die wir als Lernprozesse verstehen, zu erreichen, bedienen wir uns unterschiedlicher Mittel der Erziehung – je nach Lebensalter und dem, was gelernt werden soll. Dieses ganze Unterfangen schließlich vollzieht sich nicht im beziehungsleeren Raum oder gar ganz von selbst und nebenbei durch sozialisatorische Interaktion, sondern findet in einem spezifischen und je einzigartigen erzieherischen Verhältnis statt.

4 Pädagogik als Wissenschaft und die Kunst der Erziehung

Johann Friedrich Herbart hatte also recht, als er 1802 die Zuhörer seiner ersten Vorlesungen über Pädagogik aufforderte: »Unterscheiden Sie zuvörderst die Pädagogik als Wissenschaft von der Kunst der Erziehung!« (Herbart 1964, 124). Mit dieser Unterscheidung imponiert Herbart als Begründer einer pädagogischen Professionstheorie, deren struktureller Kern bis heute weiterhin Geltung beanspruchen kann. Das sollte aus den bisherigen Ausführungen abzuleiten sein.

Pädagogik als Wissenschaft

Doch blicken wir zunächst auf die Pädagogik als Wissenschaft und versuchen uns deren Wesen zu vergegenwärtigen. Auch hierzu hat sich Johann Friedrich Herbart eindeutig geäußert: »Pädagogik ist die Wissenschaft, deren der Erzieher für sich bedarf« (Herbart, 1965, 22). So führt Herbart 1806 in seine Abhandlung über »Allgemeine Pädagogik, aus dem Zweck der Erziehung abgeleitet« ein. So knapp diese Feststellung daher kommt – sie gilt bis heute. Auch wenn die Pädagogik, wie Herbart ja auch an anderer Stelle ausführt, Gefahr läuft, »als entfernte eroberte Provinz von einem Fremden aus regiert zu werden« (Herbart, 1965, S. 21), muss die Pädagogik die maßgebliche Bezugsdisziplin für professionelles pädagogisches Handeln sein, bleiben oder wieder werden. Mit Hinblick auf die Psychologie, die gerne die Deutungshoheit für pädagogisches Handeln für sich beansprucht, hat Langeveld (1968) diesbezüglich unmissverständlich Klarheit geschaffen: »Wir glauben damit gezeigt zu haben [...], dass die Psychologie nie und nirgends die Erziehung leiten und richten kann« (71). Vielmehr sei die Psychologie »nach Ursprung, Bedeutung und Gegenstand vom pädagogischen Denken abhängig« (71). Langeveld erklärt diesen Tatbestand aus seinen anthropologischen Forschungen zur Kindheit und kann in diesen zeigen, dass eine sich naturwissenschaftlich verstehende Psychologie nichts zu einer wesentlich menschlich-existenziellen Situation, wie das Erzogenwerden und das Erziehen, beitragen kann. Sie kann nur insofern relevant werden, als sie sich aus dieser menschlich-existenziellen Situation begründet. In diesem Sinne muss eine *pädagogische* Psychologie, die ihren Namen verdient, aus der Pädagogik heraus formuliert werden – nicht umgekehrt. Eine so verstandene Psychologie wäre dann ihrem Wesen nach tatsächlich *existenz*basiert. Allerdings wäre das eine Wesensbestimmung, der die Vertreter einer positivistisch-naturwissenschaftlichen Sicht vehement widersprechen würden. Und ähnliches hat zuletzt Otto Speck mit Bezug auf die Ergebnisse der Hirnforschung zu bedenken gegeben. Die Neurowissenschaften scheinen ja aktuell der Psychologie den Rang um die Bedeutung für pädagogische Theorie und Praxis streitig zu machen. Speck (2008) erläutert sehr sachkundig die Erkenntnisse der Neurowissenschaften und spricht diesen auch Bedeutung zu – allerdings sei es ein Irrglaube, anzunehmen, die menschlich-existenzielle Situation der Erziehung ließe sich auf Hirnfunktionen reduzieren. Selbstverständlich, und dieser Sachverhalt ist ja auch völlig unstrittig, wird unsere leibseelische Existenz von einem biologischen Substrat getragen. Doch ist die biologische Determiniertheit des Menschen relativ gering, denn die biologisch gesteuerten Reifungsprozesse reichen bei Weitem nicht aus, ein personal selbstbestimmtes Leben zu führen. Insbesondere hat uns die Epigenetik gezeigt, dass sich biologisch verankerte Dispositionen keinesfalls von selbst zu entsprechenden Merkmalen entwickeln. So sind wir beispielsweise von unserer biologischen Ausstattung her betrachtet fähig zu Empathie und Perspektivenwechsel, doch sind wir auf ein affektspiegelndes und ko-regulierendes Gegenüber angewiesen, der die emotionalen und interaktionalen Grundlagen bereitstellt, ohne die sich Empathie nicht entwickeln könnte.

Pädagogik – theoretische, praktische oder angewandte Wissenschaft?!

Wenn also die Pädagogik die Wissenschaft ist, die der professionelle Pädagoge für seine Praxis unbedingt benötigt, dann stellt sich natürlich die Frage nach den spezifisch pädagogischen Wissensbeständen, die für ihn handlungsleitend sind. In diesem Sinne ist die Pädagogik, wie im Übrigen auch die Medizin, die Theologie und die Jurisprudenz, eine praktische Wissenschaft. Das heißt, sie ist einerseits zu unterscheiden von einer angewandten und andererseits von einer theoretischen Wissenschaft. Eine angewandte Wissenschaft kann im eigentlichen Sinne gar nicht als Wissenschaft gelten, weil sie eklektizistisch die Erkenntnisse von Grundlagenwissenschaften mit Hinblick auf einen zu behandelnden Gegenstand zusammenbringt. Wenn es gut geht, kann diese Art von Forschung im besten Fall als interdisziplinär bezeichnet werden – was natürlich voraussetzt, dass ausgewiesene und eigenständige Disziplinen auch an der Forschung beteiligt sind. Eine theoretische Wissenschaft hingegen hat erst einmal keinen direkten praktischen Bezug – es sei denn, man stimmt Kurt Lewin zu, der kategorisch und unbeirrbar feststellte: […] there is nothing so practical as a good theory« (Lewin 1951, 169). Doch der theoretischen Wissenschaft geht es vordringlich um die Theorie an sich. Sicherlich mag das eine oder andere zukünftig auch für die Praxis Bedeutung erlangen – doch hierauf hebt eine theoretische Wissenschaft nicht primär ab. Auch die Pädagogik gibt es als theoretische Wissenschaft. Hierzu zählen insbesondere bildungs- und erziehungsphilosophische Studien und die Bearbeitung allgemeinpädagogischer Fragestellungen, die nicht selten das Wesen des Menschen unter einem pädagogischen Blick zum Gegenstand haben. Relevanz für den professionellen Erzieher erlangt die Pädagogik aber nur in Gestalt einer praktischen Wissenschaft.

Personagenese als Kern einer Theorie der praktischen Pädagogik

Die Theorie der praktischen Pädagogik (Brumlik et al. 2013), also die Pädagogik als praktische Wissenschaft, hat die Personwerdung (Personagenese) des Menschen unter den Bedingungen der Erziehung zum Gegenstand. Wie hieraus schon deutlich erkennbar wird, geht es der Pädagogik um ein Werden – also um etwas, das noch nicht ist, aber werden kann und auch muss. In diesem Sinne ist Pädagogik und professionelle Erziehung auch normativ. Dieser Sachverhalt bezieht sich auf den Tatbestand, den wir unter Abbildung 1 dargestellt haben – und zwar als den Fokus der Defizitbearbeitung. Der Mensch zeichnet sich zunächst durch ein hohes Maß an Inkompetenz aus, die die pädagogische Anthropologie als Erziehungsbedürftigkeit gefasst hat. Es ist also die grundlegende Erziehungsbedürftigkeit des Menschen, die Erziehung legitimiert – zunächst natürlich die Familienerziehung, dann aber auch die außerfamiliale Erziehung, ganz prominent die Schulerziehung, und dann auch die Selbsterziehung. Warum allerdings Erziehung gelingen kann, liegt nicht so sehr in der Erziehungsbedürftigkeit begründet als vielmehr in der ebenso grundlegenden Bildsamkeit des Menschen. Der Mensch ist enorm lernfähig. Das Lernen ist somit, das lässt sich jetzt schon festhalten, gewissermaßen die »Betriebsprämisse« (Prange 2011, 35) erzieherischen Handelns und einer der zentralen pädagogischen

Grundbegriffe (Göhlich/Zirfas 2007). Wenn wir nicht lernen könnten, bliebe uns überhaupt keine Möglichkeit, unsere Inkompetenzen in Kompetenzen zu überführen. Als Pädagogen setzen wir also beim Lernen an. Plutarch (1952) hat diesen Sachverhalt auf den Punkt gebracht: »Am Anfang ist die Naturanlage, der Fortschritt ist das Lernen [...]« (109). Der Fortschritt ist also nicht in weiteren Reifungsprozessen, sondern vielmehr in Lernprozessen zusehen.

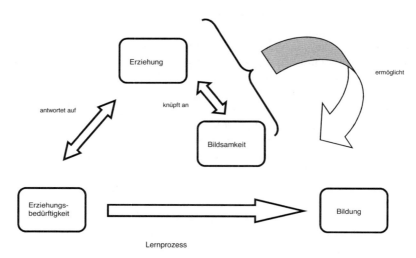

Abb. 1: Begründung erzieherischen Handelns

Schulze (1978) beschreibt sehr schön in seiner Abhandlung über die Methoden und Medien der Erziehung, was wir uns in pädagogischer Hinsicht ganz allgemein unter Lernen vorzustellen haben: »Lernen ist auf die Bewältigung von Situationen gerichtet [...]«, und weiter schreibt er: »Situationen haben allgemein den Charakter von Aufgaben in einem weiteren Sinne. Man muß mit ihnen zurechtkommen, und man kann etwas aus ihnen machen [...]. Und weder das Damit-zurecht-Kommen noch das Etwas-daraus-Machen versteht sich von selbst« (79 ff). Das heißt, ohne Lernen geht es nicht, und da die relevanten Lernprozesse nicht von selbst ablaufen, ist der Mensch auf Erziehung angewiesen, die darauf abhebt, das Lernen zu erreichen und zu befördern. Der Blick auf das Lernen des Menschen und der Blick auf den Menschen als »Homo Discens« (Loch 1967, 135), also als ein erziehungsbedürftiges und gleichsam bildsames Wesen, ermöglichen der Pädagogik, »etwas Eigenes über den Menschen (auszusagen), das mit den Mitteln der anderen Wissenschaften vom Menschen (historisch gesehen zunächst mit den Mitteln der Theologie und der Philosophie, aber auch systematisch gesehen mit den der verschiedenen Einzelwissenschaften) nicht zulänglich erfaßt werden kann und im System keiner dieser Disziplinen seinen Ort hat« (Loch 1963, 54). Genau an dieser Stelle nähern wir uns dem professionellen und disziplinären Sonderwissensbestand der Pädagogik. Die Pädagogik hat unbestreitbar einen eigenständigen und unabhängigen Zugang zum Menschen im Konzert der weiteren Einzelwissenschaften, die sich ebenfalls um die Erhellung des Phänomens »Mensch« bemühen. Im Zentrum einer so verstandenen pädagogischen Anthropologie, also die Personwerdung des Menschen unter den Bedingungen der Erziehung, steht eine Entwicklungspädagogik, die in der Lage ist, sowohl den skizzierten pädagogischen Blick zu begründen als auch einen berufsspezifischen Orientierungsrahmen für erzieherisches Handeln abzugeben (Brumlik, et al. 2013; Ellinger/Hechler 2012).

Lernen als pädagogischer Grundbegriff

Die Entwicklungspädagogik und die damit einhergehende entwicklungspädagogische Blickrichtung fokussieren sich, wie bereits schon ausgeführt, auf das Lernen. Allgemein wird Lernen in pädagogischer Hinsicht verstanden als »Veränderungen von Selbst- und Weltverhältnissen sowie von Verhältnissen zu anderen, die nicht aufgrund von angeborenen Dispositionen, sondern aufgrund von reflektierten Erfahrungen erfolgen und die als begründete Veränderungen von Handlungs- und Verhaltensmöglichkeiten, von Deutungs- und Interpretationsmustern und von Geschmacks- und Wertstrukturen erlebbar sind [...]« (Zirfas 2007, 164). Diese Veränderungen laufen prozessual ab – deswegen auch der Begriff »Lernprozess«. Immer geht es um Motivation, um Schwierigkeiten, die sich bei den angestrebten Veränderungen ergeben, um Lösungen, um deren Einübung und um deren Implementierung in der Lebenspraxis (Ellinger 2013). Hier kann auch schon deutlich werden, an welchen Stellen es zu Problemen im Lernprozess kommen kann. Darüber hinaus, das haben die pädagogischen Anthropologen Michael Göhlich und Jörg Zirfas herausgestellt, gelingen diese Veränderungen dann am besten, wenn Lernen als erfahrungsbezogen, sinnvoll, dialogisch und ganzheitlich erlebt wird (Göhlich/Zirfas 2007).

Lerndimensionen und Räume der Erziehung

Die Pädagogik als Disziplin und Profession fragt darüber hinaus aber auch danach, was der Mensch lernen sollte und wie ihm diese Inhalte vermittelt werden können, um ein »glückendes« Leben zu führen. Denn die Erziehung und das diese Praxis begleitende theoretisch reflektierte Bewusstsein in Gestalt der Pädagogik hat nichts weiter zum Ziel, als die Befähigung des Menschen zum »guten« Leben (Brumlik 2011). Und seit den griechischen Sophisten in der Antike ist man sich unter Pädagogen und Philosophen einig, dass hierfür, also für die potenzielle »glückende« Lebensführung im Kontext von Mündigkeit und personaler Selbstbestimmung, mindestens drei Elemente ausgebildet und aufeinander bezogen sein müssen. Immer geht es um den Erwerb von Fertigkeiten, von Wissen und von Einstellungen und Haltungen, kurz: um die Lernbereiche und Lerninhalte des Könnens, des Wissens und des Wollens. Seit Otto Willmann bezeichnet man diese drei Dimensionen als »pädagogischen Ternar« (Willmann 1909).

Die Inhalte dieser Lerndimensionen lassen sich grob skizzieren (Brumlik et al. 2013; Ellinger/Hechler 2012). Beim *Können* geht es um verkörperlichte Handlungsfähigkeit, letztendlich um Fertigkeiten, die dem Menschen helfen, seine Lebenspraxis routinehaft zu gestalten. Ganz im Vordergrund steht hierbei die Ausbildung der Motorik und der Wahrnehmung. Der Erwerb der damit in Zusammenhang stehenden Fertigkeiten ist seinem Charakter nach auf tastende Versuche, Nachahmung, wiederholende Übung und Mimesis angewiesen, und der prototypische pädagogische Raum des Können-Lernens ist die vorschulische Erziehung in der Familie – also die *Familienerziehung*.

Beim *Wissen* geht es dann um Sachkenntnisse, Tatbestandswissen und der Reflektion zugängliche Wissensbestände. Im analytischen Prozess der Aneignung von Wissen dringt man von undeutlicher zur deutlichen Erkenntnis vor. Hier kann man die Schule, also die *Schulerziehung*, als prototypischen pädagogischen Raum für die Darstellung und Aneignung von außerfamilialen und weltbezogenen Wissensbeständen ausweisen.

Abb. 2: Der pädagogische Aufbau der Person (Ellinger/Hechler 2012)

Inhalte des *Wollens* schließlich sind Haltungen und Einstellungen, die der Mensch ausbilden muss, um sein Wissen und Können sinn- und bedeutungsvoll mit Hinblick auf sich selbst, die Anderen und die Welt aktualisieren zu können. Die Ausbildung individueller Willenseinstellungen hebt letztendlich auf die Herausbildung einer Lebensform ab, die den Menschen in seiner Existenz trägt und, mit Paul Moor (1960) gesprochen, einen inneren Halt gibt. Der pädagogische Raum dieser (Selbst-)Formung ist die *Selbsterziehung*. Der Mensch weiß nun einiges, kann nun vieles und ist jetzt aufgefordert, sein Leben in die eigene Hand zu nehmen und etwas daraus zu machen.

Kreislauf des Lernens

Somit wäre zunächst ein statisches Verständnis vom Aufbau der Person aus pädagogischer Sicht gegeben (Lersch 1956). Dynamisiert wird dieses Verständnis durch die Tatsache, dass das menschliche Lernen in pädagogischer Hinsicht ein Lernen über den Lebenslauf ist, das sich darüber hinaus auch noch kreisförmig als eine Abfolge von Lernen, von unweigerlich auftretenden Lernhemmungen und einer darauf antwortenden Lernhilfe beschreiben lässt (Loch 1999). In diesem Verständnis ist auch die Lernhemmung eher der Normalfall als die Ausnahme. Ein nachhaltiges Lernen ohne auftretende Aneignungsprobleme der spezifischen Lerninhalte ist im Grunde nicht denkbar.

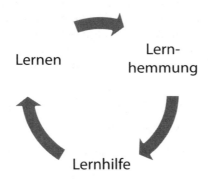

Abb. 3: Zirkelstruktur des Lernens (Loch 1999)

Lernen und Lebenslauf

Bringt die Zirkelstruktur des Lernens den pädagogischen Aufbau der Person schon deutlich in Bewegung, so wird dieser schließlich durch den Sachverhalt, dass sich Lernen allgemein und die Ausbildung der Inhalte der drei Lerndimensionen im Speziellen über den Lebenslauf vollzieht – gewissermaßen »von der Wiege bis zur Bahre« –, noch weiter dynamisiert.

In pädagogischer Hinsicht lässt sich der Lebenslauf als eine Abfolge von neun Lebensaltern beschreiben. Hierzu gehören das Säuglingsalter, das Kleinkindalter und das Kindergartenalter. Alle drei Lebensalter sollen mit dem Begriff »Familienerziehung« gefasst werden. Dann folgen das Schulkindalter, das frühe Jugendalter und das Jugendalter, die alle drei mit dem Begriff »Schulerziehung« in Zusammenhang gebracht werden können. Und schließlich sind das frühe Erwachsenenalter, das mittlere Erwachsenenalter und das späte Erwachsenenalter zu nennen, die sich der Selbsterziehung zuordnen lassen. Es versteht sich von selbst, dass es keine klar markierten Grenzen mit Bezug auf die Lebensalter und die Lern- und Erziehungsanforderungen geben kann. So erweitert und verändert zum Beispiel der Eintritt in den »Kindergarten« deutlich den exklusiven familialen Nahraum, und ebenso sind die Erziehung und die Erfahrungen im Jugendalter nicht unbedingt ausschließlich an die Person des Lehrers gebunden, sondern aktualisieren sich auch und vielleicht überwiegend in der Gleichaltrigengruppe. Gleichwohl, unter der Perspektive des Lernens betrachtet, tritt für jedes Lebensalter eine Lerndimension in den Vordergrund. Auch wenn zum Beispiel in den Lebensaltern, die zur Schulerziehung gerechnet werden, die Anbahnung und Aufrechterhaltung freundschaftlicher Beziehungen einen enormen Stellenwert einnehmen, bleibt das maßgebliche Ziel dieses Lebensalters der Erwerb und der Ausbau der Kulturtechniken.

Geht man nun von diesen neun Lebensaltern aus, die sich den drei spezifischen Räumen der Erziehung zuordnen lassen, dann müssen diese Lebensalter darüber hinaus noch mit den Lerndimensionen des Könnens, Wissens und Wollens zusammengebracht werden. Denn in allen Lebensaltern geht es darum, sich die lebensaltersspezifischen Inhalte aus den Lernbereichen Können, Wissen und Wollen, mehr oder weniger erfolgreich, anzueignen. Da die Darstellung des gesamten Lebenslaufs mit seinen jeweiligen Lebensaltern und Lerndimensionen den Rahmen des Beitrags deutlich über die Maßen beanspruchen würde, sollen an dieser Stelle beispielhaft zentrale Lernaufgaben der Familienerziehung, der Schulerziehung und der Selbsterziehung präsentiert und kurz erläutert werden.

Tab. 5: Exemplarische Lernthemen im Lebenslauf

Orte der Erziehung / Lerndimensionen	**Familienerziehung** (Säuglings-, Kleinkind-, Kindergartenalter)	**Schulerziehung** (Schul-, frühes Jugend-, Jugendalter)	**Selbsterziehung** (frühes Erwachsenen-, Erwachsenen-, spätes Erwachsenenalter)
Können	Laufen, Sprechen und Grobmotorik	Feinmotorische Fertigkeiten und Ordnungssinn	Körperwahrnehmung und Körperpflege
Wissen	„Regeln des Hauses"	Lesen, Rechnen und Schreiben	Reflexive Kenntnisse und Umgang mit Problemen
Wollen	Trotz und Autonomieentwicklung	Disziplin und Lernenlernen	Lebensform und Willenseinstellungen

Im Kontext der Familienerziehung steht mit Hinblick auf die Lerndimension des Könnens hauptsächlich die Ausbildung der Grobmotorik, das Laufen und das Sprechen lernen im Fokus. In der Lerndimension des Wissens geht es um die Aneignung der »Regeln des Hauses« und denen des sozialen Miteinanders. Die Lerndimension des Wollens schließlich beinhaltet den Umgang mit Trotz und die Autonomieentwicklung. Im Kontext der Schulerziehung hält die Lerndimension des Könnens die Ausbildung von feinmotorischen Fertigkeiten und eines Ordnungssinns als Aufgabe bereit. Die Lerndimension des Wissens verweist auf die Notwendigkeit, Lesen, Schreiben und Rechnen zu lernen und die des Wollens auf die Ausbildung von Disziplin und einer Arbeitshaltung. Im Rahmen der Selbsterziehung gilt es nun, in der Lerndimension des Könnens, sich den eigenen Körper auf dem Wege der Versubjektivierung als Leib anzueignen. Mit Bezug auf die Lerndimension des Wissens müssen sich reflexive Kenntnisse angeeignet werden, die eine plausible und rationale Problembearbeitung ermöglichen, und zentrale Lernaufgabe der Selbsterziehung in der Lerndimension des Wollens ist es, eine individuelle Lebensform mit spezifischen Willenseinstellungen auszubilden.

Pädagogik als Wissenschaft und die Kunst der Erziehung

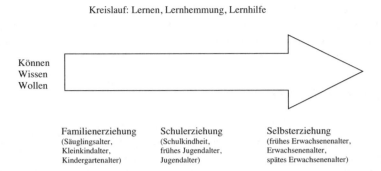

Abb. 4: Entwicklungspädagogik im Überblick

Richtet man nun den Blick von der allgemeinen Entwicklungspädagogik (▶ Abb. 4) auf die speziellen entwicklungspädagogischen Koordinaten (▶ Abb. 5), dann kann zum einen die Komplexität der pädagogischen Aufgabe dargestellt und zum anderen ein Eindruck davon vermittelt werden, was es heißt, allgemeines entwicklungspädagogisches Wissen mit dem Einzelfall zusammenzubringen. Die Entwicklungspädagogik formuliert zwar normative Entwürfe und hat damit einen objektivierbaren Charakter, der sich auf empirisch pädagogische Forschungen stützt – das ist auch ihre Aufgabe als pädagogische Wissenschaft –, doch zeigt sich ihr subjektivierendes Potential in der professionellen pädagogischen Berufspraxis. Denn hier geht es darum, die wissenschaftlichen Wissensbestände der Entwicklungspädagogik mit dem jeweiligen Kind, Jugendlichen oder Erwachsenen zu vermitteln. Eine standardisierte Anwendung ist hier nicht möglich. Vielmehr muss es dem professionellen Praktiker gelingen, die entwicklungspädagogischen Wissensbestände angesichts des Einzelfalls zu versubjektivieren. Es geht also um die Darstellung des Besonderen vor dem Hintergrund des Allgemeinen.

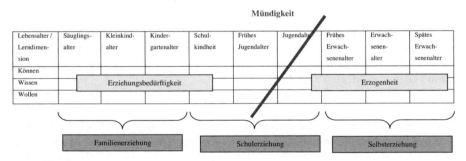

Abb. 5: Koordinaten der Entwicklungspädagogik

Kunst der Erziehung

In interventionspraktischer Hinsicht ist die hier kurz skizzierte Theorie der praktischen Pädagogik von enormer Relevanz. Denn sie stellt einen pädagogisch begründeten Rahmen für das genuin erzieherische Sehen, Denken und Handeln bereit. Die interventionspraktische Relevanz der entwicklungspädagogischen Wissensbestände lässt sich in Richtung pädagogisches Verstehen und in Richtung pädagogisches Handeln entfalten.

Pädagogisches Verstehen

Ganz grundsätzlich vermögen wir mit Hilfe der Entwicklungspädagogik ein genuin pädagogisches Fallverstehen zu Wege zu bringen. Wir können also Aussagen darüber machen, »was ein Mensch bisher gelernt hat, was bislang noch nicht gelernt wurde, aber nötig wäre und was in Zukunft noch gelernt werden soll, jetzt aber noch nicht gekonnt, gewusst und gewollt sein muss« (Brumlik et al. 2013, 111). Darüber hinaus lassen sich aktuelle Lernhemmungen einerseits in horizontaler, also in lebensaltersspezifischer Hinsicht in den Blick nehmen. Es kann dann eingeschätzt werden, ob sich die aktuelle Lernhemmung aus einem Lerndefizit vergangener Lebensalter speist. Dann wird gewissermaßen eine Nacherziehung notwendig. Anderseits lassen sich Lernhemmungen in vertikaler Hinsicht, bezogen auf die Lerndimensionen Können, Wissen und Wollen, bestimmen. So macht es zum Beispiel einen großen Unterschied, ob ein Mensch bestimmte Aneignungsprobleme hat, weil er nicht über die notwendigen *Kenntnisse* (Wissen) oder nicht über ausreichende *Fertigkeiten* (Können) verfügt oder gar sein Können und Wissen ausreichen würden, er jedoch aus unterschiedlichsten Gründen nicht *will* (Wollen). So betrachtet versteht es sich von selbst, dass zunächst der jeweilige Lernbedarf, der einem Lernproblem zu Grunde liegt, erfasst werden muss, um dann entsprechende erzieherische Lernhilfen anzubieten. Entsprechend den institutionalisierten Formen der Erziehung wird der beschriebene Lernbedarf im Bereich der Kinder- und Jugendhilfe von der Sozialpädagogik als erzieherischer Bedarf und im Bereich der Förderschule von der Sonderpädagogik als sonderpädagogischer Förderbedarf aufgefasst und dementsprechend konzeptualisiert. Der dem ehemaligen Direktor der Medizinischen Universitätsklinik Frankfurt am Main, Prof. Dr. Franz Volhard, zugeschriebene Ausspruch »Vor die Therapie haben die Götter die Diagnose gesetzt!«, trifft für die professionelle Erziehung gleichermaßen zu. Und nichts anderes hat auch Paul Moor im Sinn gehabt, als er kategorisch feststellt: »Erst verstehen, dann erziehen« (Moor 1974, 16).

Und weiterhin ist es unstrittig, dass Lernproblemen, die auf den ersten Blick gleich erscheinen, ganz unterschiedliche Lernbedarfe (entweder mit Hinblick auf das Lebensalter oder die Lerndimension) zu Grunde liegen können und wahrscheinlich auch zu Grunde liegen. Lernhemmungen lassen sich nicht monokausal und überindividuell konzeptualisieren. Immer geht es darum, das allgemeine entwicklungspädagogische Wissen mit dem Einzelfall zusammenzubringen.

Haben wir uns ein Bild von dem uns anvertrauten Kind, Jugendlichen oder Erwachsenen und der jeweiligen pädagogischen Situation gemacht, dann können wir überlegen, welche Lernhilfe(n) geeignet wäre(n), dem entsprechenden Lernbedarf gerecht zu werden. Und an dieser Stelle geht dann auch das pädagogische Verstehen in pädagogisches Handeln über. Denn der Mensch, mit dem wir uns in einem pädagogisch relevanten Verhältnis befinden, »artikuliert seine Lernbedürfnisse ja nicht pädagogisch [...]« (Prange 1988, 160). Vielmehr steht er vor Lebensproblemen, »die (dann) vom Erzieher pädagogisch gedeutet werden (müssen)« (ebd., 160). Damit ist im Übrigen auch eine Grenze der pädagogischen Zuständigkeit markiert: Gelingt uns die Transformation des Lebensproblems in ein Lernproblem nicht, sind die pädagogische Disziplin und Profession nicht die geeigneten Bearbeitungsinstanzen. In diesem Sinne ist die Einschätzung eines Problems als »erzieherisch bedeutsam«, Sache des professionellen Pädagogen, der »dadurch die Form und den Inhalt der spezifischen Lernhilfe mitbestimmt« (ebd., 160). So verhält sich der Erzieher zum Zögling nicht anders als der Arzt zum Patienten, »der sich zwar über die Schmerzen seines Patienten belehren lässt, aber nicht darüber welche Diagnose zutreffend und welche Therapie angemessen sein mag. Da folgt er seinem Professionswissen [...]« (ebd., 160).

Pädagogisches Handeln

Und demzufolge hat, so Klaus Prange an anderer Stelle, »die professionelle Erziehung [...] insofern das Lernen anders im Visier als die Umgangs- und Hauserziehung, die sie nicht ersetzen, aber in charakteristischer Weise ergänzen kann« (Prange 1987, 356) – und, so ist noch hinzuzufügen, auch muss. Der professionelle Pädagoge benötigt ein didaktisches Kunstwissen, verstanden als Lehre von den Formen pädagogischen Handelns (Prange/Strobel-Eisele 2006), um den Zweck seiner Profession auch mit den entsprechenden Mitteln umsetzen zu können und durch das darüber hinaus auch deutlich wird, »was ein Pädagoge und nur ein Pädagoge wirklich kann im Unterschied zum Psychologen oder Arzt oder Therapeuten« (Prange 1987, 357).

Die entwicklungspädagogischen Wissensbestände ermöglichen eben nicht nur ein pädagogisches Fallverstehen, sondern geben auch Hinweise auf die einzusetzenden erzieherischen Mittel, die das Lernen des Menschen in der Weise erreichen sollen, so dass der Lernbedarf, der zu einer Lernhemmung geführt hat, aufgehoben werden kann und ein Lernen aus eigener Kraft wieder möglich wird. Mit dem pädagogischen Verstehen und dem daraus begründeten pädagogischen Handeln wird der Kern des pädagogischen Professionswissens umrissen. Und das heißt konkret: Professionelles pädagogisches Handeln muss immer lerndimension- und lebensalterbezogen sein. Die Wahl der pädagogischen Mittel richtet sich also danach, ob sich der Lernbedarf aus einem Defizit an Fertigkeiten, Kenntnissen oder Willenseinstellungen ergibt und dann noch danach, in welchem Lebensalter die Kompetenz, die jetzt nötig wäre, erworben worden sein müsste. Das kann natürlich auch bedeuten, dass mit Hinblick auf die Lebensalter genau jetzt der Zeitpunkt zur Aneignung gekommen ist oder aber gar vieles von dem, was aktuell nicht gewusst, gekonnt und gewollt wird, auch noch nicht gewusst, gekonnt und gewollt werden muss. Es ergibt dann keinen Sinn, Fertigkeiten zu üben, Kenntnisse zu unterrichten und zu Verhaltensweisen aufzufordern, die vom Lebensalter aus gesehen, noch keine pädagogische Relevanz besitzen.

In diesem ersten Verständnis kann dann im Grunde auch (fast) alles zum Mittel der Erziehung werden. Das, was aus alltäglichen Sachverhalten, Situationen und

Praktiken pädagogische Sachverhalte, pädagogische Situationen und pädagogische Praktiken macht, ist erstens der Bezug auf das Lernen. Wenn ich als Pädagoge nicht versuche, das Lernen des Kindes, Jugendlichen und Erwachsenen zu erreichen, handle ich im engeren Sinne nicht pädagogisch. Die pädagogischen Bemühungen um das Lernen zeichnen sich, und dieser Tatbestand verweist auf das zweite Bestimmungsmerkmal pädagogischen Handelns, durch eine Zeigestruktur aus (Prange 2005; Prange/Strobel-Eisele 2006). Es ist das auf Lernen bezogene Zeigen, das aus allgemeinen Sachverhalten pädagogische Sachverhalte, aus allgemeinen Situationen pädagogische Situationen und aus allgemeinen Praktiken pädagogische Praktiken macht. Drittens schließlich haben sowohl die lernende Aneignung als auch die zeigende Vermittlung immer einen gemeinsamen – so ist zumindest zu hoffen – thematischen Bezug. Erzieherisches Handeln besteht also aus den zeigenden Bemühungen mit Hinblick auf die Vermittlung eines Themas auf Seiten des Erziehers und der lernenden Aneignung dieser Thematik auf Seiten des Zöglings.

Dem Lernen mit seinen Dimensionen und dessen Gebundenheit an die Lebensalter waren wir ja schon im Rahmen unserer Ausführungen über die Entwicklungspädagogik auf der Spur. Nun geht es um die Frage, was es genau mit dem Zeigen als *die* Grundoperation pädagogischen Handelns auf sich hat. Zeigen, entweder mit dem Zeigefinger oder dem Zeigestock, kann als die Grundgebärde des handelnden Pädagogen angesehen werden. Und die pädagogische Kunst ist es, jemanden etwas so zu zeigen, dass er oder sie es wieder zeigen kann (Prange/Strobel-Eisele 2006). Dabei orientieren sich unsere zeigenden Bemühungen immer an den Themen, die sich der Zögling aneignen soll. So zeigen wir zum Beispiel ostensiv, wenn wir es darauf abgesehen haben, dass sich jemand Fertigkeiten aneignen soll. Das heißt, wir machen etwas vor, das dann nachgemacht werden kann. Die prototypische pädagogische Form hierfür ist die Übung. Wir zeigen hingegen repräsentativ, wenn wir Kenntnisse vermitteln möchten. Viele Themen, von denen man Kenntnis haben sollte, lassen sich nicht einfach vor Augen führen und begreifbar machen. Mit unseren Darstellungen wollen wir aber erreichen, dass die

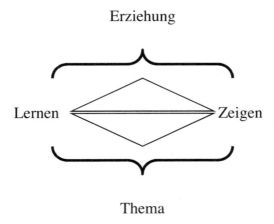

Abb. 6: Das doppelte pädagogische Dreieck

Kinder, Jugendlichen und Erwachsenen sich ein Bild von diesen Themen machen können, um so zu einer Erweiterung ihres Weltbezugs beizutragen. Hier kann die Unterrichtung als prototypische pädagogische Form angeführt werden. Schließlich zeigen wir dann direktiv, wenn wir jemanden zu einer individuellen Stellungnahme oder Haltung auffordern. Wenn uns also bekannt ist, das der- oder diejenige über entsprechende Kenntnisse und Fertigkeiten verfügt, die nun im Rahmen einer bestimmten Einstellung Ausdruck finden sollen. Hierfür kann insbesondere die Beratung als prototypische pädagogische Handlungsform in Anspruch genommen werden. Abschließend muss noch eine weitere elementare Zeigeform aufgeführt werden, die sich gewissermaßen quer zu den bisherigen drei positioniert. Immer, wenn wir uns Fertigkeiten, Kenntnisse oder Haltungen und Einstellungen aneignen, lernen wir zum einen auch etwas darüber, wie wir lernen. Zum anderen bekommen wir häufig durch Rückmeldungen gezeigt, was so von unserem Lernfortschritt zu halten ist. Das reaktive Zeigen thematisiert damit das Lernen und dessen Entwicklung selbst.

Die Zeigestruktur und die Lerndimensionsbezogenheit der elementaren Formen pädagogischen Handelns geben aber darüber hinaus auch einen Hinweis auf die jeweiligen Lebensalter, in den diese vordringlich zur Anwendung kommen. Im Rahmen der Familienerziehung findet prototypisch die Übung mit Hinblick auf die Aneignung von Fertigkeiten, der Unterricht mit Hinblick auf die Aneignung von Kenntnissen im Rahmen der Schulerziehung und Beratung mit Hinblick auf die Aneignung bestimmter Haltungen im Rahmen der Selbsterziehung statt.

Tab. 6: Verhältnis von Erziehungsräumen, Lerndimensionen und Erziehungsmittel

Räume der Erziehung	Familienerziehung	Schulerziehung	Selbsterziehung
Prototypische Lerndimension (Inhalte)	Können (Fertigkeiten)	Wissen (Kenntnisse)	Wollen (Haltungen)
Prototypische Erziehungsmittel (elementare Zeigeform)	Übung (ostensives Zeigen)	Unterrichtung (repräsentatives Zeigen)	Beratung (direktives Zeigen)
	Rückmeldung (reaktives Zeigen)		

Erziehungsmittel als komplexe Formen pädagogischen Handelns

Nun zeichnen sich aber unsere Mittel, die wir verwenden, um das Lernen zu erreichen, nicht durch ihre Elementarität, sondern vielmehr durch ihre Komplexität aus. So können beispielsweise im *Spiel* Fertigkeiten geübt, Kenntnisse erworben oder auch Willenseinstellungen ausgebildet und modifiziert werden (Einsiedler 1999; Heimlich 2014). Auch das erzieherisch wirksame *Gespräch* kann es sowohl auf einen Verhaltenswandel, auf eine Umstimmung der Gefühlslage als auch auf eine Änderung der Gedanken abgesehen haben (Bollnow 1979; Hechler 2014). Ähnlich verhält es sich mit dem *Arrangement*, das nicht selten in den Dienst sozialpädagogisch inspirierter Zeigebemühungen genommen wird. Zwar liegt hier der Fokus wahrscheinlich mehr auf der Lerndimension des Wollens, doch kommen sicherlich auch Fertigkeiten und Kenntnisse zum Tragen (Lindner 2014). Relativ eindeutig lässt sich der *Unterricht* als die pädagogische Handlungsoption bestimmen, die es darauf abgesehen hat, Kenntnisse zu vermitteln (Glöckel 1996; Prange 1986). Aber auch hier bedient sich der Unterricht häufig einer weiteren Form pädagogischen Handelns, die es nicht nur auf neue Kenntnisse abgesehen hat, sondern auch das Lernen von Ausdauer und Geduld (Willenseinstellungen) und motorischen Fertigkeiten (Können) im Blick hat – gemeint ist hier das erzieherisch bedeutsame Mittel der *Arbeit* (Weinstock 1954). Und selbst die *Beratung*, die zwar als Lernhilfe auf einen Lernbedarf antwortet, der sich aus der Schnittmenge von Themen aus der Lerndimension des Wollens und aus dem pädagogischen Raum der Selbsterziehung ergibt, weist Elemente des Informierens und Anleitens auf, die streng genommen nicht als Beratung aufzufassen sind (Hechler 2014a).

Erziehungsmittel sind aber nicht nur in der Lage, je nach Lernbedarf die entsprechende Lerndimension zu thematisieren, sondern zeichnen sich auch durch eine hohe Flexibilität mit Hinblick auf die Lebensalter aus. So kann beispielsweise das Spiel auch im Erwachsenenalter in den Dienst pädagogischer Bemühungen genommen werden. Auch wenn, der Systematik und der analytischen Durchdringung des Gegenstands geschuldet, häufiger von »Prototypen« und von »prototypisch« gesprochen wurde, ist die »Kunst des Erziehens« aber genau darin zu sehen, vor dem Hintergrund der Lerndimensionen und der Lebensalter den genauen Lernbedarf zu ermitteln und dann zu entscheiden, welches Erziehungsmittel geeignet erscheint, diesem Lernbedarf zu entsprechen. Ist allein dieses Unterfangen hoch komplex, weil es doch auf die individuelle Situation des Menschen bezogen sein muss und sich damit jeder komplexitätsreduzierenden Standardisierung widersetzt, so ist die Frage, die nun auf der Hand liegt, wie denn das Zeigen mit dem Lernen effektiv zusammengebracht wird, überhaupt noch nicht angesprochen, geschweige denn befriedigend beantwortet worden.

Pädagogischer Takt

Im Grunde beschäftigen eine pädagogische Theorie der Erziehungsmittel und deren Umsetzung in die Praxis der Erziehung die Pädagogen schon so lange, wie systematisch über Erziehung nachgedacht wird. Es ist genau diese oben skizzierte pädagogische Situation, die zu der konstitutiven Ungewissheitsstruktur pädagogischer Praxis beiträgt. Man kann sich als Pädagoge nie sicher sein, ob das gewählte Mittel auch das gewünschte Lernen befördert. So hat schon Aristoteles in seiner Nikomachischen Ethik darauf hingewiesen, dass die »individuelle Erziehung (paideia) (…) der gemeinschaftlichen sogar überlegen (ist), wie es bei der Medizin der Fall ist. Allgemein nämlich ist für Menschen die Fieber haben, Ruhe und Fasten zuträglich, für einen bestimmten Menschen aber vielleicht nicht« (Aristoteles 2006, 339). Hier wird es noch einmal klar: Pädagogisches Handeln ist deswegen Handeln unter Ungewissheit, weil wir nie im Voraus genau sagen können, welche Lerndimension und welches Lebensalter sich als maßgeblich für unsere pädagogischen Bemühungen herausstellen. Wir sind also vor die Aufgabe gestellt, permanent das Allgemeine mit dem Speziellen zu vermitteln. Diese Vermittlungsleistung macht den Kern pädagogischer Professionalität aus, »denn jeder erhält dann eher, was ihm förderlich ist« (ebd. 339). Und seit den ersten Vorlesungen über Pädagogik von Johann Friedrich Herbart im Jahre 1802, fassen wir diese Vermittlung zwischen Theorie und Praxis mit dem Begriff des pädagogischen Takts (Herbart 1964). Heute sprechen wir weniger von dem eher altertümlich daher kommenden pädagogischen Takt als vielmehr ganz modern vom soziologisch inspirierten pädagogischen Habitus. Doch bleiben wir mal bei den einheimischen Begriffen und benutzen weiterhin den Begriff des pädagogischen Takts, der doch das Eigentümliche des pädagogischen Theorie-Praxis-Verhältnisses am besten fasst, da er sich einer Operationalisierung entzieht und sich gegen jede Kontinuität und Verfügbarkeit sperrt – also genau die Momente aufweist, die für eine Kunst konstitutiv sind. Herbart (1964) hat den pädagogischen Takt als eigentlichen Regenten der Praxis ausgewiesen. Er, der pädagogische Takt, setzt an den Stellen ein und entfaltet dort seine handlungsrelevanten Potenziale, die die Theorie gewissermaßen leer lassen muss. Es findet sich eben nicht genau das jeweils spezifische Kind, der jeweils spezifische Jugendliche oder der jeweils spezifische Erwachsene, mit dem wir es zu tun haben, im pädagogischen Lehrbuch beschrieben. Und trotzdem müssen wir handeln. Pädagogischer Takt ermöglicht Handlungsfähigkeit angesichts struktureller Ungewissheit, die damit nicht zu einem Dauerproblem des Professionellen wird.

Professionelles Wissen

Die Elemente des pädagogischen Takts sind seit den Ausführungen Herbarts im Grunde dieselben geblieben. Immer geht es zunächst um ein Zusammenspiel von theoretischem Wissen, intuitivem Wissen und Erfahrungswissen. Diese Elemente beschreiben die Dimension des professionellen Wissens und antworten auf die Frage: »*Was muß man wissen, um erziehen zu können?*« (Prange 1998, 39, kursiv O. H.). Hierzu haben wir ja bereits einige Wissensbestände in Gestalt der Entwicklungspädagogik vorgestellt, die unser pädagogisches Sehen und Denken leiten und begründen. Und selbst intuitives und Erfahrungswissen muss sich, zum Beispiel im Rahmen einer Supervision, eines kollegialen Austauschs oder im Umgang mit Laien, begründen lassen. Denn wie bereits gezeigt, für professionelles Handeln gilt eine unhintergehbare Begründungsverpflichtung.

Professionelles Können

Nun zeichnet sich aber die Pädagogik als Interventionspraxis auch und gerade durch ihre Handlungsorientierung aus. Es gilt also weiterhin zu fragen: *Was genau muss ein Pädagoge können, wenn er erziehen will*. Mit dieser Frage wenden wir uns der Dimension des professionellen Könnens zu. Mit Klaus Prange und Gabriele

Strobel-Eisele (Prange 2005; Prange/Strobel-Eisele 2015) lässt sich kurz und knapp feststellen: der Pädagoge muss vor dem Hintergrund seines entwicklungspädagogischen Wissens entsprechende Themen zeigen können. Die Zeigekompetenz, also die Fähigkeit, auf den spezifischen Lernbedarf eine spezifische Lernhilfe zu artikulieren, macht die Könnerschaft und die Kunst des Pädagogen aus. Wir müssen die auf den Lernbedarf bezogenen relevanten Themen so zeigen, dass eine hohe Wahrscheinlichkeit besteht, dass sich die Lernenden diese für sie relevanten Themen auch aneignen können. Dass unsere pädagogischen Bemühungen auch von Erfolg gekrönt sind, zeigt sich immer dann, wenn es den Lernenden gelingt, die Themen, die sie sich angeeignet haben, anderen wieder zu zeigen. Es versteht sich hier von selbst, dass wir über unterschiedliche Mittel und Vorgehensweisen verfügen müssen, um das Lernen entsprechend zu erreichen – hier sind wir wieder bei den komplexen Formen pädagogischen Handelns angelangt. Wenn wir allerdings noch einmal auf den Pädagogen selbst zurückkommen und uns fragen, was dieser können muss – also mehr die personalen Kompetenzen im Blick haben –, so hat auf diese Frage zunächst Jakob Muth (1967) eine erste belastbare Antwort gefunden. Der Pädagoge braucht erstens die Fähigkeit, in ungewissen erzieherischen Situationen eine grundlegende Situationssicherheit herzustellen. Das heißt, ich muss mir der Ungewissheitsstruktur meines Handelns und der des pädagogischen Feldes bewusst sein und hieraus einen jeweils speziellen verbindlichen Handlungsrahmen ableiten. Immer ist mit der nur bedingten Planbarkeit der didaktischen Situation zu rechnen und umzugehen – sei es in der Schule, in der Kindertagesstätte, im Jugendzentrum, in der Erziehungs- und Familienberatungsstelle, im Kinderheim, in der Jugendwohngruppe, im Altenpflegeheim oder in Heimen der Behindertenhilfe. Wir können uns in der pädagogischen Situation nur sehr begrenzt auf die uns zur Verfügung stehenden didaktischen Technologien verlassen. Zweitens bedarf der Pädagoge einer gewissen dramaturgischen Fähigkeit. Es geht in didaktischen Situationen – egal in welchem pädagogischen Zusammenhang und mit welchen Personen – immer um eine Inszenierung. Didaktische Situationen entstehen nicht von selbst – fortlaufend müssen der Lebenspraxis die pädagogischen Momente abgerungen werden. Das geht mal einfacher, und zwar immer dann, wenn es für die pädagogischen Momente Institutionen wie die der Schule gibt, mal zeigt sich das Unterfangen als schwierig – wenn zum Beispiel am Küchentisch mit einer Familie, die im Rahmen einer Sozialpädagogischen Familienhilfe betreut wird, über Kindeswohl gesprochen werden soll. Immer ist der Pädagoge in diesen Situationen ganz auf sich gestellt. Dann muss er die Themen in Beziehung zu den Adressaten artikulieren – sie gewissermaßen auf die Bühne bringen –, und hierfür gibt es kein standardisiertes Vorgehen. Hier helfen nicht selten Stilmittel des Theaters. Neben dem gesprochenen Wort, wird die Mimik und Gestik genauso wichtig und pädagogisch wirksam wie die Körperhaltung. Das hat ja im Übrigen auch schon die antike Rhetorik mit ihrer immanenten Stimmungslehre festgestellt (vgl. Koch 1997). Und aus aktueller Sicht hat die Säuglingsforschung und die interaktionell ausgerichtete Eltern-Kleinkindforschung die Bedeutung der Mimik und Gestik für die Wahrnehmungs- und Konzentrationsfähigkeit der Kinder bestätigt. Blicken die Eltern begeistert und interessiert mit ihrem Kind auf einen gemeinsam betrachteten Gegenstand und zeigen diese Begeisterung auch mimisch, verweilt das Kind mit seinem Blick viel länger auf dem Gezeigten als bei Eltern, die relativ teilnahmslos ihren Kindern etwas zeigen. In diesem Zusammenhang steht auch die dritte Fähigkeit, über die ein Pädagoge verfügen sollte. Die Struktur und Dynamik der pädagogischen Situation zwingt uns, auch wenn wir das nur ungern zugeben, zur permanenten Improvisationsbereitschaft. Das starre Festhalten an Vorstellungen und Verfahrensweisen angesichts einer sich potenziell permanent verändernden pädagogischen Situation verbietet sich, weil so der Gegenstand und der Zweck unserer Bemühungen verfehlt werden. Natürlich können wir erfahrungsbasierte pädagogische Leitlinien formulieren, die uns weniger bewusst auch als subjektive Theorien zur Verfügung stehen und unser pädagogisches Sehen, Denken und Handeln leiten, doch zeichnet sich die pädagogische Praxis überwiegend durch eine Abweichung vom Allgemeinen aus, deren Gestalt nicht vorhergesagt werden kann und deren notwendige Realisation auf Improvisation angewiesen ist. Schließlich, und auch diese Fähigkeit knüpft an die vorangegangen an, muss der Pädagoge in der Lage sein, das »Wagnis freier Formen« (Muth 1967, 95) pädagogischen Handelns einzugehen. Im Grunde verweist diese Forderung auf die Fähigkeit des Pädagogen, relativ unorthodox, unterschiedliche Praktiken, Situationen und Sachverhalte in den pädagogischen Dienst nehmen zu können. Diese Fähigkeit soll jetzt nicht einer Beliebigkeit pädagogischer Praxis das Wort reden, denn immer geht es um eine (nachträgliche) Begründung der Praxis, doch verstellen nicht selten eigenen Vorstellungen davon, was (gutes) pädagogisches Handeln ist, den Blick auf die mannigfaltigen Möglichkeiten, das Lernen der Kinder, Jugendlichen und Erwachsenen zu erreichen. Hierzu ein Beispiel aus der Literatur, in der ein seiteneingestiegener Lehrer an seinem pädagogischen Handeln zweifelt: »Ich hadere mit mir selbst: Du erzählst Geschichten, dabei solltest Du unterrichten« und dann weiter: »Ich unterrichte ja. Geschichten erzählen ist auch Unterricht« (McCourt 2005, 38). Im Grunde geht es darum, Gelassenheit mit Hinblick auf den Umgang mit Erziehungsmittel zu entwickeln und dabei das pädagogische Über-Ich etwas abzuschwächen.

Hat Jakob Muth also schon belastbare Koordinaten eines professionellen pädagogischen Könnens formuliert, so ist es Werner Loch zu verdanken, dieses Thema aufgegriffen und erweitert zu haben (Loch 1990). Er fragt nämlich – ähnlich wie Muth und dann auch Prange: »Welche Fähigkeiten muß man mindestens haben, um als [...] (Pädagoge) [...] handeln und professionelle Kompetenz erlangen zu können?« (Loch 1990, 101). Auch für Loch kommt es zentral auf vier Fähigkeiten an: Darstellungsfähigkeit, Aktivierungsfähigkeit, Bestärkungsfähigkeit und Kontaktfähigkeit. Verbunden werden diese zentralen Fähigkeiten durch die Fähigkeit zur Selbsterhaltung. Ein guter Pädagoge muss also die Themen, die notwendig sind, um auf die Lernbedarfe angemessen zu antworten, so zur Darstellung bringen und vermitteln können, dass sie sich auch vom Zögling/Schüler angeeignet werden können (Darstellungsfähigkeit). Die Darstellung ist immer Mittel zum Zweck – immer geht es darum, das Lernen zu erreichen, und für diese Aufgabe kann zum Beispiel die Improvisations- und die dramaturgische Fähigkeit (Loch 1990) von Nutzen sein. Er muss weiterhin in der Lage sein, »Szenen gemeinsamer Aufmerksamkeit« (Tomasello 2002) herzustellen (Aktivierungsfähigkeit). In der pädagogischen Situation kommen ja nicht nur didaktische Fähigkeiten, die darauf zielen, was ich wie vermitteln möchte, zum Tragen, sondern gleichberechtigt und für das Lernen und Zeigen gleichbedeutend, auch hodegetische Fähigkeiten. Formuliert die Didaktik die Lehre von den Inhalten und Formen pädagogischen Handelns, so verweist die Hodegetik auf die Lehre der Wegführung (Coriand 2014) und nimmt damit nicht nur das Thema in den Blick, sondern ganz besonders auch die beteiligten Personen. Es geht dann um die Frage und die sich daraus abzuleitende Kunstfertigkeit, wie der Erzieher durch den richtigen Umgang mit dem Zögling diesen in einen Zustand versetzen kann, der für Aneignungsprozesse prinzipiell förderlich ist. Der Begriff Hodegetik ist heute leider in Vergessenheit geraten, nicht aber die damit verbundenen Inhalte – diese kehren unter neuen Begriffen wieder. Mittlerweile spricht man von Classroom-Management (Eichhorn 2014) und präsentiert dieses nun lerntheoretisch ausgestaltete und evidenzbasierte Konzept, das wenig mit der ursprünglichen Hodegetik gemein hat, als neuestes Ergebnis der pädagogisch-psychologischen Lehr-/Lernforschung. Nun versteht es sich von selbst, dass der Erzieher/Lehrer, um einen guten und richtigen Umgang mit dem Zögling/Schüler, der seinem Lernen zuträglich ist, zu pflegen, in eine Beziehung mit diesen eintreten muss (Kontaktfähigkeit). In gewisser Weise kommt es darauf an, dass der Pädagoge im Rahmen des erzieherischen Verhältnisses aufmerksam und ansprechbar ist und sich damit immer neu auf die Kinder, Jugendlichen und Erwachsenen, mit denen er in einem professionellen pädagogischen Verhältnis steht, einstellen kann. Schließlich muss der Pädagoge im Umgang mit dem Kind, Jugendlichen und Erwachsenen, immer deren potenzielle (Lern- und Entwicklungs-)Möglichkeiten sehen, aber auch die potenziellen Einschränkungen und Hemmungen, die der Entfaltung der Potenziale entgegenstehen. Der pädagogische Blick und das daraus folgende pädagogische Handeln gehen allerdings immer vom Werden der Person aus – unterstellen also prinzipielle Bildsamkeit und Lernfähigkeit, die es zu fördern gilt (Bestärkungsfähigkeit). Alle bisher genannten Aspekte der pädagogischen Könnerschaft tragen allerdings nur soweit, wie es die Person des Pädagogen zu tragen vermag. Das heißt nichts anderes, als dass der berufsbezogenen Selbstsorge des Erziehers große Beachtung zugesprochen werden muss (Selbsterhaltungsfähigkeit). Für die Praxis der Pädagogik gilt das gleiche wie für die christliche Seefahrt: »Eine Hand für das Schiff und eine Hand für sich selbst«. Immer geht es um Selbstsicherung und um die Pflege der eigenen professionell in Erscheinung tretenden Person – nicht, um unliebsame Anforderungen aus eigennützigen Interessen zurückzuweisen, sondern gerade deswegen, weil der Zustand der eigenen Person maßgeblich dafür verantwortlich ist, ob das Geschäft des Erziehens Aussicht auf Erfolg hat.

Professionelles Wollen

Ob die Form und die Deformationen der berufsbezogenen Selbstsorge nun als Forderung nach Achtsamkeit oder als Warnung vor einem so genannten Burnout daher kommen, eines wird damit schon klar: Erziehen als einer »jener unmöglichen Berufe, in denen man des ungenügenden Erfolgs von vornherein sicher sein kann« (Freud 1937, 94), erfordert eben nicht nur professionelles Wissen und Können, sondern auch spezifische professionelle Willenseinstellungen und Haltungen, die sich letztendlich in der Frage fassen lassen: »*Was muss man wahrnehmen und verstehen, um erziehen zu können?*« (Göppel 2005, 171; kursiv O. H.). Das professionelle Wollen, das im Grunde erst dafür sorgt, dass sich die professionellen Kenntnisse und Fertigkeiten auch wirksam entfalten können, lässt sich in drei Richtungen explizieren. Erstens in Richtung »pädagogische Persönlichkeit und Beziehungsgestaltung«, zweitens in Richtung »Übertragung/Gegenübertragung« und drittens schließlich in Richtung »pädagogische Ethik«.

Zunächst zur pädagogischen Persönlichkeit und zur Beziehungsgestaltung zwischen Erzieher und Zögling. Pädagogische Praxis und die damit in Zusammenhang stehenden Phänomene zeichnen sich, wie bereits gezeigt, durch Sinnstrukturiertheit und damit durch Sozialgebundenheit aus. Insofern liegt es auf der Hand, den Elementen, die für den sozialen Sinn verantwortlich und unabdingbar sind, besondere Aufmerksamkeit zukommen zu lassen: Erziehung geschieht maßgeblich durch die Person des Pädagogen im Rahmen einer pädagogischen Beziehung. Dieser Befund, sowohl mit Hinblick auf die Bedeutung der Person des Pädagogen als auch auf die der pädagogischen Beziehung, wird durch die Forschungen zur Arzt-Patient-Beziehung in der allgemeinärztlichen Praxis und zu den Wirkfaktoren von Psychotherapie unterstützt. So kann mittlerweile festgehalten werden, dass das wirksamste und das am allerhäufigsten verwendete Arzneimittel in der allgemeinärztlichen Praxis der Arzt selbst ist (Balint 2001). Mit ihm verbinden sich Hoffnung und Zuversicht. Damit ist der Tatbestand gemeint, den Werner Leibbrand, ein Psychiater und Medizinhistoriker, als »Mehr als Arzt« (Leibbrand 1939, 19) bezeichnet hat. Und wenn es dem Arzt gelingt, dieses Beziehungsangebot von Seiten der Patienten aufzugreifen, ist die Wahrscheinlichkeit eines erfolgreichen Behandlungsverlaufs deutlich erhöht (Dörner 2003). Ebenso weisen aktuelle Studien zur Wirksamkeit von Psychotherapie darauf hin, dass Psychotherapien dann am erfolgreichsten sind, wenn sie einem elterlichen oder erzieherischen Modell folgen (Strupp 1986). Das heißt im Grunde nichts anderes, als das Psychotherapie als eine Form der Nacherziehung mit »guten« oder zumindest partiell »besseren«, der Entwicklung »zuträglicheren« Eltern(-teilen) aufzufassen ist. Halten wir an dieser Stelle kurz inne und versuchen uns die Bedeutung dieser Erkenntnisse im Allgemeinen zu verdeutlichen. Das, was für die ärztliche Praxis gilt, nämlich dass der Arzt selbst das wirksamste Arzneimittel darstellt, gilt gleichermaßen auch für die übrigen »klassischen« Professionen. Es ist immer die Person des Pfarrers, des Richters und des Erziehers, dessen Auftreten letztendlich darüber entscheidet, ob die Verkündigung des Wort Gottes Gehör findet, ob das Urteil auch Gerechtigkeit (wieder-)herstellt und ob das Zeigen auch zu einem Lernen führt (Brumlik et al. 2013). Das heißt, die Person des Arztes ist unhintergehbar als Heilmittel, die des Pfarrers als Heilsmittel, die des Richters als Rechtsmittel und die des Pädagogen als Erziehungsmittel aufzufassen. Der Person des Pädagogen ist damit das wirksamste und am häufigsten verwendete Erziehungsmittel in der pädagogischen Praxis – ob wir wollen oder nicht: wir wirken! Sigmund Freud schrieb hierzu 1914 in seiner Psychologie des Gymnasiasten: »Ich weiß nicht, was uns stärker in Anspruch nahm und bedeutsamer für uns wurde, die Beschäftigung mit den uns vorgetragenen Wissenschaften oder die mit den Persönlichkeiten unserer Lehrer« (Freud 1914,

204). Und damit das unhintergehbare Wirken im Sinne des Lernens der uns Anvertrauten eine förderliche Wirkung entfaltet, ist es unerlässlich, über die Elemente dieses Erziehungsmittels, deren Zusammensetzung und deren Zusammenspiel, genau Bescheid zu wissen. Eine vertiefte Erkenntnis der eigenen Person und den damit verbundenen pädagogischen Möglichkeiten aber auch Risiken und Nebenwirkungen, erlangt man am besten durch Selbsterfahrung. Für die Ausbildung eines professionell-pädagogischen Wollens als Element des pädagogischen Takts, ist Selbsterfahrung ein unerlässlicher Bestandteil. Nur auf dem Weg der Selbsterkenntnis können wir dafür Sorge tragen, dass wir zumindest nicht fahrlässig den Kindern, Jugendlichen und Erwachsenen schaden und einigermaßen sicher stellen, dass wir unsere pädagogischen Potentiale in Verbindung mit einem entsprechenden Können und Wissen auch verwirklichen können. Soweit zur Bedeutung der Person des Professionellen im Allgemeinen und des Pädagogen im Besonderen. Blicken wir nun auf die zweite Aussage, dann haben wir es mit einem Sachverhalt zu tun, der die professionelle Beziehung thematisiert. Und hier wird es interessant. Es scheint sich, wie bereits gezeigt, herauszustellen, dass professionelle Beziehungen nach dem Muster einer »guten« Eltern-Kind-Beziehung gestaltet sind. Um Missverständnissen vorzubeugen, heißt das natürlich nicht, dass die Professionellen die »besseren« Eltern sein sollen oder gar, dass die Diffusität und Intimität, die neben der spezifischen Aufgabenzentrierung in allen professionellen Beziehungen zu finden sind, überbetont und agiert werden sollten – ganz im Gegenteil. Vielmehr geht es darum, die Eltern-Kind-Beziehung als ein paradigmatisches Modell professionellen Handelns zu begreifen und dementsprechend zu fragen, wie das die Eltern so anstellen, dass die Kinder gedeihen. Von dieser Fragestellung bleibt natürlich im Konkreten völlig unberührt, dass es mehr als genügend Fälle gibt, in denen die Eltern-Kind-Beziehung scheitert und das Wohl des Kindes gefährdet wird. Das, was aber beide Praxen, die der Familienerziehung und die des professionellen Handelns auf den ersten Blick miteinander verbindet, ist die Tatsache, dass beide Praxen immer auf die basalen Fragen des Lebens abheben. Mit Blick auf die Familienerziehung kann dieser Tatbestand unzweifelhaft nachgezeichnet werden. Wie bereits am Anfang ausgeführt:

> Da braucht es die versorgenden Eltern, die das Kind füttern, zärtlich in den Armen halten, es pflegen, es beruhigen, mit den »Regeln des Hauses« vertraut machen, ihm zeigen, wie es sich selbst anziehen und die Zähne putzen kann und vieles mehr, um eine gesunde Entwicklung zu ermöglichen. Die Eltern sind also für den Aufbau einer funktionierenden Lebenspraxis ihrer Kinder von existenzieller Bedeutung. Ähnlich verhält es sich in Situationen, in denen wir gezwungen sind, professionelle Hilfe in Anspruch zu nehmen. Das ist meist dann der Fall, wenn wir kurzfristig und punktuell mit Ereignissen im Leben konfrontiert sind, die sich nicht so einfach verstehen und bewältigen lassen – Ereignisse also, die im Grunde ebenfalls existenzieller Natur sind.

Das merken wir immer dann, wenn wir zum Beispiel krank werden, emotional stark erschüttert sind, um die gerechte Behandlung unserer Person fürchten müssen oder sich Lernaufgaben stellen, die sich eben nicht durch ein Lernen aus eigener Kraft lösen lassen.

> In all diesen Fällen ist uns die Führung unseres Lebens so ohne weiteres nicht mehr möglich. Das, was also die Eltern-Kind-Beziehung und die professionellen Beziehungen verbindet, ist die Tatsache, dass sich beide Sozialformen auf die Bewältigung existenzieller Aufgaben richten. Und dabei wird immer der Andere, ob nun in Gestalt des Vaters/der Mutter oder des Professionellen, benötigt, um diese existenziellen Herausforderungen, die das Leben bereithält, erfolgreich zu bewältigen.

Die Frage allerdings, wie genau sich »gute« Eltern verhalten, soll jetzt nicht mit Bezug auf die unterschiedlichen Erziehungsstile oder Parameter elterlichen Verhaltens erläutert werden – das würde die bisherigen Ausführungen konterkarieren. Vielmehr soll der Philosoph Sören Kierkegaard zu Wort kommen, der genau das auf den Punkt bringt, was »gute« Eltern ausmacht und was auch für die Gestaltung professioneller Beziehungen, zu denen eben auch die pädagogische Beziehung gehört, richtungsweisend sein kann. In seiner als Beichtrede konzipierten Abhandlung »Die Reinheit des Herzens« stellt Kierkegaard (1926) fest, dass das Gute dem Menschen nur so hilft, »wie die liebende Mutter das Kind lehrt alleine zu gehen: Die Mutter steht vor dem Kinde in so großer Entfernung, daß sie wirklich das Kind nicht halten kann, aber sie breitet ihre Arme aus, sie macht alle Bewegungen des Kindes nach; es schwankt, und schnell beugt sie sich, als ergriffe sie es – darum glaubt das Kind, daß es nicht allein gehe. Mehr kann selbst die liebreichste Mutter nicht tun, wenn es wirklich so sein soll, daß das Kind allein gehe. Und doch tut sie mehr, denn ihr Antlitz, ja ihr Antlitz winkt wie der Lohn des Guten, wie die Ermunterung der Seligkeit. So geht das Kind allein: Das Auge auf das Antlitz der Mutter und nicht auf die Schwierigkeit des Weges geheftet, sich auf die Arme stützend, die es doch nicht halten, nach der Zuflucht in der Mutter Umarmung strebend, kaum ahnend, daß es im selben Augenblicke zeigt, daß es sie entbehren kann – denn nun geht das Kind allein« (67). In dieser Passage kommt verdichtet zum Ausdruck, wie sich das Wesen professionellen Handelns beschreiben lassen könnte. Sowohl der eingreifende Arzt, der verkündigende Pfarrer, der urteilende Richter als auch der zeigende Erzieher können letztendlich nur darauf hinwirken, dass sich Linderung oder Heilung, Seelenheil, Rechtsfrieden oder aber auch Lernen einstellen – garantieren können sie dies nicht. Darüber hinaus wird auch noch deutlich, dass die Professionellen die notwendige Entwicklung für den Patienten, den Gläubigen, den Mandanten und den Zögling nicht stellvertretend realisieren können – im Sinne: »Lass mal, ich mache das jetzt für Dich!« Dieses Moment macht häufig auch die Ohnmacht im professionellen Handeln aus. Aber, wie Kierkegaard ja auch festhält: damit ist schon viel getan, und wahrscheinlich auch das Hauptsächliche. Gleichzeitig bemerkt Kierkegaard aber auch, dass eben nicht nur Feinfühligkeit, sondern in vielen Fällen Angst und Furcht Verwendung finden, um das Lernen der Menschen zu befördern. So schreibt Kierkegaard (1926) weiter: »Auch die Furcht will dem Menschen helfen, sie will ihn lehren, allein zu gehen, aber nicht, wie die liebreiche Mutter; denn es ist die Furcht selbst, die das Kind immer umstößt. Sie will ihm auch vorwärts helfen, aber nicht, wie das Winken der liebreichen Mutter; denn die Furcht selbst liegt schwer auf ihm, so daß er nicht von der Stelle kommen kann. Sie will ihn zum Ziel führen, und doch ist es die Furcht selbst, die ihm das Ziel fürchterlich macht. Sie will ihm zum Guten helfen, und doch gewinnt ein auf diese Weise Lernender nie die Gunst des Guten […]« (68). Angst und Furcht sind nie gute Lehrmeister. Ein Lernen, das auf Angst beruht, ist kein Lernen, sondern, wenn überhaupt, Dressur – und das ist genau das Gegenteil von dem, was professionelle Praxen zum Ziel haben. Immer geht es um die Herstellung oder Wiederherstellung von Mündigkeit und personaler Selbstbestimmung. Angst hat hier keinen Platz. Blicken wir aber nach der Darlegung der allgemeinen Bedeutung der Person des Professionellen und der professionellen Beziehung wieder im Besonderen auf die Person des Pädagogen und auf die pädagogische Beziehung, dann können wir diesbezüglich festhalten, dass erstens Erziehung, also Zeigen und Lernen, dann am besten gelingt oder aussichtsreicher erscheint, wenn sich die Person des Pädagogen als hauptsächliches Erziehungsmittel begreift und zweitens sich professionelle Erziehung an einem elterlichen Modell orientieren sollte, was zunächst nichts anderes heißt, als feinfühlig mit den uns Anvertrauten umzugehen. Letztendlich bestätigt die aktuelle Forschungslage zu den professionellen Akteuren und zur professionellen Beziehung nur das, was auch schon im Professionswissen der Pädagogik seit langem verankert ist: Voraussetzung für gelingende Erziehung ist ein tragfähiger pädagogischer Bezug, der die Strukturelemente »der Mutterliebe und der Vaterführung« (Nohl 2002, 174), die des »Führens und Wachsenlassens« (Litt 1965) und die des »Haltens und Zumutens« (Leber 1996) vereinigen muss. Und eingebettet ist dieses grundlegende erzieherische Verhältnis in das, was Otto Friedrich Bollnow (2001) das »pädagogische Betriebsklima« (12) nennt. So verstanden wird Erziehung » […] als Umgang von Personen konkret als Praxis […], die empfänglich macht für Prozesse der Personwerdung« (Schaal 1983, 121).

Kommen wir nun zu einem weiteren Aspekt des professionellen pädagogischen Wollens – nämlich der Bedeutung der Übertragung und Gegenübertragung im psychoanalytischen Verständnis. Es gilt nun aber, nicht einfach das erzieherische Verhältnis dem Analytiker-Analysanden-Verhältnis nachzubilden – überdies erscheint es so, als habe sich der »pädagogische Bezug«, wie ihn Hermann Nohl und andere geisteswissenschaftliche Pädagogen im Sinn hatten, und das spezielle Arzt-Patient-Verhältnis im Rahmen einer Psychoanalyse, wie es von Freud und seinen Mitstreitern entworfen wurde, gegenseitig in ihren Ausformulierungen beeinflusst, denn beide professionellen Verhältnisse verweisen nämlich auf einen gemeinsamen ideengeschichtlichen Hintergrund. Vielmehr geht es darum, Übertragungsprozesse und die damit in Zusammenhang stehenden Gegenübertragungsreaktionen als ubiquitäre menschliche Phänomene anzuerkennen, die sich nicht »abschalten« oder »ausblenden« lassen. Sigmund Freud bemerkt hierzu: »Die Übertragung stellt sich in allen menschlichen Beziehungen ebenso wie im Verhältnis des Kranken zum Arzte spontan her…« (Freud 1909, S. 55). Und genau darum geht es. Da Übertragungsneigungen und Gegenübertragungsreaktionen nicht zu vermeiden sind, in allen menschlichen Lebensvollzügen auftreten, wäre es mehr als fahrlässig, diesen Dynamiken in professionellen Beziehungen keine Aufmerksamkeit zukommen zu lassen oder diese gar zu vernachlässigen. Das psychoanalytische Verständnis von Übertragung geht davon aus, dass jeder Mensch in aktuellen Beziehungssituationen, seine unbewussten, in der Kindheit erworbenen und dynamisch wirksamen Muster überträgt. Übertragen werden neben organisierten triebhaften Impulsen aus dem Es und ins Unbewusste verdrängte Ich- und Überich-Anteile vor allen Dingen Muster der Beziehungsgestaltung, die sich aus den internalen Arbeitsmodellen, die ein Mensch entwickelt hat, speisen. Internale Arbeitsmodelle entstehen aus Bindungserfahrungen in der frühen Kindheit. Es kommt also darauf an, wie feinfühlig die zentralen Bezugspersonen mit dem Kind und seinen Bedürfnissen, Ängsten und Wünschen umgegangen sind. Das feinfühlige Eingehen der Bezugspersonen auf die Signale des Babys tragen zu einer Regulation des biopsychischen Systems bei – Ängste werden gebannt und Exploration wird möglich. Immer dann also, wenn wir uns einer Situation oder einem Sachverhalt gegenüber sehen, der uns ängstigt oder auch stark verunsichert, wird unser Bindungssystem aktiviert und wir verhalten uns so, wie wir die frühen Situationen der Angst und Unsicherheit erfahren haben und wie wir mit diesen, unter Einbezug der ko-regulierenden Bezugsperson, umgegangen sind oder bestmöglich umgehen konnten. So bilden sich die Muster, nach denen wir unter anderem auch unsere aktuellen Beziehungen gestalten. Von Bedeutung ist allerdings, dass diese frühen und prägenden Erfahrungen, die zur Ausbildung internaler Arbeitsmodelle führen, die dann unser weiteres Beziehungsschicksal maßgeblich mit bestimmen, in eine Zeit fallen, an die wir uns bewusst nicht mehr erinnern können – sie unterliegen einer sogenannten frühkindlichen Amnesie. Gleichwohl aber hinterlassen sie ihren Niederschlag in der psychischen Struktur des Individuums und organisieren unsere weiteren Erlebens- und Verhaltensformen. Dass sich diese Muster früh und damit auch dem bewussten Zugriff entziehend bilden, ist an sich betrachtet noch überhaupt kein Problem, denn diese Muster helfen uns, unser Selbst so zu regulieren, dass ein einigermaßen stabiles, angstfreies, lustfreundliches und realitätstaugliches Leben möglich wird. Da sich diese handlungs- und erlebensleitenden Muster aber durch die Interaktion mit der Außenwelt bilden, richtet sich die Übertragung immer an ein Gegenüber – gewissermaßen an den Anderen als Adressaten des Übertragungsangebots. Nur durch Einbezug des Anderen in die inneren und durch Übertragung nach außen gebrachten Szenen, kann es zu einer Regulierung des Selbst kommen. Und es liegt ja nun auf der Hand, dass sich die Übertragungsneigungen von Menschen, die in malignen Beziehungskonstellationen aufgewachsenen sind, von denen unterscheiden, die im Rahmen der Familienerziehung sichere Bindungsrepräsentanzen ausbilden konnten. Der Andere, das Gegenüber, wird insofern für die eigene Regulation der Bedürfnisse und Ängste wichtig, als dass er zum notwendigen Mitspieler des inneren Dramas wird, das gerade interpersonell zur Aufführung gebracht wird. Zu beachten ist allerdings, dass man nicht einfach von einer verfahrenen interpersonellen Beziehungssituation im »Hier und Jetzt« kausal auf deren Ursache im »Dort und Damals« schließen kann. Die Übertragungsangebote, mit denen wir als professionelle Erzieher und Lehrer zu tun haben und denen wir uns gar nicht entziehen können, geben sich als solche häufig gar nicht auf den ersten Blick zu erkennen. Es ist der »szenischen Funktion des Ichs« (Argelander 1979) zu verdanken, dass die unbewussten Übertragungstendenzen relativ unauffällig in das

75

aktuelle Beziehungsgeschehen integriert werden. Insofern zeigt sich die Gestalt der Übertragung nicht einfach als eine simple Wiederholung aus vergangenen Zeiten, sondern immer wieder als eine Neuschöpfung, die es zu verstehen gilt. Übertragungsneigungen sind also völlig normal und dienen dem Menschen dazu, sich in der Welt zu orientieren und das eigene Selbst in Beziehung zu den Anderen und zur Welt zu regulieren und zu stabilisieren. In diesem Sinne ist die Realbeziehung des erzieherischen Verhältnisses immer auch zu einem gewissen Teil als Übertragungsbeziehung zu verstehen. Dies ist, wie bereits bemerkt, auch nicht weiter problematisch. Die Problematik ergibt sich dann, wenn das Lernen durch die von Übertragung getragenen unbewussten Inszenierungen gehemmt wird. Spätestens an diesem Punkt, wenn die Abklärung der möglichen Ursachen für die Lernhemmung keinen wirklichen pädagogischen Befund ergeben hat, kommt man als Erzieher und Lehrer nicht umhin, sich der Dynamik der Übertragung zuzuwenden. Nun stellt sich aber die Frage, wie man diesem Übertragungsangebot auf die Schliche kommen kann. Beachtet man den intersubjektiven und relationalen Charakter der Übertragung, dann kann es gelingen, mittels Analyse der eigenen Befindlichkeit, der Übertragungsdynamik nachzuspüren, diese zu verstehen und möglicherweise auch für die Förderung des Lernens in den Dienst zu nehmen. Die eigene Befindlichkeit kann als Reaktion auf das Übertragungsangebot des Kindes, Jugendlichen oder Erwachsenen, mit denen wir in einem erzieherischen Verhältnis stehen, aufgefasst und als Gegenübertragungsreaktion bezeichnet werden. Dass die eigene Befindlichkeit allerdings auch Ausdruck eigener ungelöster Konflikte sein kann, versteht sich von selbst und soll hier nicht weiter erörtert werden. Vielmehr sei auf die Bedeutung der Selbsterfahrung für Erzieher und Lehrer hingewiesen. Denn nur auf dem Weg der Selbsterfahrung lässt sich begründet zwischen der eigenen Übertragungsneigung und den eigentlichen Gegenübertragungsreaktionen unterscheiden. So verstandene Gegenübertragungen können sich momentan und punktuell oder aber als durchgehende Haltung manifestieren. Sie können sich allmählich oder schnell ausbilden und sich in unterschiedlichen Abstufungen des Bewusstseinsgrades zeigen. Zumeist aber geben sich Gegenübertragungsgefühle durch einen starken Affekt oder eine Irritation innerhalb des erzieherischen Verhältnisses zu erkennen. Immer dann also, wenn ein starker Affekt, eine ungewohnte körperliche Sensation, eine Denkhemmung oder eine Irritation im Miteinander unsere pädagogische Routine stört, sollten wir aufhorchen und uns fragen, welche Bedeutung dieser Störung zukommt, weil sie prinzipiell die Möglichkeit eröffnet, sowohl unser pädagogisches Handeln innerhalb der pädagogischen Beziehung etwas besser zu gestalten, als auch den unbewussten Gründen von Lernhemmungen nachzuspüren und diese in das pädagogische Handeln mit einzubeziehen. Damit dies gelingen kann, geht es in einem ersten Schritt darum, die eigene Irritation überhaupt als solche wahrzunehmen und ihr im eigenen Erleben auch Platz einzuräumen. Das heißt, professionelles Wollen zeichnet sich durch eine Sensibilität gegenüber der eigenen Befindlichkeit aus, nimmt diese ernst und versucht sie, mit Hinblick auf ihre möglichen Bedeutungsgehalte, zu verstehen. In einem zweiten Schritt ist es enorm wichtig, eine Distanz zum Affekt herzustellen, der mit der Irritation verbunden ist und der einen gewissen Handlungsimpuls auslöst – das heißt: Gegenübertragungsgefühle sollten nicht einfach agiert werden! Das passiert in pädagogischen Beziehungen – wie im Übrigen in allen anderen professionellen Beziehungen auch – immer wieder und manchmal auch über lange Zeit, doch sind wir aufgefordert, wenn wir nicht in einen dysfunktionalen Kreislauf von Agieren und Mitagieren geraten wollen, sensibel auf unsere Gegenübertragungsgefühle zu achten und sie darauf hin zu befragen. Und hier kommen wir zum dritten Schritt, welchen subjektiven Sinn meine Gefühle und die damit verbundenen Reaktionsbereitschaften für das Kind, den Jugendlichen oder Erwachsenen, zu denen wir in einem erzieherischen Verhältnis stehen, haben können. Wir bekommen so einen Eindruck, wie der Mensch seine Beziehungen gestalten muss, um sich zu regulieren. Hierfür stehen uns letztendlich zwei Modi der Analyse unserer Gegenübertragung zur Verfügung. Unsere Gegenübertragungsgefühle können als komplementäre oder als konkordante Identifikationen verstanden werden. Eine komplementäre Identifikation bedeutet, dass ich so auf mein Gegenüber reagiere, wie sowohl frühere Bezugspersonen auf ihn reagiert haben, als auch aktuelle Beziehungspartner auf ihn reagieren. Ich bekomme also einen Eindruck davon, wie sich die Mitmenschen fühlen und gefühlt haben, die mit meinem Gegenüber zu tun hatten und haben. Eine konkordante Identifikation hingegen gibt Hinweise darauf, wie mein Gegenüber sowohl auf frühere Bezugspersonen reagiert hat, als auch auf aktuelle Beziehungspersonen reagiert. Hier zeigt sich mir das Erleben meines Gegenübers in sozialen Beziehungen. Beide Verstehensmodi sind für pädagogische Beziehungen von Relevanz, da sie uns einen Einblick in die intrapsychische Dynamik unserer Zöglinge und Schüler und Auskunft darüber geben können, wie diese ihre innere Welt interpersonell regulieren. Und geht man mal davon aus, dass Lernen immer auch Zumutung bedeutet, die nicht selten ängstlich besetzt ist, dann kann der Mensch gar nicht anders, als diejenigen Muster zu aktivieren, die versprechen, die Angst in Schach zu halten. Dass dabei andere Anforderungen unberücksichtigt bleiben und Ich-Funktionen, die für den aktuellen und zukünftigen Lebensvollzug als wichtig erachtet werden, gehemmt werden müssen, verweist auf den dysfunktionalen Teil der Notlösung. Und mit diesem sind wir nicht selten in unserer pädagogischen Praxis konfrontiert. Diesen betrachten wir dann allzu oft als Fehler, den es zu beseitigen gilt, ohne aber dabei zu berücksichtigen, dass es dieser sogenannte Fehler ist, der dafür Sorge trägt, dass die Angst des Menschen nicht überwältigend wird. Genau auf diesen Sachverhalt hebt die heilpädagogische Forderung von Paul Moor (1974): »Nicht gegen Fehler, sondern für das Fehlende!« ab. Der Fehler ist so lange gut und muss auch so lange aufrechterhalten werden, bis er aufgrund der Bildung alternativer Denk-, Handlungs- und Erlebensweisen aufgegeben werden kann.

Kommen wir nun zum dritten und damit abschließenden Punkt des professionell-pädagogischen Wollens, der sich mit der Frage beschäftigt, was »gute« Erziehung von »weniger guten« oder gar »schlechten« Erziehung unterscheidet. Eine Antwort hierauf ermöglicht uns ein Blick in die pädagogische Ethik (vgl. Prange 2010). Brumlik (2004) hat diesbezüglich ja schon deutlich gemacht, dass Erziehung an sich, da sie sich als anthropologischer Tatbestand erweist, im Grunde nicht legitimationsbedürftig ist, wohl aber, und hierauf kommt es uns an, die erzieherischen Praktiken, also die Formen pädagogischen Handelns. Was ist also eine »gute« Erziehung und wie lässt sich diese ethisch begründen? Die Grundvoraussetzungen »guter« Erziehung sind folgendermaßen auf den Punkt zu bringen: Die pädagogische Artikulation der relevanten Themen, muss zunächst verständlich, zumutbar und anschlussfähig sein (Prange 2005). Das klingt zwar banal, ist aber die Grundlage gelingender Erziehung. Ich muss mich also erstens so artikulieren, dass ich auch verstanden werde. Das bedeutet eine strikte Orientierung an den Möglichkeiten des Kindes, Jugendlichen und Erwachsenen und auch eine Zurücknahme der Ansprüche an die eigene Ausdrucksfähigkeit. Es geht also nicht um schöne Worte, sondern darum, eine Sprache zu finden – ob nun mit Worten oder Taten –, die das Gegenüber versteht und ihn damit auch potentiell erreichen kann. Zweitens gilt es genau abzuwägen, was Thema und wie etwas Thema der pädagogischen Interaktion wird. Nicht alles, was wir meinen verstanden zu haben und das uns nun als dringend geboten erscheint, muss auch sofort in die pädagogische Tat umgesetzt werden. Eine Pädagogik vom Kinde aus fragt danach, was dem Kind zugemutet werden kann. Zumutbarkeit von Themen und von Formen pädagogischen Handelns bedeutet die Vermeidung von Über- und Unterforderung. Und drittens muss ich schließlich meine erzieherischen Bemühungen so gestalten, dass sie und die damit transportierten Themen sich als relevant für das Kind, den Jugendlichen oder Erwachsenen mit Hinblick auf den Vollzug der jeweiligen Lebenspraxis erweisen. Soweit zu den Grundlagen gelingender erzieherischer Interaktion. »Gute« Erziehung sollte sich also an den skizzierten Maßgaben der Verständlichkeit, der Zumutbarkeit und der Anschlussfähigkeit orientieren. Gleichwohl beinhaltet diese Orientierung noch keinen wirksamen Schutz gegen missbräuchliche Verwendung. Das heißt, die Maßgaben bieten sich auch dann an, wenn es der Erzieher/Lehrer, aus welchen Gründen auch immer, auf Manipulation des Zöglings/Schülers abgesehen hat. Ethisch wirksam werden sie erst durch die Beachtung der ihnen eingeschriebenen Gebote: »[...] das Gebot der Achtung in der Maßgabe der Zumutbarkeit, das Gebot der Wahrheit in der Maßgabe der Verständlichkeit und das Gebot der Freiheit in der Maßgabe der Anschlussfähigkeit« (Prange 2005, 149). Verpflichtende ethische Prinzipien professionell-erzieherischen Handelns sind also erstens die Achtung vor und Anerkennung der Person des Zöglings. Achtung und Anerkennung im erzieherischen Verhältnis sind aber nicht gleichzusetzen mit dem Begriff der Wertschätzung, die der pädagogische Bereich gerne für sich in Anspruch nimmt. Wertschätzung tendiert zur Einebnung der pädagogischen Differenz und zur künstlichen Harmonisierung des erzieherischen Verhältnisses. Anerkennung hingegen thematisiert gerade die Differenz und Unterschiedlichkeit der Menschen und braucht diese nicht zum Verschwinden zu bringen, sondern vermag deren lern- und entwicklungsförderliches Potenzial zu nutzen. In diesem Sinne argumentiert auch Micus-Loos (2012) und stellt damit die pädagogische Ethik über die didaktischen Fähigkeiten des Lehrers: »Nicht didaktisch-methodische Fertigkeiten stehen im Mittelpunkt des Kompetenzprofils des Lehrerberufs, sondern die Fähigkeit zur intersubjektiven Anerkennung. Ihre Kultivierung erfordert zum einen die systematische Aufarbeitung der eigenen Erziehungs- und Bildungsbiographie in der Ausbildung, zum anderen die ›Entlastung des Schulbildungssystems von der Selektionsaufgabe‹ [Stojanov 2008, S. 529]« (311). Als zweites ethisches Prinzip gilt die Orientierung an Wahrheit. Unser pädagogisches Handeln sollte frei sein von lebensweltanschaulichen Sichtweisen, okkulten

Erziehungslehren oder pädagogischen Glaubensbekenntnissen. Nur durch eine phänomenbezogene didaktische Grundorientierung der Formen pädagogischen Handelns können wir sicherstellen, dass sich die Kinder, Jugendlichen und Erwachsenen diejenigen Inhalte aneignen, die dazu geeignet sind, sich ein eigenes Bild von der Welt zu machen. Erziehung verfährt hier im Modus »kritischer Zeitgenossenschaft« (Münchmeier 1998). Pädagogisch inspirierte Ideologien sind hier fehl am Platz. Schließlich muss noch als drittes ethisches Prinzip pädagogischen Handelns das Gebot der Freiheit angeführt werden. Dies ergibt sich strukturell schon aus der pädagogischen Differenz – wir können schlichtweg nicht garantieren, dass sich unsere Anvertrauten auch so verhalten, wie wir uns das wünschen. Das Gebot der Freiheit macht aber insbesondere deutlich, dass unser pädagogisches Handeln als erzieherische Bemühungen um das Lernen der Kinder, Jugendlichen und Erwachsenen angesehen werden muss. Damit wird dem technokratischen Zugriff auf das Lernen eine Absage erteilt. In dem wir uns um das Lernen bemühen, entwickelt sich eine Form der pädagogischen Demut, die es uns ermöglicht, nicht die Bildsamkeit und Lernfähigkeit zum Ausgangspunkt unseres Handelns zu nehmen, sondern die Erziehungs*bedürftigkeit* des Menschen. Das Gebot der Freiheit im pädagogischen Bezug verweist auf die unbedingt auszubildende professionelle Haltung, sich als Pädagoge als professioneller Akteur zu verstehen, der sich in den Dienst des Lernens der Kinder, Jugendlichen und Erwachsenen stellt. Pädagogische Freiheit heißt aber nicht, dass alles irgendwie geht und möglich ist – im Gegenteil! Pädagogische Freiheit zeichnet sich in Anerkennung der Person unter anderem gerade auch durch die erzieherischen Bemühungen aus, der Normativität Geltung zu verschaffen – allerdings sowohl unter der Maßgabe der Begründbarkeit als auch unter Beachtung der personalen Integrität der beteiligten Personen.

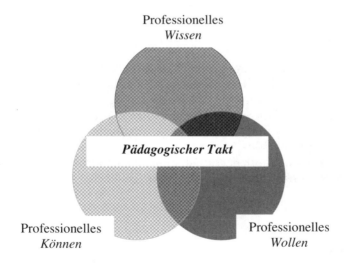

Abb. 7: Elemente des pädagogischen Takts

5 Rückblick und Ausblick

Kommen wir nun zum Schluss und damit zu dem am Anfang bereits angekündigten Rück- und Ausblick. Heidegger (1984) definiert »evidentia« als das, was von sich her leuchtet und glänzt, dadurch sichtbar wird und so gewissermaßen erscheint. Das heißt, ein pädagogischer Sachverhalt oder eine pädagogische Situation stellt sich, mehr oder minder intentional beeinflusst, her oder entsteht und kann dann mit phänomenologischem Blick nachträglich auf sein bzw. auf ihr Wesen hin untersucht werden. Die Pädagogik als (praktische) Wissenschaft und die Erziehung als deren professionelle Praxis haben es immer mit dem unmittelbaren Erfahren von existenziell-menschlichen Sachverhalten und Situationen zu tun und weniger mit durch Experiment und Beweis vermittelte Erkenntnis. Das ist mit Evidenz im engeren Sinne gemeint. Selbstverständlich muss auch das phänomenologisch und hermeneutisch Verstandene einer theoretischen Begründung und einem intersubjektiven Diskurs standhalten. Das versteht sich von selbst, aber die Formen dieser Geltungsbegründung müssen, wie bereits gezeigt, dem Gegenstand angemessen sein.

Die Hinwendung oder das Gedrängt-werden der Pädagogik in Richtung einer experimentell-naturwissenschaftlich reformulierten Evidenzbasierung ist für die aktuelle Situation der Pädagogik »Segen« und »Fluch« zugleich. Als »Segen« kann die Orientierung an Evidenzbasierung deswegen aufgefasst werden, weil sie suggeriert, die Pädagogik könne nun im Konzert der »echten« Wissenschaften mitspielen – denn: Nur das, was gezählt werden kann, zählt auch! Dass dabei der Gegenstand und die Aufgabe der Pädagogik preisgegeben werden, wird billigend in Kauf genommen. Hier zeigt sich der »Fluch« dieser Entwicklung. Denn nur durch die Aufgabe des Pädagogischen kann dieser Marschrichtung auch konsequent gefolgt werden. Es scheint allerdings so zu sein, dass diese Entwicklung als nicht allzu problematisch angesehen wird. Denn unter der Hand wird die Pädagogik dann zu dem, als das sie von den sogenannten Grundlagenwissenschaften schon lange angesehen wird: als angewandte Wissenschaft, die über keinen eigenständigen Gegenstand und über keinen eigenen Zugang zu diesem verfügt, sondern nur die Erkenntnisse der Psychologie, Soziologie und der Biowissenschaften auf von diesen vorgegebenen Zielen mit von diesen vorgegebenen Methoden anwendet.

Es wird von den Pädagogen an den wissenschaftlichen Einrichtungen und den Pädagogen in der erzieherischen Praxis abhängen, ob eine begründete und belastbare Gegenposition formuliert und selbstbewusst vertreten werden kann, die der eigentlichen »Sache der Pädagogik« (Fuhr/Schultheis 1999) gerecht wird.

Literatur

Argelander, H. (1979): Die szenische Funktion des Ichs und ihr Anteil an der Symptom- und Charakterbildung. In. Psyche, 5, 325–345.

Aristoteles (2006): Nikomachische Ethik. Reinbek bei Hamburg.
Balint, M. (2001): Der Arzt, sein Patient und die Krankheit. 10. Aufl. Stuttgart.
Bollnow, O. F. (1959): Existenzphilosophie und Pädagogik. 2. Aufl. Stuttgart.
Bollnow, O. F. (1979): Sprache und Erziehung. 3. Aufl. Stuttgart.
Bollnow, O. F. (2001): Die pädagogische Atmosphäre. Untersuchungen über die gefühlsmäßigen zwischenmenschlichen Voraussetzungen der Erziehung. Essen.
Brumlik, M. (2004): Advokatorische Ethik. Zur Legitimation pädagogischer Eingriffe. 2. Aufl. Berlin, Wien.
Brumlik, M. (2011): Vorwort. In: Schmolke, M.: Bildung und Selbsterkenntnis im Kontext Philosophischer Beratung. Frankfurt am Main, 17–18.
Brumlik, M./Ellinger, S./Hechler, O./Prange, K. (2013): Theorie der praktischen Pädagogik. Grundlagen erzieherischen Sehens, Denkens und Handelns. Stuttgart.
Bucher, R./Strauss, A. L. (1972): Wandlungsprozesse in Professionen. In: Luckmann, Th./Sprondel, W. M. (Hg.): Berufssoziologie. Köln, 182–197.
Coriand, R. (2014): Von der (Unterrichts-)Führung zum (Classroom-)Management – die Wiederentdeckung des Zusammenhangs von Didaktik und Hodegetik? In: Coriand, R./Schotte, A. (Hg.): »Einheimische Begriffe« und Disziplinentwicklung. Jena, 149–159.
Daheim, H. (1992): Zum Stand der Professionssoziologie. Rekonstruktion machttheoretischer Modelle der Profession. In: Dewe, B./Ferchhoff, W./Radtke, F. O. (Hg): Erziehen als Profession. Opladen, 21–35.
Döner, K. (2003): Der gute Arzt. Lehrbuch der ärztlichen Grundhaltung. 2. Aufl. Stuttgart.
Eichhorn, C. (2014): Classroom-Management: Wie Lehrer, Eltern und Schüler guten Unterricht gestalten. Stuttgart.
Einsiedler, W. (1999): Das Spiel der Kinder. Zur Pädagogik des Kinderspiels. 3. Aufl. Bad Heilbrunn.
Ellinger, S. (2013): Einführung in die Pädagogik bei Lernbeeinträchtigungen. In: Einhellinger, C./Ellinger, S./Hechler, O./Köhler, A./Ullmann, E.: Studienbuch Lernbeeinträchtigungen. Band 1: Grundlagen. Oberhausen, 17–99.
Ellinger, S./Hechler, O. (2012): Beratung und Entwicklungspädagogik. Zur Begründung einer pädagogischen Handlungsform. In: Zeitschrift für Heilpädagogik, 7, 268–278.
Erikson, E. H. (1970): Jugend und Krise. Die Psychodynamik im sozialen Wandel. Stuttgart.
Freud, S. (1909): Über Psychoanalyse. GW VIII. Frankfurt am Main, 1–60.
Freud, S. (1914): Zur Psychologie des Gymnasiasten. GW X. Frankfurt am Main, 204–207.
Freud, S. (1937): Die endliche und die unendliche Analyse. GW XVI. Frankfurt am Main, 59–99.
Fuhr, T./Schultheis, K. (1999): Zur Sache der Pädagogik. Untersuchungen zum Gegenstand der allgemeinen Erziehungswissenschaft. Bad Heilbrunn.
Gadamer, H.-G. (1990): Gesammelte Werke 1. Hermeneutik 1. Tübingen.
Glöckel, H. (1996): Vom Unterricht. Lehrbuch der Allgemeinen Didaktik. 3. Aufl. Bad Heilbrunn.
Göhlich, M./Zirfas, J. (2007): Lernen. Ein pädagogischer Grundbegriff. Stuttgart.
Göppel, R. (2005): Was muss man wahrnehmen und verstehen, um erziehen zu können? – Emotionale Intelligenz als Kultivierung der Intuition und als Voraussetzung für pädagogischen Takt. In: Carlsburg G.-B.,/Heitger, M. (Hg.): Der Lehrer – ein (un)möglicher Beruf. Frankfurt am Main, 171–193.
Hartmann, H. (1972): Arbeit, Beruf, Profession. In: Luckmann, Th./Sprondel, W. M. (Hg.): Berufssoziologie. Köln, 36–52.
Hechler, O. (2014): Feinfühlig unterrichten. Emotion und Interaktion im Fokus der Lehrerbildung. In: Spuren, 4, 29–34.
Hechler, O. (2014a): Beratende Tätigkeiten in der Sonderpädagogik. In: Einhellinger, C./Ellinger, S./Hechler, O./Köhler, A./Ullmann, E.: Studienbuch Lernbeeinträchtigungen, Band 2: Handlungsfelder und Förderansätze. Oberhausen, 291–340.
Heidegger, M. (1984): Zur Frage nach der Bestimmung der Sache des Denkens. St. Gallen.
Heimlich, U. (2014): Einführung in die Spielpädagogik. 3. Aufl. Göttingen.
Herbart, J. F. (1964): Die ersten Vorlesungen über Pädagogik (1802). In: Asmus, W. (Hg.): Herbart – Kleinere pädagogische Schriften. Düsseldorf, München, 121–131.

Herbart, J. F. (1965): Allgemeine Pädagogik, aus dem Zweck der Erziehung abgeleitet (1806): In: Asmus, W. (Hg): Herbart – Pädagogische Grundschriften. Düsseldorf, München, 9–158.
Kierkegaard, S. (1926): Die Reinheit des Herzens. 2. Aufl. München.
Koch, L. (1997): Rhetorisch-pädagogische Stimmungslehre. In: Apel, H. J./Koch, L. (Hg.): Überzeugende Rede und pädagogische Wirkung. Zur Bedeutung der traditionellen Rhetorik für pädagogische Theorie und Praxis. Weinheim, München, 101–128.
Koch, K. (2016): Ankunft im Alltag – Evidenzbasierte Praxis in der Sonderpädagogik. In: Ahrbeck, B./Ellinger, S./Hechler, O./Koch, K./Schad, G.: Evidenzbasierte Pädagogik. Sonderpädagogische Einwände. Stuttgart.
Körner, J. (1995): Die Professionalisierung des Psychoanalytiker-Berufs. In: Cremerius, J. (Hg.): Die Zukunft der Psychoanalyse. Frankfurt am Main, 111–128.
Langeveld, M. (1968): Studien zur Anthropologie des Kindes. Tübingen.
Leber, A. (1996): Zur Begründung des Fördernden Dialogs in der psychoanalytischen Heilpädagogik. In: Iben, G. (Hg.): Dialogische Heilpädagogik. Altenstadt.
Leibbrand, W. (1939): Der göttliche Stab des Äskulap. Vom geistigen Wesen des Arztes. Salzburg.
Lersch, P. (1956): Aufbau der Person. 7. Aufl. München.
Lewin, K. (1951): Field Theory in Social Science. Selected Theoretical Papers. New York.
Lindner, W. (2014): Arrangieren. Stuttgart.
Litt, T. (1965): Führen oder Wachsenlassen. Eine Erörterung des pädagogischen Grundproblems 13. Aufl. Stuttgart.
Loch, W. (1963): Die anthropologische Dimension der Pädagogik. Essen.
Loch, W. (1967): Homo Discens. In: Peege, J. (Hg.): Kontakte mit der Wirtschaftspädagogik. Neustadt/Aisch, 135–146.
Loch, W. (1990): Für Lehrer erforderliche Fähigkeiten. In: Loch, W./Muth, J. (Hg.): Lehrer und Schüler – alte und neue Aufgaben. Essen, 7–23.
Loch, W. (1999): Der Lebenslauf als anthropologischer Grundbegriff einer biographischen Erziehungstheorie. In: Krüger, H. H./Marotzki, W. (Hg): Handbuch erziehungswissenschaftliche Biographieforschung. Opladen, 69–88.
Maurer, F. (1981): Vorwort. In: Maurer, F. (Hg.): Lebensgeschichte und Identität. Frankfurt am Main, 7–9.
Micus-Loos, C. (2012): Anerkennung des Anderen als Herausforderung in Bildungsprozessen. In: Zeitschrift für Pädagogik, 3, 302–320.
McCourt, F. (2005): Tag und Nacht und auch im Sommer. München.
Moor, P. (1960): Heilpädagogische Psychologie. Band 1. 2. Aufl. Bern.
Moor, P. (1974): Heilpädagogik. Ein pädagogisches Lehrbuch. 3. Aufl. Bern.
Münchmeier, R. (1998): Was ist offene Jugendarbeit? Eine Standortbestimmung. In: Deinet, U./Sturzenhecker, B. (Hg.): Handbuch Offene Jugendarbeit. Münster, 13–23.
Muth, J. (1967): Pädagogischer Takt. Monographie einer aktuellen Form erzieherischen und didaktischen Handelns. 2. Aufl. Heidelberg.
Nohl, H. (2002): Die pädagogische Bewegung in Deutschland und ihre Theorie. 11. Aufl. Frankfurt am Main.
Oevermann, U. (1996): Theoretische Skizze einer revidierten Theorie professionalisierten Handelns. In: Combe, A./Helsper, W. (Hg.): Pädagogische Professionalität. Frankfurt am Main, 70–182.
Oevermann, U. (2000): Das Verhältnis von Theorie und Praxis im theoretischen Denken von Jürgen Habermas – Einheit oder kategoriale Differenz? In: Müller-Dohm, S. (Hg.): Das Interesse der Vernunft. Frankfurt am Main, 411–464.
Oevermann, U. (2001): Die Philosophie von Charles Sanders Peirce als Philosophie der Krise. In: Wagner, H.-J.: Objektive Hermeneutik und Bildung des Subjekt. Weilerswist, 209–246.
Platon (2006): Politeia. Sämtliche Werke, Band 2. Reinbek bei Hamburg, 211–537.
Plutarch (1952): Von der Ruhe des Gemüts. Zürich.
Prange, K. (1986): Bauformen des Unterrichts. Eine Didaktik für Lehrer. 2. Aufl. Bad Heilbrunn.

Prange, K. (1987): Lebensgeschichte und pädagogische Reflexion: In: Zeitschrift für Pädagogik, 3, 345–362.
Prange, K. (1988): Das große Kind. Zur Problematik des Kindbildes in der pädagogischen Semantik. In: Spanhel, D. (Hg.): Curriculum vitae. Essen, 159–168.
Prange, K. (1998): Was muß man wissen, um erziehen zu können? Didaktisch-theoretische Voraussetzungen der Professionalisierung von Erziehung. In: Vierteljahreszeitschrift für Pädagogik, 39–50.
Prange, K. (2005): Die Zeigestruktur der Erziehung. Grundriss der Operativen Pädagogik. Paderborn.
Prange, K. (2010): Die Ethik der Pädagogik. Zur Normativität erzieherischen Handelns. Paderborn.
Prange, K. (2011): Zeigen – Lernen – Erziehen. Jena.
Prange, K./Strobel-Eisele, G. (2006): Die Formen pädagogischen Handelns. Stuttgart.
Schaal, H. (1983): Die Frage nach dem Ganzen im pädagogischen Zusammenhang. In: Loch, W. (Hg.): Lebensform und Erziehung. Essen, 107–123.
Schleiermacher, F. (1983): Die Vorlesungen aus dem Jahre 1826. Pädagogische Schriften 1. Frankfurt am Main.
Schmid, W. (1998): Philosophie der Lebenskunst. Frankfurt am Main.
Schulze, T. (1978): Methoden und Medien der Erziehung. München.
Speck, O. (2008): Hirnforschung und Erziehung. Eine pädagogische Auseinandersetzung mit neurobiologischen Erkenntnissen. München.
Stichweh, R. (1988): Differenzierung und Verselbstständigung. Zur Entwicklung gesellschaftlicher Teilsysteme. Frankfurt a. M., New York.
Stichweh, R. (1994): Wissenschaft Universität Profession. Soziologische Analysen. Frankfurt am Main.
Stojanov, K. (2008): Bildungsgerechtigkeit als Freiheitseinschränkung. Kritische Anmerkungen zum Gebrauch der Gerechtigkeitskategorie in der empirischen Bildungsforschung. In: Zeitschrift für Pädagogik, 54, 516–531.
Strupp, H. H. (1986): Psychotherapy: research, practice, and public policy. In: American Psychologist, 41, 2, 120–130.
Tomasello, M. (2002): Die kulturelle Entwicklung des menschlichen Denkens. Frankfurt am Main.
Tomasello, M. (2010): Warum wir kooperieren. Berlin.
Tomasello, M. (2014): Eine Naturgeschichte des menschlichen Denkens. Berlin.
Weinstock, H. (1954): Arbeit und Bildung. Die Rolle der Arbeit im Prozess unserer Menschwerdung. Heidelberg.
Willmann, O. (1909): Aristoteles. Berlin.
Zirfas, J. (2007): Das Lernen der Lebenskunst. In: Göhlich, M./Wulf, C./Zirfas, J. (Hg.): Pädagogische Theorien des Lernens. Weinheim, Basel, 163–175.

ADHS und Evidenzbasierung

Bernd Ahrbeck

Einleitung

Kaum eine Lehrerfortbildung endet ohne die Frage: was können wir denn jetzt tun? Das ist verständlich, da Lehrerinnen und Lehrer ständig unter einem mehr oder weniger starken Handlungsdruck stehen. Sie müssen den Unterricht vorbereiten und ihre Planungen praktisch umsetzen, zunehmend stärker auf die Unterschiedlichkeit von Schülern eingehen, bis hin zu der Erwartung, in einem hoch individualisierten Unterricht habe fast ein jedes Kind das Recht auf einen eigenen Lehrplan. Noch anspruchsvoller wird die Tätigkeit dann, wenn zusätzlich zu den alltäglichen Aufgaben besondere Aufgaben entstehen. Zum Beispiel dadurch, dass Kinder spezielle Förderbedürfnisse haben, auf die Lehreinnen und Lehrer durch ihre Ausbildung nicht vorbereitet sind. Oder dann, wenn besondere Konflikt- und Belastungssituationen eintreten, die über längere Zeit fortwähren und mit einem hohen Maß an Anspannung einhergehen.

Zu den größten Herausforderungen gehört, wie immer wieder berichtet wird, der Umgang mit Schülerinnen und Schülern, die massive Verhaltensauffälligkeiten oder gar -störungen aufweisen (Ahrbeck/Willmann 2010). Sie stellen die Unterrichtenden vor besondere Probleme, mitunter auch solche, die kaum lösbar erscheinen. Ein prominentes Beispiel dafür sind Schüler mit Hyperaktivitäts- und Aufmerksamkeitsstörungen. Unter diesem Sammelbegriff finden sich ganz unterschiedliche Beeinträchtigungen, mit variierenden Symptombildungen und verschiedenartigen Genesen. Gemeinsam ist ihnen, dass sich ihre Unruhe und Getriebenheit nachhaltig auf die Beziehungsgestaltung auswirkt.

Der Wechsel zwischen unterschiedlichen Aufmerksamkeitsorten, eine unablässige motorische Aktivität und geringe Impulskontrolle können das Gegenüber stark beanspruchen. Diese Kinder lassen andere kaum zur Ruhe kommen. Sie erzwingen ihre permanente Aufmerksamkeit, ziehen Lehrer und Mitschüler mit der Erregung, die sie verbreiten, machtvoll in ihren Bann, verstricken sie in eine spannungsreiche, mitunter fast atemberaubende Atmosphäre. Die ständige innere und äußere Bewegung, die sie erzeugen, die Ungerichtetheit, Sprunghaftigkeit und Unkontrolliertheit ihres Handelns wirken insbesondere dann irritierend, wenn die zugrunde liegenden Motive im Unklaren bleiben. Das ist vor allem bei stärkeren Störungsformen der Fall, dort fast regelhaft. Dabei kann oft kaum nachvollzogen werden oder es bleibt sogar völlig im Dunkeln, warum ein Kind so extrem unruhig und aufgedreht ist, wieso es dieses oder jenes impulshaft tut und keine Ruhe geben kann.

Die Beziehungskonstellation, die sich dadurch einstellt, ist durchaus paradox. Auf der einen Seite steht eine hohe Anspannung, die mit einer starken äußeren Bezogenheit auf das Kind einhergeht. Anderseits kann das, was passiert, schwerlich entschlüsselt werden. Es entzieht sich häufig einer Symbolisierung und findet deshalb nur eine begrenzt fassbare innere Resonanz. Innerlich bleibt das Kind dem Lehrer fern, eingebettet in eine gemeinsame Sprachlosigkeit, in einen namenslosen Raum. Das ist der Grund dafür, warum eine Sinnfindung schwierig und nicht selten zum Scheitern verurteilt ist. Erregung ersetzt Bedeutung, so lässt sich dieses Phänomen auf eine Kurzformel bringen (zusammenfassend: Ahrbeck 2007, 2008; Balzer 2004).

Es geht also nicht nur darum, dass Schüler mit Hyperaktivitäts- und Aufmerksamkeitsstörungen in ihrer persönlichen Entwicklung bedroht sind, den Unterricht stören oder eine geordnete schulische Arbeit sogar gänzlich gefährden. Noch schwerer wiegt, dass es große Probleme bereitet, gehaltvolle Ansatzpunkte für pädagogische Interventionen zu finden. Schüler mit Hyperaktivitäts- und Aufmerksamkeitsstörungen lassen sich häufig in ihrem Verhalten nur schwer steuern. Der Erfolg der Maßnahmen ist oft ungewiss und die besten Absichten können ins Leere laufen. Vor allem dann, wenn sie von der Überzeugung geleitet sind, dass die Problematik dieser Kinder nicht in einer einfachen Funktionsstörung liegt, sondern wesentlich lebensgeschichtlich (mit) bedingt ist und pädagogisch in der Beziehung bearbeitet werden muss.

Gleichwohl erfordert es der pädagogische Auftrag, dass gehandelt wird. Unmittelbar in der Situation muss etwas geschehen. Die Belastung, die daraus für Lehrerinnen und Lehrer entstehen kann, resultiert im konkreten Fall aus zumindest drei Faktoren: Der inneren Anspannung, die sich aus der jeweiligen Begegnung ergibt, der Schwierigkeit, dem Geschehen einen Sinn zu geben, und dem Umstand, dass konventionelle Interventionen und Erziehungspraktiken häufig nur begrenzten Erfolg haben. Wenn verlässliche oder auch nur halbwegs tragfähige Anhaltspunkte für ein »richtiges« Handeln fehlen, geraten die Lehrenden notgedrungen in eine hilflose und irritierende Situation. Insofern ist es nur verständlich, dass nach Lösungen gesucht wird, die eine Befreiung aus dieser Misere versprechen.

Griffige Erklärungen und klare Handlungsstrategien bieten sich dazu an. Sie eignen sich besonders, wenn sie von einer hohen wissenschaftlichen Warte aus formuliert werden. Folgende Passage, die für den Mainstream der ADHS-Forschung steht, kann als ein exemplarischer Beleg dafür gelten: »Die Veröffentlichung von Geschichten, nach denen ADHS eine fiktive Störung oder lediglich ein Konflikt zwischen den heutigen Huckleberry Finns und ihren Sorgeberechtigten sei, ist gleichbedeutend mit der Behauptung, die Erde sei flach, die Gesetze der Schwerkraft seien debattierbar, und die chemische Periodentabelle sei Betrug. ADHS [...] [ist] [...] eine valide Störung mit unterschiedlichen und erheblichen negativen Auswirkungen bei denjenigen, die davon betroffen sind, ohne deren eigene Schuld und ohne Schuld ihrer Eltern und LehrerInnen« (Gemeinsame Erklärung internationaler Wissenschaftler 2005, 3).[1]

In der Tat gibt es keine überzeugenden Gründe dafür, die Existenz massiver Hyperaktivitäts- und Aufmerksamkeitsstörungen zu leugnen. Ebenso wenig wie den Umstand, dass sie gravierende psychische und soziale Folgen nach sich ziehen. Im wissenschaftlichen Diskurs wird dies auch kaum ernsthaft behauptet. Sehr viel wichtiger ist jedoch, dass sich die »Gemeinsamen Erklärung« – wie bereits ein erster Blick verrät – durch eine erhebliche Komplexitätsreduktion auszeichnet. Konflikte zwischen Kindern und Erziehungsberechtigten werden letztlich für irrelevant erklärt. Sie gelten, in grobe Worte gefasst, als eine zu vernachlässigende Größe, an der sich nur noch diejenigen orientieren, die in ihren Auffassungen völlig aus der Welt gefallen sind. Über elementare Grundkenntnisse des Lebens verfügen sie demnach jedenfalls nicht. Damit verbindet sich die Behauptung, niemand trage die Schuld an den auftretenden Störungen, weder die Kinder noch ihre Eltern oder ihre Lehrer. Der Schuldbegriff erstreckt sich, anders lässt sich der Text nicht verstehen, sowohl auf ein objektivierbares Geschehen als auch das subjektive Erleben. Keiner der Beteiligten hat demnach Grund, sich schuldig zu fühlen. Das Vergangene liegt außerhalb ihres Verantwortungsbereichs. Kümmern müssen sie sich allenfalls um die aktuellen Folgen dessen, was ohne ihr Zutun entstanden ist.

Somit liegt auf der Hand, dass die »Gemeinsame Erklärung« eine entlastende Funktion hat. Aus unterschiedlichen Gründen: Sie vereinfacht ein vielschichtiges Phänomen ganz erheblich, das zeigen die folgenden Ausführungen, und zielt darauf ab, dass störende Affekte wie Irritationen, Zweifel, Hilflosigkeit und Schuldgefühle als unbegründet und unnötig erscheinen. Eine besondere Attraktivität geht von einem solchen Hyperaktivitätsverständnis auch dadurch aus, dass es leicht anzuwendende Handlungsmethoden und -anweisungen anbietet. Zumal dann, wenn sie zügige Erfolge versprechen, die auf einem für solide gehaltenem wissenschaftlichen, evidenzbasiertem Fundament beruhen.

1 Die Dominanz des multimodalen Modells

Für das multimodale Modell in der ADHS-Forschung und die daraus hergeleitete multimodale Therapie (Döpfner/Lehmkuhl 1998; Döpfner/Frölich/Lehmkuhl 2012; Döpfner/Schürmann/Frölich 2013) wird von denjenigen Kräften, die den Fachdiskurs dominieren, eine herausragende Position reklamiert. Das multimodale Modell gilt als der zentrale wissenschaftlich fundierte Zugang. Gleichermaßen wie die multimodale Therapie, die aufgrund ihrer Evidenzbasierung als ultima ratio

---

1 »Diese Erklärung internationaler Wissenschaftler wurde zwar 2002 veröffentlicht und 2004 erneuert, hat aber auch nach 10 Jahren nicht an Aktualität verloren«, wie der ADHS Deutschland e. V. (Selbsthilfe für Menschen mit ADHS) 2015 verlauten lässt.

in der Behandlung hyperaktiver und aufmerksamkeitsgestörter Kinder angesehen wird. Sie kann sich dabei auf das Votum diverser Fachverbände stützen, unter anderem den Vorstand der Bundesärztekammer (2006) und den Berufsverband der Kinder- und Jugendpsychiatrie, Psychosomatik und Psychotherapie (2013), der sich der Stellungnahme des Zentralen ADHS-Netzes (2013) anschließt. Die Bundeszentrale für gesundheitliche Aufklärung (2013, 25) folgt diesem Weg. Auch sie plädiert für strukturierte Trainingsprogramme wie die multimodale Therapie, räumt aber ein, dass bei »ausgeprägte[n] Begleitstörungen im emotionalen Bereich [...] eine weitergehende psychotherapeutische Behandlung« notwendig sein kann.

Der multimodale Ansatz will biologische, soziale und psychologische Faktoren integrieren, die allerdings in einem bemerkenswerten Mischungsverhältnis stehen. Biologischen Einflüssen wird die größte Bedeutung beigemessen. Zu 80 Prozent sollen Hyperaktivitäts- und Aufmerksamkeitsstörungen auf organische Faktoren zurückgehen, eine spezielle Wahrnehmungs- und Reizverarbeitung, die vorzugsweise auf Störungen in der neuronalen Entwicklung und im Hirnstoffwechsel zurückgeführt wird. »Die verminderte Aktivität bzw. defizitäre Ausbildung des dopaminergen Systems wird als zentraler Faktor der ADHS-Störung gesehen« (Borowski et al. 2010, 246). Die verbleibenden, vergleichsweise geringen anderen Einflüsse beziehen sich auf allgemeine Sozialisationsbedingungen, wie etwa Belastungen, die sich aus medialen Reizen ergeben. Hinzu kommt ein als zu unstrukturiert beschriebenes Erziehungsverhalten.

Die multimodale Therapie selbst besteht aus drei Elementen. Einer psychopharmakologischen Behandlung mit Medikamenten, die zumeist den Wirkstoff Methylphenidat enthalten und unter Markennamen wie Ritalin, Concerta und Medikinet bekannt sind. Weiterhin einer sogenannten Psychoedukation: Darunter ist die Aufklärung über das Krankheitsbild und die sich daran anschließenden Behandlungsmöglichkeiten zu verstehen. Hinzu kommen verhaltenstherapeutische Interventionen, die streng symptomorientiert erfolgen sollen. Methoden der kognitiven Umstrukturierung, in der Verhaltenstherapie heute gang und gäbe, werden ausdrücklich nicht berücksichtigt. »Die Therapie stützt sich im Wesentlichen auf operante Techniken (Kontingenz-Management: Münzverstärker-Systeme, »response-cost«, »time-out«)« (Vorstand der Bundesärztekammer 2006, 42).

Die innere Logik des multimodalen Modells lässt sich folgendermaßen zusammenfassen: Eine Hirnfunktionsstörung trägt entscheidend dazu bei, dass sich eine mehr oder weniger massive kindliche Verhaltensstörung einstellt. Die aktuelle schulische und außerschulische Lebensrealität und die Lebensgeschichte des Kindes spielen dabei nur eine begrenzte, die organischen Gegebenheiten modifizierende Rolle. Das vorrangige Ziel der multimodalen Therapie besteht darin, eine störende Symptomatik zu eliminieren: Mit Hilfe einer Medikamentenvergabe und dadurch, dass eine direkte psychologische und pädagogische Einflussnahme auf das problematische Verhalten erfolgt. Ist dieses Ziel erreicht und kann auf evidenzbasiertem Weg nachgewiesen werden, dass die Symptomkorrektur der eingesetzten Methodik gehorcht, schließt sich der Kreis. Weitergehende Fragen stellen sich dann nicht mehr.

Im Mittelpunkt der multimodalen Therapie steht ein Reparaturgedanke, ein vorhandener Funktionsschaden soll behoben werden. In einer Weise, die sich auch in vielen anderen gesellschaftlichen Bereichen findet. Dazu ein Beispiel: Depressive Phänomene gelten gegenwärtig als besonders präsente Erscheinungsform psychischer Beeinträchtigungen Erwachsener. Symptomatisch zeichnen sie sich durch Gefühle der Überforderung, Erschöpfung und inneren Leere bei starken Selbstzweifeln aus. Im Hintergrund steht nach Ehrenberg (2004) die Angst, an den gestiegenen Individualisierungsanforderungen zu scheitern und die Sorge davor, sich als nicht umfassend funktionsfähig zu erweisen.

Wie Ehrenberg in einer bemerkenswerten Analyse der Depressionsgeschichte darlegt, hat sich ein Depressionsbegriff durchgesetzt, der auf einen zentralen inneren Mangel rekurriert. Im Selbsterleben der Betroffenen existiert ein inneres Defizit, etwas Unausgefülltes, das durch äußere Eingriffe behoben werden soll – ohne dass sich die Person in sich selbst als konflikthaft erlebt. Sie ist nicht mehr zwischen unterschiedlichen Polen hin- und hergerissen, wie Freud (1917) in seiner damals bahnbrechenden Depressionstheorie annahm, nicht mehr neurotisch in sich verstrickt. Als aktiver Gestalter der eigenen Entwicklung tritt sie dadurch kaum noch in Erscheinung. Ihr fehlt schlicht und einfach etwas.

Ehrenberg sieht in einem ansteigenden Antidepressiva-Konsum und sich ausweitenden Suchtentwicklungen einen Indikator dafür, dass eine innere Belebung von außen zugeführt werden soll. Ebenso beurteilt er diverse Psychotechniken und Verhaltenstrainings. Auch sie sollen dem gleichen Zweck dienen und die Person selbst dabei weitgehend unberührt lassen.

Einige der empirischen Grundannahmen Ehrenbergs sind inzwischen infrage gestellt worden. So hat etwa Dornes (2015) keine hinreichenden sozialepidemiologischen Belege dafür gefunden, dass sich Depressionen und Suchtentwicklungen tatsächlich so stark ausgeweitet haben wie es von Ehrenberg behauptet wird. Dem kann hier, obgleich es reizvoll wäre, nicht im Einzelnen nachgegangen werden. Gleichwohl ist bemerkenswert, welche Beachtung und Anerkennung die Schriften Ehrenbergs gefunden haben. Gegenwärtige psychische und soziale Problemlagen dürften sie gut erfasst haben, zumindest, was das subjektive Erleben betrifft. Sie sprechen etwas an, das viele Menschen bewegt. Oder anders formuliert: Sie beschäftigen sich mit dem, was Wissenschaftler und eine kulturell interessierte Öffentlichkeit für diesbezüglich relevant halten.

Das leitet unmittelbar auf die Hyperaktivitäts- und Aufmerksamkeitsstörungen über. Auch in der Popularität, die die multimodale Therapie genießt, kommt etwas Zeittypisches zum Ausdruck, nämlich die Art und Weise, in der Kinder- und Jugendpsychiater, Lehrer und Eltern kindliche Probleme sehen und bewerten.

In einer Metaphernanalyse, einem wissenschaftlich erst in letzter Zeit häufiger beschrittenen Weg, ist Brandl (2007) der Frage nachgegangen, welche Bilder über Hyperaktivitäts- und Aufmerksamkeitsstörungen im öffentlichen und wissenschaftlichen Diskurs vorherrschen. Sie kommt zu einem interessanten Ergebnis: Es sind Begriffe aus der Maschinen- und Computerwelt, die zur Charakterisierung dieses Störungsbildes dienen. Dabei ist von Schaltfehlern, Regelkreisstörungen und Hardwaredefekten die Rede, von unzureichend funktionierenden Suchmaschinen, die bestimmte Informationen nicht finden können, oder von Rennautos, die unter Ölverlust leiden und Probleme mit der Schaltung haben. Diese und ähnliche Metaphern haben Eingang in medizinische Lehrbücher, Fachartikel und einschlägige diagnostische Systeme gefunden. Gleiches gilt für Elternratgeber und Informationsbroschüren und zwar nicht nur solche, die von der pharmazeutischen Industrie gesponsert werden. Sie breiten sich, wie Brandl zeigt, fast wie selbstverständlich aus, werden kaum noch hinterfragt und prägen das vorherrschende Bewusstsein. Hyperaktivitäts- und Aufmerksamkeitsstörungen sind demzufolge zu einer Funktionsstörung geworden, die den Gesetzmäßigkeiten der sächlichen sehr viel stärker folgt als denen der personalen Welt.

2 Andere Stimmen

Unumstritten sind das multimodale Modell und die multimodale Therapie nicht geblieben. Bereits ihre Vorläufer wurden aus unterschiedlichen Perspektiven kritisch betrachtet (Henning 2004). Nunmehr ist es ein erweitertes Spektrum von Modellen und Theorien, die Auslöser, biologische, psychologische und soziale Hintergründe von ADHS in je spezifischer Weise definieren und dadurch miteinander konkurrieren – innerhalb und zwischen den einzelnen wissenschaftlichen Disziplinen. Einen Überblick bietet Neeral (2008). Während einzelne Schulrichtungen eher punktuelle Beiträge liefern wie Gestalttherapie (Baulig/Baulig 2001) oder Systemtheorie (Burmeister 2004), hat sich psychoanalytisch vor allem in den letzten 15 Jahren ein breiter Wissensfundus mit einer eigenständigen Theoriebildung entwickelt.

Aus dieser Perspektive sind lebensgeschichtliche Erfahrungen von besonderer Bedeutung, die sich in der inneren Welt des Kindes niederschlagen und zu speziellen Konfliktlagen und strukturellen Besonderheiten der Persönlichkeitsbildung führen. Damit vereinbar ist durchaus, dass auch spezielle organische Entwicklungsvoraussetzungen existieren können. Kulturtheoretische Schriften beschäftigen sich unter anderem mit dem Wandel der Lebensformen und den Folgen, die daraus resultieren. Sie gehen der Frage nach, in welchem Verhältnis die gegenwärtig zu beobachtende Beschleunigung des Alltagslebens, die mit einer hohen medialen Reizung einhergeht, mit der verbreiteten kindlichen Unruhe, Getriebenheit und Unaufmerksamkeit steht (Türcke 2012).

Nach Riedesser (2006, 11) hat sich der »Streit um die Diagnose ADHS und um die Behandlung der betroffenen Kinder und Jugendlichen […] zu einer der größten Kontroversen in der Geschichte des Fachgebiets Kinder- und Jugendpsychiatrie ausgewachsen.« Entsprechend heftige Auseinandersetzungen existieren auch, wie hinzugefügt werden darf, in der Psychologie und Pädagogik, wobei genuin pädagogische Ansätze in der Minderzahl sind. Dort wird zumeist auf primär therapeutische Ansätze zurückgegriffen. Riedessers Einschätzung trifft insofern zu, als die theoretischen Grundpositionen weit voneinander entfernt sind und häufig unvereinbar nebeneinander stehen. Das hat aber nicht dazu geführt, dass der Führungsanspruch des multimodalen Modells aufgegeben wurde. Es erfährt nach wie vor eine breite Unterstützung, in ganz unterschiedlichen Anwendungsfeldern, so auch in der Schule.

Dort soll das Therapieprogramm für Kinder mit hyperkinetischem und oppositionellem Problemverhalten (THOP) eingesetzt werden, ausdrücklich unter Wahrung derjenigen Prinzipien, die auch für andere Anwendungsfelder gelten. »Bei Kindern mit hyperkinetischen Störungen kann sogar der Schwerpunkt [...] auf Interventionen in der Schule/im Kindergarten liegen«, so heißt es bei Döpfner, Schürmann und Frölich (2013, 465). Das Programm liegt inzwischen in der fünften Auflage vor.

Die Trumpf-Karte: Evidenzbasierung

Die multimodale Therapie sichert sich einen erheblichen Standortvorteil, indem sie sich auf Wirksamkeitsuntersuchungen beruft, die auf einen evidenzbasierten methodischen Zugang folgen. Die Evidenzbasierung hat sich, zunächst in der Inneren Medizin und Allgemeinmedizin vertreten, inzwischen als ein zentrales Prinzip medizinischer Forschung etabliert und damit auch Eingang in die Psychiatrie gefunden. Die American Psychiatric Association bekannte sich bereits zur Jahrtausendwende ausdrücklich zu diesem Paradigma: »We established a formal evidence-based process for the work group to follow [...] More than any other nomenclature of mental disorders, DSM-IV is grounded in empirical evidence« (zit. nach Berner et al. 2000, 175). Evidenzbasierung soll in der Medizin dafür sorgen, dass eine vornehmlich auf das Individuum und seine spezielle Krankheitssituation bezogene Praxis zurücktritt. Eine Behandlungskunst, die auf Erfahrung und Intuition beruht, ist nicht mehr gefragt. »Evidence-based medicine de-emphasises intuition, unsystematic clinical experience and pathophysiologic rationale as sufficient grounds for clinical decision making and stresses the examination of evidence from clinical research« (Evidence-Based-Medicine-Working-Group; zit. nach Berner et al. 2000, 173). Die ärztliche Kompetenz soll sich nunmehr darin erweisen, dass vorhandene wissenschaftliche Belege gewissenhaft gesichtet, zutreffende Untersuchungsbefunde fachkundig bestimmt und in die klinische Behandlung transformiert werden. Möglichst groß angelegte, streng quantitative empirische Untersuchungen bilden dafür den Hintergrund. Von der Medizin ausgehend, haben evidenzbasierte Paradigmen inzwischen in viele andere Wissenschaftsbereiche Eingang gefunden und auch die Psychologie (Levant 2006) und Pädagogik erreicht (Schad 2012; Voß/Sikora/Hartke 2015).

Gegenwärtig genießen Verfahren ein hohes Ansehen, die auf »unbestechlichen« Zahlen beruhen und aufgrund ihrer naturwissenschaftlich methodischen Exaktheit »beweisgestützte« Ergebnisse hervorbringen. Dem entspricht die evidenzbasierte Forschung in vollem Umfang, mit randomisiert kontrollierten Studien (RCT) als methodischem Goldstandard. Wissenschaftlich sind sie auf der Höhe der Zeit, darin besteht vielfach Konsens. Als kritisch hinterfragbar gelten sie kaum noch (Buchkremer/Klingberg 2001; Mundt/Backenstraß 2001; Schmacke 2006). Insbesondere dann, wenn sie ein handfestes Wissen versprechen, das sich unmittelbar in die Praxis umsetzen lässt. Eine entsprechende Anerkennung ist auch der multimodalen Therapie sicher. In den Eckpunkten einer vom Bundesministerium für Gesundheit und Soziales durchgeführten Konsensuskonferenz heißt es: »Die Diagnostik der ADHS ebenso wie die Therapie, auch die psychotherapeutische Behandlung, orientieren sich an den evidenzbasierten Leitlinien der jeweiligen Fachverbände« (Eckpunkte 2002, Punkt 4, vgl. auch: Taylor et al. 2004).

Wissenschaftlich ausdifferenziertere Ansätze haben es hingegen zurzeit schwer, wobei sich deutende und verstehende Beiträge pädagogisch auf dem Rückzug befinden (Nida-Rümelin 2006; Liessmann 2006). Sie zerlegen den Forschungsgegenstand stärker, lösen sich von einem klassisch experimentellen Vorgehen, wenden sich naturalistischen Settings zu und zeichnen sich durch eine methodische Vielfalt aus. Dadurch weitet sich das Themenspektrum und die Forschungsresultate werden weniger eindeutig, der Vieldimensionalität ihres Gegenstandes folgend. Den Charme einfacher Lösungen können sie nicht bieten: Sie erweisen sich als unbequem, lösen Irritationen aus und werden nicht selten als Ärgernis betrachtet.

Psychodynamische Interventionen fallen durch das Raster evidenzbasierter Forschung. Sie stehen außerhalb eines wissenschaftlich für akzeptabel gehaltenen Rahmens. Innere Konflikte und intrapsychische Strukturen, methodisch vergleichsweise schwerer zugänglich, gelten als inadäquate und irreführende Kategorien, als ätiologisch bedeutungslos und behandlungstechnisch entbehrlich. Sie lenken, folgt man dem Mainstream der ADHS-Forschung, von den entscheidenden Fragen ab. Das gilt auch für die Beziehungsdynamik hyperaktiver- und aufmerksamkeitsgestörter Kinder, die bei psychodynamischen Interventionen von hoher Bedeutung sind. Das Zentrale ADHS-Netz (2013, 1) spricht dementsprechend von »in der empirischen Wissenschaft als überholt angesehene[n] Auffassungen über die Ätiologie der ADHS« und der Vorstand der Bundesärztekammer (2006, 43) verkündet kurz und bündig: »Für psychodynamische Interventionen [...] liegen keine Wirksamkeitsstudien vor, sie sind in der Behandlung der Primärsymptome nicht indiziert.«

Dabei soll gar nicht in Zweifel gezogen werden, dass bei psychodynamischen Interventionen ein weiterer Forschungsbedarf existiert, auch ein solcher, der sich auf das Outcome, also den letztendlichen Ertrag bezieht. Einzelfallstudien, so wertvoll sie auch sind, können diese Lücke nur bedingt schließen. Eine Begrenzung auf äußere Parameter, das methodisch leicht Zugängliche und exakt Erfassbare stellt jedoch keine befriedigende Lösung dar. Eine verwobene biologische, psychologische und kulturelle Thematik wird auf wenige Dimensionen reduziert und führt in ihrem Absolutheitsanspruch dazu, dass am Ende auch die pädagogische Handlungswelt verarmt.

Kritische Überlegungen

Die pädagogische Arbeit findet in einem vielschichtigen Feld statt, das ganz unterschiedlichen Zielen verpflichtet ist. Die Leistungsentwicklung eines jeden Schülers ist eine zwingende Aufgabe, von der sich die Schule nicht dispensieren kann. Für die Entwicklung des Sozialverhaltens und der Emotionalität, der Persönlichkeitsentwicklung in sozialer Verpflichtung gilt dasselbe. Unter dem Aspekt erschwerter Erziehungsprozesse treten zahlreiche weitere Dimensionen hinzu: Eine besondere Aufmerksamkeit und Hinwendung zum einzelnen Schüler, die Beachtung seiner speziellen Schwierigkeiten und Beeinträchtigungen, die sich häufig lebensgeschichtlich herausgebildet haben, ein Wissen um seine zumeist vielfach determinierten inneren Nöte und Konflikte, die in den Unterricht und in pädagogisch bedeutsame Beziehungen eingehen und entsprechend beantwortet werden müssen. Diese hohe Komplexität, mit einer Fülle sich überschneidender Problemlagen erfordert ein pädagogisches Denken und Handeln auf unterschiedlichen Ebenen. Lehrerinnen und Lehrer werden dadurch vor eine herausfordernde Aufgabe gestellt.

In der Klasse nehmen Schülerinnen und Schüler mit Hyperaktivitäts- und Aufmerksamkeitsstörungen häufig eine soziale Außenseiterposition ein, weil sie Regeln missachten und die Grenzen anderer nicht respektieren. Anerkennung erfahren sie nur selten. Ihr Selbstwertgefühl leidet darunter. Zusätzlich wird es gefährdet, wenn schulische Leistungen unter den Erwartungen bleiben und sie ihr intellektuelles Leistungspotenzial nicht ausschöpfen. Probleme in der Familie, die sich daran anschließen, erschweren ihre psychische Situation zusätzlich, mit Eltern(teilen), die ihrerseits überfordert und hilflos sein können.

Die multimodale Therapie schlägt in diese Handlungsfelder eine Bresche, indem sie ein standardisiertes Vorgehen anmahnt, das die pädagogische Komplexität in hohem Maße reduziert. Den Ausgangspunkt bildet die Fixierung auf eine eng umschriebene Störung, die evidenzbasiert so kategorisiert wurde, dass lebensgeschichtlich bedeutsame Phänomene an den Rand gedrängt und entglittene Sozialisations- und Beziehungserfahrungen kaum noch zum Thema werden. Entscheidungen sollen jeglicher Subjektivität entkleidet werden: Zugunsten einer empirisch gesicherten Standardbehandlung, die im Korsett der Serumforschung gefangen ist und sich der Wirkungslogik einer Medikamentenvergabe verschreibt. Methodische Zwänge erheben sich dadurch über fachspezifische Notwendigkeiten. Der Vielschichtigkeit kommunikativ vermittelter zwischenmenschlicher Erfahrungswelten werden sie nicht gerecht.

Ein Grund dafür liegt in der gängigen Begriffsverwendung von Evidenz. Sie hat sich längst von der ursprünglichen Wortbedeutung fortbewegt, der des Augenscheinlichen und unmittelbar Einleuchtenden, einer intuitiv fundierten Gewissheit. Inzwischen wird »in einer merkwürdigen, allmählich bereits oft klaglos hingenommenen Begriffsverdrehung [...] das, was am wenigsten unmittelbar einsichtig und persönlich erfahrbar ist [...], als besonders evident betrachtet« (Küchenhoff 2000, 15). Eine solche abstrakte Evidenz isoliert sich, wird affektarm und unpersönlich, spiegelt nur noch ein bescheidenes Segment der Lebensrealität wider.

In der Pädagogik kommt es aber gerade darauf an: Auf die persönliche Begegnung mit dem Schüler, ein spürbares Interesse, eine Begeisterung für den Unterrichtsstoff (Felten 2012). Ganz unabhängig davon, ob mit beeinträchtigten oder nicht beeinträchtigten Kindern gearbeitet wird. Nicht erst seit Hattie (2013) wissen wir, dass die Lehrerpersönlichkeit eine zentrale Größe im Unterrichtsgeschehen darstellt. Der Unterrichtserfolg hängt wesentlich davon ab, wie sich der Lehrer präsentiert, wie es ihm gelingt, Wissen überzeugend zu vermitteln, Lernprozesse auf die Schüler abzustimmen und gezielte, auf den Einzelnen zugeschnittene Rückmeldungen zu geben.

Schülerinnen und Schüler mit Hyperaktivitäts- und Aufmerksamkeitsstörungen bilden, das muss immer wieder betont werden, keine in sich geschlossene Gruppe.

Ihre symptomatischen Ausprägungen variieren ebenso wie ihre inneren Konfliktlagen und psychischen Strukturen. Von einem einheitlichen, sich vornehmlich an der Symptomatik orientierenden Störungsverständnis kann deshalb nicht ausgegangen werden, weder in der Pädagogik noch in der Therapie (Bürgin/ Steck 2007; Leuzinger-Bohleber/Staufenberg/Fischmann 2007; Stauffenberg 2011).

Aufgrund eines Literaturüberblicks benennen Borowski et al. (2010, 259) folgende strukturelle und psychodynamische Grundlagen der ADHS. Sie werden als Konfliktebenen verstanden, die in unterschiedlichen Störungsbildern auftauchen können:

1. Ein »Mangel der affektiven und emotionalen Selbstregulation« und eine »Störung der Mentalisierungsfähigkeit und der Symbolisierungsfähigkeit«,
2. ein »Ausdruck von Trennungs- und Bindungsstörungen«,
3. ein »Ausdruck von Inzestangst und Sexualisierung wegen eines Mangels von väterlicher Funktion und Triangulierung«,
4. eine »(hypo-)manische Abwehr als Schutz gegen Ängste und Depression«,
5. ein »Schutz gegen befürchtete äußere Aggression«,
6. ein »Ausdruck einer Individualisierungsstörung«, die zur »Selbst- und Objektabgrenzung durch Motorik« dient und
7. eine »psychosomatische Abwehr« gegen bestimmte »Konflikte«.

Leuzinger-Bohleber et al. (2008, 622) kommen infolge einer aufwändigen empirischen Untersuchung, der Frankfurter Präventionsstudie, zu einer eher typologischen Einteilung. Sie unterscheiden in

- ADHS-Kinder mit einem hirnorganischen Problem (I),
- ADHS-Kinder mit einer emotionalen Frühverwahrlosung (II),
- ADHS-Kinder aufgrund frühinfantiler Traumata (III),
- ADHS-Kinder als ein Überlebensversuch im Aufwachsen mit einer »toten Mutter« (Andre Green) (IV),
- ADHS-Kinder als Folge des Zusammenpralls von verschiedenen Kulturen und deren Anforderungen an Kindheit (V),
- ADHS als Reaktion auf eine problematische Pädagogik bei hochbegabten, kreativen Kindern (VI),
- ADHS als Ausdruck von akuter Trauer und Depression (VII).

Diese ganz unterschiedlichen Problemlagen sind zu berücksichtigen, wenn zielgerichtet pädagogisch gehandelt werden soll. Nach Leuzinger-Bohleber et al. (2008) können Kinder, die bestimmten situativen Belastungen ausgesetzt sind, hyperaktiv und aufmerksamkeitsgestört reagieren, auch ohne, dass sich dahinter eine gravierende innere Problematik versteckt. Ein Beispiel dafür sind hochbegabte Kinder, für die ein adäquater pädagogischer Rahmen fehlt. Kinder mit frühkindlichen Traumatisierungen oder emotionaler Frühverwahrlosung bedürfen oftmals eines haltenden und tragenden Rahmens, damit sie fehlende innere Strukturen aufbauen können. In Ruhe und mit viel Geduld, in einem für sie adäquaten Tempo. »Zumutungen« im Sinne Lebers (1988) sind für sie das pädagogisch falsche Mittel.

Ganz im Gegensatz zu Schülern mit einer ADHS-Problematik, die Beeinträchtigungen auf einem höheren, dem neurotischen Niveau aufweisen. Sie sind durchgängig belastbarer und können auch von herausfordernden Interventionen profitieren.

An dieser Stelle zeigt sich noch einmal, wie anspruchsvoll die pädagogische Tätigkeit mit diesen Kindern ist. Sie muss sich auf die individuelle Entwicklungssituation des Kindes einstellen, nach gehaltvoll untersetzten pädagogischen Strategien suchen und sie in das alltägliche pädagogische Geschehen einbetten. Ohne äußere Unterstützung wird das häufig nicht gelingen. Lehrerinnen und Lehrer sind oftmals auf eine interdisziplinäre Hilfe angewiesen, aus der Sonderpädagogik und auch durch Kinder- und Jugendlichenpsychotherapeuten und -psychiater. Ob große Schulklassen in sehr schwierigen Konstellationen immer der richtige Rahmen sind, darf bezweifelt werden. Spezielle pädagogische Settings können hier einige Vorteile bieten (Ahrbeck 2014). Auf jeden Fall muss die Schule die Komplexität ihres Aufgabenfeldes stellen, im Wissen darum, dass sie nur so den kindlichen Entwicklungsbedürfnissen gerecht werden kann.

Doch zurück zur multimodalen Therapie. Wie ist es um ihren wissenschaftlichen Gehalt bestellt? Dazu wird zunächst ihre interne Validität betrachtet und sodann auf Wirkungsnachweise eingegangen.

Die multimodale Therapie basiert auf einem ätiologischen Modell, in dessen Zentrum Besonderheiten neuronaler Netzwerke und synaptischer Verschaltungen stehen. Verantwortlich dafür werden in erster Linie organische Faktoren gemacht. Der auf den ersten Blick schlüssige Zirkel zwischen ätiologischem Modell und multimodaler Therapie erweist sich jedoch bei genauerer Betrachtung als brüchig, auch weil seine konstituierenden Elemente nur begrenzt tragfähig sind.

Das Verhältnis zwischen biologischen Faktoren und Umwelteinflüssen, zwischen Natur und Kultur stellt sich sehr viel unübersichtlicher dar, als das multimodale Modell unterstellt. Daran lassen die Erkenntnisse der neueren Hirnforschung keinen Zweifel (Ansermet/Magistretti 2005; van Gisteren 2007, Singer 2002, 2003). Die Entwicklung der Hirnstrukturen und -funktionen hängt nicht unwesentlich von Umwelterfahrungen ab, insbesondere solchen der frühen Kindheit. Die neurobiologische Ausstattung des Menschen entfaltet sich im Rahmen sozialer Erfahrungen, vornehmlich von Beziehungsgeschichten (Borowski et al. 2010, 247 ff.). Selbst die Annahme, Gene würden Grundeigenschaften des Organismus unveränderlich festlegen, gilt inzwischen als nicht mehr haltbar. Ein besonderes Gewicht kommt nämlich der Genregulation zu, die »im hohen Maße situativen Einflüssen« unterliegt (Bauer 2007, 9). Sie hängt von den aktuellen Umgebungsbedingungen ab und damit wiederum von den jeweiligen zwischenmenschlichen Erfahrungen.

Vor dem Hintergrund der großen Plastizität des Gehirns, das sich nutzungs- und erfahrungsabhängig aus- und umformt, verbieten sich Ableitungen, die sehr weitgehend, mitunter fast ungebrochen von einem organischen Defekt ausgehen – auch bei Kindern mit Hyperaktivitäts- und Aufmerksamkeitsstörungen.

Funktionelle und strukturelle Besonderheiten der Hirnentwicklung bedürfen deshalb einer Neubewertung. Dabei muss bedacht werden, dass es sich um eine ätiologisch sehr heterogene Personengruppe handelt. Organische Mitbedingtheiten kommen im unterschiedlichen Maße vor, müssen aber nicht in jedem Fall gegeben sein. Störungsbilder können nach Leuzinger-Bohleber et al. (2008) auch ohne organischen Hintergrund auftreten.

Vor allem seit der Jahrtausendwende sind eine Reihe differenzierter Modelle entwickelt worden, die sich der wechselseitigen Abhängigkeit von Hirnentwicklung und Lebenspraxis stellen (z. B. Hüther 2006; Hüther/Bonney 2002). Sie erkennen durchaus an, dass genetische Prädispositionen und intrauterine Einflüsse für die Genese von Hyperaktivitäts- und Aufmerksamkeitsstörungen bedeutsam sein können. Die besondere Reizoffenheit, die dadurch entsteht, korrespondiert mit einem vergleichsweise dicht ausgebildeten dopaminergen System, das zu einer erhöhten Aktivität neigt. Eine verstärkte Reaktion auf Außenreize und eine größere Unruhe sind die Folge. Eine wirkliche Bedeutung gewinnen sie aus Hüthers Sicht erst dann, wenn sie durch inadäquate Beziehungs- und Erziehungserfahrungen bekräftigt werden. Mit anderen Worten: Entscheidend ist, welches psychologische und soziale Schicksal diese relativ unspezifischen, in der Regel noch nicht sonderlich gravierenden frühen Besonderheiten erfahren.

Dieses Modell beinhaltet ausdrücklich keine anti-medizinische Doktrin. Eine medikamentöse Behandlung kann im Einzelfall sehr hilfreich sein (Grothe/Horlbeck 2006). Kritik ruft aber die dominierende Position hervor, die die Medikamentenvergabe in der evidenzbasierten Praxis einnimmt. Sie ist geleitet von der Einsicht, dass sich die inneren Repräsentanzen behindernder Lebenserfahrungen nicht medikamentös auflösen lassen. Dazu bedarf es neuer Beziehungs- und Lernerfahrungen, das Aufwachsen in einem haltenden und strukturierenden Milieu, in einem entsprechend gestalteten pädagogischen Raum. Das wird auch von medizinischen Fachvertretern anerkannt (Amft 2006; Streeck-Fischer 2006; Bauer 2007). Psychoanalytische Beiträge zu Hyperaktivitäts- und Aufmerksamkeitsstörungen haben inzwischen überzeugend dargelegt, wie gewinnbringend der Blick auf die individuelle Lebensgeschichte, intrapsychische Strukturen und Konflikte, äußere Verstrickungen und die kulturellen Einbindungen bei Kindern mit Hyperaktivität- und Aufmerksamkeitsstörungen sein kann. Auch sie nähren Zweifel an der inneren Validität des multimodalen Modells (Bovensiepen/Hopf/Molitor 2002; Amft/Gerspach/Mattner 2004; Heinemann/Hopf 2006; Leuzinger-Bohleber/Brandl/Hüther 2006; Ahrbeck 2007; Warrlich/Reinke, 2007).

Die multimodale Therapie erhebt den Anspruch, evidenzbasierte Kriterien im besonderen Maße zu erfüllen. Diesem Anspruch wird sie nur bedingt gerecht. Fest steht, dass sich symptomatische Veränderungen infolge der Medikamentenvergabe bei etwa 75% der behandelten Kinder einstellen (Walther/Ellinger 2008, 168). Dadurch kann, das ist leicht nachvollziehbar, für alle Beteiligten eine Entlastung eintreten, wenngleich um den Preis, dass sich das Kind nur unter Medikamenteneinfluss als funktionstüchtig und »normal« erweist (Haubl/Liebsch 2010). Eine »heilende Wirkung geht davon erwartungsgemäß nicht aus: »Klinisch lässt sich selbst nach jahrelanger Methylphenidat-Einnahme keine stabile Besserung der Symptomatik nach Absetzen der Medikation verzeichnen« (Hüther 2006, 223). Hinzu kommt, dass die körperlichen und psychischen Folgen einer mittel- oder langfristigen Behandlung umstritten sind (z. B. Vorstand der Bundesärztekammer

2006; BundesPsychotherapeutenKammer 2007). Wichtige Fragen bleiben also ungeklärt, sodass ein weiterer erheblicher Forschungsbedarf besteht.

Auch ergeben die Untersuchungen zu Wirksamkeit verhaltenstherapeutischer Interventionen, die im Rahmen der multimodalen Therapie erfolgen, kein einheitliches Bild. So stellen zum Beispiel Lehmkuhl und Döpfner (2006) fest, dass eine verhaltenstherapeutisch ausgerichtete Kombinationsbehandlung durchgängig zu keinem besseren Ergebnis führt als eine durch Beratungen ergänzte Medikamentenvergabe. Eine Nachuntersuchung zur vielbeachteten MTA-Studie hat ebenfalls gezeigt, »dass die Symptome der ADHS durch Medikamente stärker vermindert wurden als unter den anderen Therapieformen. Die Kombination der medikamentösen Therapie mit intensiver Verhaltenstherapie hat keine signifikant besseren Ergebnisse gezeigt« (Edel/Vollmoeller 2006, 55). Andere Studien belegen die Wirksamkeit verhaltenstherapeutischer Interventionen, oft allerdings im Rahmen breiter angelegter Förderprogramme. Eine Übersicht für den deutschsprachigen Raum findet sich bei Walther und Ellinger (2008). Insgesamt scheint die Wirksamkeit verhaltenstherapeutischer Interventionen begrenzter zu sein als gemeinhin angenommen wird (zusammenfassend: Ahrbeck 2009). Auch dadurch verliert das multimodale Modell an Überzeugungskraft.

Literatur

ADHS Deutschland e. V. (Selbsthilfe für Menschen mit ADHS) (2015): Aktuelle Infos Konsensuserklärung zur Medienberichterstattung. http://www.adhs-deutschland.de/desktop¬default.aspx/tabid-8/19 read6903/ entnommen: 01.05.2015.
Ahrbeck, B. (Hg.) (2007): Hyperaktivität. Kulturtheorie, Pädagogik, Therapie. Stuttgart.
Ahrbeck, B. (2008): Erregte Zeiten, unaufmerksame und hyperaktive Kinder. In: Psyche, 7, 693–713.
Ahrbeck, B. (2009): Das hyperaktive Kind, die multimodale Therapie und die evidenzbasierte Medizin. In: Kinderanalyse, 4, 366–387.
Ahrbeck, B. (2014): Inklusion. Eine Kritik. 2. Aufl. Stuttgart.
Ahrbeck, B./Willmann, M. (Hg.) (2010): Pädagogik bei Verhaltensstörungen. Ein Handbuch. Stuttgart.
Amft, H. (2006): ADHS: Hirnstoffwechselstörung und/oder Symptom einer kranken Gesellschaft? Psychopharmaka als Mittel einer gelingenden Naturbeherrschung am Menschen. In: Leuzinger-Bohleber, M./Brandl, Y./Hüther, G. (Hg.): ADHS – Frühprävention oder Medikalisierung. Göttingen, 70–90.
Amft, H./Gerspach, M./Mattner, D. (Hg.) (2004): Kinder mit gestörter Aufmerksamkeit. ADS als Herausforderung für Pädagogik und Therapie. Stuttgart.
Ansermet, F./Magistretti, P. (2005): Die Individualität des Gehirns. Neurobiologie und Psychoanalyse. Frankfurt a. M.
Balzer, W. (2004): Lust am Nichtdenken? Zum Verhältnis von Erregung und Bedeutung in beschleunigten und entgrenzten Lebenswelten. In: Zeitschrift für psychoanalytische Theorie und Praxis, 4, 399–416.
Bauer, J. (2007): Das Gedächtnis des Körpers. Wie Beziehungen und Lebensstile unsere Gene steuern. München, Zürich.

Literatur

Baulig, I./Baulig, V. (2001): Die Gestalttherapie als Chance, hyperaktive Kinder zu verstehen, auszuhalten und zu begleiten. In: Gestalttherapie, 1, 59–68.
Berner, M./Rüther, A./Stieglitz, R.-D./Berger, M. (2000): Das Konzept der »Evidence based Medicine« in der Psychiatrie. Ein Weg zu einer rationaleren Psychiatrie? In: Der Nervenarzt, 3, 173–180.
Berufsverband der Kinder- und Jugendpsychiatrie, Psychosomatik und Psychotherapie in Deutschland e. V. (2013): http://www.dgkjp.de/images/files/stellungnahmen/2013/STN_¬Broschre%20DGSP%202013.pdf entnommen: 20.08.15.
Borowski, D./Bovensiepen, G./Dammasch, F./Hopf, H./ Staufenberg, H./Streeck-Fischer, A. (2010): Leitlinie zu Aufmerksamkeits- und Hyperaktivitätsstörungen. In: Analytische Kinder- und Jugendlichenpsychotherapie, 146, 238–274.
Bovensiepen, G./Hopf, H./Molitor, G. (Hg.) (2002): Unruhige und unaufmerksame Kinder. Psychoanalyse des hyperkinetischen Syndroms. Frankfurt a. M.
Brandl, S. Y. (2007): Einmal bitte Öl wechseln und die Schaltung reparieren. In: Ahrbeck, B. (Hg.): Hyperaktivität. Stuttgart, 107–123.
Buchkremer, G./Klingberg, S. (2001): Was ist wissenschaftlich fundierte Psychotherapie? Zur Diskussion um Leitlinien für die Psychotherapieforschung. In: Der Nervenarzt, 1, 20–30.
Bürgin, D./Steck, B. (2007): Psychoanalytische Psychotherapie und AHDS-Trias (Impulsivität, Hypermotorik und Aufmerksamkeitsstörungen). In: Praxis der Kinderpsychologie und Kinderpsychiatrie, 4, 310–332.
BundesPsychotherapeutenKammer (2007): BPtK-Newsletter, Ausgabe 3, 8.
Bundeszentrale für gesundheitliche Aufklärung (2013): adhs. aufmerksamkeitsdefizit/hyperaktivitätsstörung … was bedeutet das? Köln.
Burmeister, H. A. (2004): Das Verständnis von Hyperaktivität aus systemtheoretischer Perspektive. In: Passolt, M. (Hg.): Hyperaktivität zwischen Psychoanalyse, Neurobiologie und Systemtheorie. München, 164–182.
Döpfner, M./Lehmkuhl, G. (1998): Die multimodale Therapie von Kindern mit hyperkinetischen Störungen. In: Der Kinderarzt, 2, 171–181 sowie 3, 331–335.
Döpfner, M./Frölich, J./Lehmkuhl, G. (2012): Aufmerksamkeitsdefizit-/Hyperaktivitätsstörung (ADHS). Göttingen.
Döpfner, M./Schürmann, S./Frölich, J. (2013): Therapieprogramm für Kinder mit hyperkinetischem und oppositionellem Problemverhalten THOP: Mit Online Materialien (Materialien für die Praxis). Weinheim.
Dornes, M. (2015): Macht der Kapitalismus depressiv? In: Psyche, 2, 115–160.
Eckpunkte der Ergebnisse der vom Bundesministerium für Gesundheit und Soziale Sicherheit durchgeführten interdisziplinären Konsensuskonferenz zur Verbesserung der Versorgung von Kindern, Jugendlichen und Erwachsenen mit Aufmerksamkeitsdefizit Hyperaktivitätsstörung (ADHS) (2002): https://www.adhs-deutschland.de/Portaldata/1/Resources/¬PDF/4_8_4_Politik/Anlage_3_Eckpunkte.pdf entnommen: 20.08.15.
Edel, M.-A./Vollmoeller, W. (2006): Aufmerksamkeitsdefizit-/Hyperaktivitätsstörung bei Erwachsenen. Heidelberg.
Ehrenberg, A. (2015): Das erschöpfte Selbst. Depression und Gesellschaft in der Gegenwart. 2. Aufl. Frankfurt a. M., New York.
Felten, M. (2012): Schluss mit dem Bildungsgerede! Eine Anstiftung zu pädagogischem Eigensinn. Gütersloh.
Freud, S. (1917): Trauer und Melancholie. In: Gesammelte Werke Bd. X., Frankfurt a. M. (1999), 427–446.
Gemeinsame Erklärung internationaler Wissenschaftler (2005): Zur Medienberichterstattung über ADHS (28. 10. 2005). AdS e. V. Elterninitiative zur Förderung von Kindern, Jugendlichen und Erwachsenen mit Aufmerksamkeitsdefizit-Syndrom mit/ohne Hyperaktivität. Ebersbach, http://www.zentrales-adhs-netz.de/fileadmin/ADHS/Fuer_Therapeuten/¬Fachliteratur/Artikel/Deutsche_Uebersetzung_des_International_Consensus_Statements¬_on_ADHD.pdf entnommen: 20.08.15.
Gisteren, L. van (2007): Eric Kandel und die Psychoanalyse. Forum der Psychoanalyse. Bd. 23, 192–197.

Grothe, K.-D./Horlbeck, A:-M. (2006). Warum ich auch mit Medikamenten behandele. Die Sicht eines Kinderpsychiaters. In: Leuzinger-Bohleber, M./Brandl, Y./Hüther, G. (Hg.): ADHS – Frühprävention oder Medikalisierung. Göttingen, 134–142.
Hattie, J. (2013): Lernen sichtbar machen. Baltmannsweiler.
Haubl, R./Liebsch, K. (Hg.) (2010): Mit Ritalin® leben. ADHS-Kinder eine Stimme geben. Göttingen.
Heinemann, E./Hopf, H. (2006): AD(H)S: Symptome – Psychodynamik – Fallbeispiele – psychoanalytische Theorie und Therapie. Stuttgart.
Henning, I. (2004): ADHD neu denken. Ein Paradigmenwechsel als Ausweg aus der Forschungskrise. Aachen.
Hüther, G. (2006): Die nutzungsabhängige Herausbildung hirnorganischer Veränderungen bei Hyperaktivität und Aufmerksamkeitsstörungen. Einfluss präventiver Maßnahmen und therapeutischer Interventionen. In: Leuzinger-Bohleber, M./Brandl, Y./Hüther, G. (Hg.): ADHS – Frühprävention statt Medikalisierung. Theorie, Forschung, Kontroversen. Göttingen, 222–223.
Hüther, G./Bonney, H. (2002): Neues vom Zappelphilipp. ADS/ADHS: verstehen, vorbeugen und behandeln. Düsseldorf, Zürich.
Küchenhoff, J. (2000): Die Psychoanalyse an der Schwelle des 21. Jahrhunderts – eine zeitgemäße Wissenschaft? In: Schlösser, A.-M./Höhfeld, K. (Hg): Psychoanalyse als Beruf. Gießen, 11–28.
Leber, A. (1988): Zur Begründung des fördernden Dialogs in der psychoanalytischen Heilpädagogik. In: Iben, G. (Hg.): Das dialogische in der Heilpädagogik. Mainz, 40–61.
Lehmkuhl, G./Döpfner, M. (2006): Die Bedeutung multimodaler Therapieansätze bei Kindern mit Aufmerksamkeitsdefizit-/Hyperaktivitätsstörungen. In: Leuzinger-Bohleber, M./ Brandl, Y. /Hüther, G. (Hg.): ADHS – Frühprävention statt Medikalisierung. Theorie, Forschung, Kontroversen. Göttingen, 118–133.
Leuzinger-Bohleber, M./ Brandl, Y./Hüther, G. (Hg.) (2006): ADHS – Frühprävention oder Medikalisierung. Göttingen.
Leuzinger-Bohleber, M./ Staufenberg, A./Fischmann, T. (2007): ADHS – Indikation für psychoanalytische Behandlungen? Einige klinische, konzeptuelle und empirische Überlegungen ausgehend von der Frankfurter Präventionsstudie. In: Praxis der Kinderpsychologie und Kinderpsychiatrie, 4, 356–385.
Leuzinger-Bohleber, M./ Fischmann, T./Göppel, G./Läzer, C./Waldung, Ch. (2008): Störung der frühen Affektregulation: Klinische und extraklinische Annäherungen an ADHS. In: Psyche, 7, 621–653.
Levant, R. F. (2006): Evidence-Based Practice in Psychology. In: American Psychologist May-June, 271–285.
Liessmann, K. P. (2006): Theorie der Unbildung. Wien.
Mundt, C./Backenstraß, M. (2001): Perspektiven der Psychotherapieforschung. In: Der Nervenarzt, 1, 11–19.
Neeral, T. (2008): Derzeitige Theoriekonzepte. In: Neraal, T./Wildermuth, M.: ADHS. Symptome verstehen – Beziehungen verändern. Gießen. 39–93.
Nida-Rümelin, J. (2006): Humanismus als Leitkultur. Ein Perspektivenwechsel. München.
Riedesser, P. (2006): ADHS: Eine der größten Kontroversen in der Geschichte des Fachgebiets Kinder- und Jugendpsychiatrie. In: Leuzinger-Bohleber, M./Brandl, Y./Hüther, G. (Hg.): ADHS – Frühprävention statt Medikalisierung. Theorie, Forschung, Kontroversen. Göttingen, 111–117.
Schad, G. (2012): Evidenzbasierte Erziehung? In: Ratz, Ch. (Hg.): Verhaltensstörung und geistige Behinderung. Oberhausen, 23–38.
Schmacke, N. (2006): Evidenzbasierte Medizin und Psychotherapie: die Frage nach den angemessenen Erkenntnismethoden. Psychotherapie Psychosomatik Medizinische Psychologie, 5, 202–209.
Singer, W. (2002): Der Beobachter im Gehirn. Essays zur Hirnforschung. Frankfurt a. M.
Singer, W. (2003): Ein neues Menschenbild? Gespräche über Hirnforschung. Frankfurt a. M.
Stauffenberg, A. M. (2011): Zur Psychoanalyse der ADHS: Manual und Katamnese. Frankfurt a. M.

Streeck-Fischer (2006): »Neglekt« bei der Aufmerksamkeitsdefizit- und Hyperaktivitäts-Störung. In: Psychotherapeut, 2, 80–90.
Taylor, E./Döpfner, M./Sergeant, J./Asherson, Ph./Banaschewski, T./Buitelaar, J./Coghill, D./ Danckaerts, M./Rothenberger, A./Sonuga-Barke, E./Steinhausen, H.-Ch./Zuddas, A. (2004): European clinical guidelines for hyperkinetic disorder – first upgrade. In: European Child & Adolescent Psychiatry, Vol. 13, Supplement 1, I/7–I/30.
Türcke, Ch. (2012): Hyperaktiv! Kritik der Aufmerksamkeitsdefizitkultur. München.
Vorstand der Bundesärztekammer (2006): Stellungnahme zur »Aufmerksamkeitsdefizit/Hyperaktivitätsstörung (ADHS)«. Deutsches Ärzteblatt, 1, 39–45.
Voß, St./Sikora, S./Hartke, B. (2015): Was heißt hier Evidenzbasiert? In: Zeitschrift für Heilpädagogik, 2, 85–101.
Walther, P./Ellinger, S. (2008): Effektivität von Förderprogrammen bei Aufmerksamkeitsstörung und Hyperaktivität (ADS/ADHS). In: Fingerle, M./Ellinger, S. (Hg): Sonderpädagogische Förderprogramme im Vergleich. Stuttgart, 157–192.
Warrlich, C./Reinke, E. (2007): Auf der Suche. Psychoanalytische Betrachtungen zum AD(H)S. Gießen.
Zentrales ADHS-Netz (2013): Stellungnahme des zentralen adhs-netzes zur Broschüre der Deutschen Gesellschaft für Soziale Psychiatrie zur ADHS. http://www.dgkjp.de/images/¬files/stellungnahmen/2013/STN_Broschre%20DGSP%202013.pdf entnommen: 20.08.15.

Ökonomisierung + Inklusion = Evidenzbasierte Pädagogik?

Stephan Ellinger

Vom Verschwinden des Pädagogischen aus der sonderpädagogischen Forschung und Lehrerbildung.

1 Sieben Missverständnisse

Der Titel des vorliegenden Beitrages stellt zugleich seine Kernthese dar. Sie lautet: In Summe führten suboptimale Entwicklungen an den Universitäten Deutschlands in Verbindung mit dem Umbau zum inklusiven Schulsystem zur Dominanz der sogenannten Evidenzbasierten Pädagogik. Sie wird in einigen Kreisen allerdings nicht als diskussionswürdige Folge systemischen Wandels, sondern vielmehr als disziplinäre Weiterentwicklung behauptet. Dabei überrascht der z. T. absolute und beinahe aggressive Ton, in dem anders argumentierende Fachvertreter auf das nun geltende Paradigma verwiesen werden. Die Kritik im Beitrag gilt dem *Absolutheitsanspruch*, der zurzeit den Einzug der Evidenzbasierten Pädagogik in die Universität flankiert. Quantitative empirische Forschung, Drittmittelwerbung und Trainingsprogramme verdienen dann Kritik, wenn Sie zum *maßgeblichen* Qualitätsmerkmal einer Fachkultur werden, deren genuines Anliegen Erziehung und Bildung sind.

Mit etwas Abstand betrachtet, scheinen sich für die Bewertung der massiv proklamierten Evidenzbasierten Pädagogik zwei Optionen zu öffnen: Entweder handelt es sich um eine Pädagogik, die per definitionem auf eine lange Tradition blickt, in welcher erzieherisches Handeln schon immer aus wissenschaftlich fundierten Erkenntnissen und belastbarem Erfahrungswissen abgeleitet wird, oder die Forderung nach Evidenzbasierter Pädagogik stellt eine grundlegende Akzentverschiebung innerhalb pädagogischer Forschung und Lehre dar. Letztere hätte schlussendlich drei Folgen: Sie führte sowohl zum Verlust dessen, was Herbart die »einheimischen Begriffe« der Pädagogik nennt, als auch zum Verlust wesentlicher Forschungsrichtungen und schließlich zur fachlichen Abhängigkeit von Nachbardisziplinen und von politischen Interessen. Aus Lösungsphantasien für problematische Entwicklungen in der Bildungslandschaft der Republik wäre eine neue Fachkultur entstanden. Einführend sollen skizzenhaft dargestellte Missverständnisse helfen, das Problemfeld im Überblick zu besichtigen; in den folgenden Kapiteln wird dann dargestellt, wie moderne Schwerpunktsetzungen grundlegende Elemente pädagogischen Denkens verdrängen.

Erstes Missverständnis: Modularisierung macht Universität leistungsfähig

Die Modularisierung hat universitäres Studium besser gemacht.
　Ziel war es, die Studiengänge international kompatibel zu gestalten und die Verwaltung nachvollziehbar zu strukturieren. Durch die Modularisierung sollte auch das Wechseln der Studienorte – und damit der innereuropäische Austausch der Studierenden – wesentlich erleichtert werden. Heutiger Stand: Nicht einmal der Studienortwechsel innerhalb eines Studienganges und innerhalb eines Bundeslandes funktioniert in jedem Fall problemlos. Zudem führt der verschulte Aufbau des Studiums zur Minimierung interessengeleiteter Studiengestaltung und damit zur studentischen Passivität und Gleichgültigkeit. Dieses Problem ist insbesondere in geistes- und sozialwissenschaftlichen Studiengängen gravierend.

Zweites Missverständnis: Je mehr Praxis, desto besser die Lehrerbildung

Praxis ist ein Wert an sich.
　In der Sonderpädagogik dominieren Forderungen danach, praxisrelevanter zu werden. Lange Intensivpraktika, mehr Praxisanteile, konkrete Unterrichtsmodelle, Übung in psychologischer Diagnostik und ausgefeilte Unterrichtsversuche steigern die lebenslange Handlungssicherheit der Lehrerinnen und Lehrer, sagt man. Die Professoren, so heißt es, müssten selber Lehrer gewesen sein, um effektiv auf den zukünftigen Beruf der Studierenden vorzubereiten. Die zweite Lehrerbildungsphase und die universitäre Lehrerbildung sollen zusammen rücken und praktischer werden. Das Theorie-Praxis-Problem hat in der universitären Diskussion über viele Jahrhunderte die Gelehrten beschäftigt. Jetzt scheint der Zeitgeist günstig, um den theoretischen Bildungsgehalt des Lehramtsstudiums auf ein absolutes Minimum zu reduzieren.

Drittes Missverständnis: Internationale Sichtbarkeit ist wichtig

Gute Forschung im Rahmen einer guten Lehrerbildung ist eine international sichtbare und international inspirierte Forschung.
　Internationale Sichtbarkeit und internationale Vernetzung der Lehrerbildung als Qualitätsmerkmal eines Hochschulstudiums zu bekennen, das auf unterschiedliche Lehrämter in 16 verschiedenen Bundesländern mit jeweiliger Kulturhoheit vorbereitet, leuchtet nicht unmittelbar ein. Auch auf den zweiten Blick ist nicht verständlich, warum importierte Forschungsergebnisse denjenigen aus der Pädagogik des Landes der Dichter und Denker überlegen sein sollen.

Viertes Missverständnis: Drittmittel sind Qualitätsmerkmal

Die Höhe der eingeworbenen Drittmittel weist auf die Qualität der pädagogischen Forschung an den Lehrerbildungsinstituten hin.

Wer keine Drittmittel einwirbt – so der Umkehrschluss – leistet keine gute Lehrerbildung. Aus diesem Grund erhält er auch weniger Ausstattung und weniger Personal. In absehbarer Zeit bekommt so jemand gar keinen Lehrstuhl mehr. Es scheint heute kaum mehr denkbar, aber es ist noch keine 15 Jahre her, dass in Berufungskommissionen das Wort »Drittmittel« nicht vorkam. Heute ist Standard, dass eines der zentralen Auswahlkriterien die eingeworbenen Drittmittel der Bewerberinnen und Bewerber sind. Mittlerweile lässt sich eher über den nicht einschlägigen Studienabschluss als über fehlende Drittmittel hinweg sehen. Da die Drittmittelgeber und damit die entscheidenden Gutachter in großer Mehrzahl Vertreter anderer Fachdisziplinen sind und vielfach andere Qualitätsmerkmale einfordern, führt dieses Credo zu einer zunehmenden Akkommodation, die letztendlich die bestehende fachimmanente Forschungskultur verschwinden lässt. Die zugrunde gelegten – überwiegend absolut formulierten – Maßstäbe zerstören bereits während der Karriereplanung der Nachwuchswissenschaftler die originäre pädagogische Fach- und Forschungskultur.

Fünftes Missverständnis: Hierarchie innerhalb der Forschungsmethoden

Nur empirische Forschung ist wahre Forschung.

Von Forschungsprojekten und Forschungsmitteln ist zunehmend nur noch dann die Rede, wenn gerechnet – oder wenigstens interviewt – wird. Das verstehende Recherchieren bestehender Theorie, die analytische Darstellung neuer Zusammenhänge gilt kaum mehr als eigenständige wissenschaftliche oder schöpferische Forschungstätigkeit, sondern stellt allenfalls das Pflichtprogramm zur Entwicklung geeigneter Hypothesen dar, die dann über umfangreiche Messreihen und Zahlenwerke überprüft werden können. Damit verschwindet, was die Königsdisziplin der geistes- und erziehungswissenschaftlichen Fakultät war. Wenn auch Qualifikationsarbeiten zunehmend kumulativ erstellt werden können, bedarf es der nachvollziehbaren Kraft des Arguments nicht mehr. Aus Forschern nach Wahrheit sind Messdiener geworden.

Sechstes Missverständnis: Politik darf Output definieren

Der Umbau des gesamten Schulsystems zu einer Schulstruktur mit ausschließlich inklusiven Schulen ist gesetzt und muss nun durch Forschung und Lehre begleitet werden.

Abgesehen davon, dass Politik nicht widerspruchlos Bildungsprozesse steuern sollte, setzt der bundesweit beschlossene Umbau der Schule die sonderpädagogische Lehrerbildung stark unter Druck. Gefordert wird ein universitäres Curriculum, das Lehrkräfte in die Lage versetzt, alle Kinder in gemeinsamen Settings bestmöglich erzieherisch und fachlich zu fördern. In einigen Bundesländern sollen zukünftige Regelschullehrkräfte bereits im Studium sonderpädagogische Basisqualifikationen erhalten, in anderen Bundesländern werden Sonderpädagogen darauf vorbereitet, ihren Regelschulkollegen solche Qualifikationen in späteren Kooperationen zu vermitteln. Pädagogische Qualifikation ist unversehens zum effektiven Handlungswissen mutiert.

Siebtes Missverständnis: Nachbardisziplinen verfügen über präzisere Sprachen

Förderprogramme, Trainings und wirkungsvolle Interventionen werden traditionell qualifizierter von Nachbardisziplinen erforscht und entwickelt.

Diese Überzeugung zeitigte zunächst engere Kooperationen und hatte schließlich die Abwertung der Pädagogik und ihrer Fachsprache zur Folge. Mit zunehmender Abgabe der Richtlinienkompetenz für schwierige Fälle, für präzise Forschungsmethoden und für komplexe Fragestellungen an die Nachbardisziplinen erfolgte auch die sukzessive Anerkennung deren Sprache und die gleichzeitige Verachtung genuin pädagogischer Begriffe und Argumentationsmuster. Wesentliche Fragen können nicht mehr gestellt, zentrale Probleme nicht mehr diskutiert werden. Die dadurch entstehenden z. T. irrelevanten Ergebnisse »Evidenzbasierter Forschung« sind häufig durch Sprachhülsen getarnt und in der pädagogischen Praxis nicht verwertbar.

Im Folgenden soll die Evidenzbasierte Pädagogik als Konstrukt beleuchtet werden, das sich im Sinne einer Lösung für Fehlentwicklungen im Wissenschaftsbetrieb und Bildungswesen anzubieten scheint, dabei aber die Gefahr in sich trägt, pädagogische Fachkultur zu zerstören. Ausgangspunkt in Kapitel 2 ist – wie so oft im öffentlichen Leben – die Übertragung merkantiler Prinzipien auf Bereiche, deren ursprüngliche Ziele und Inhalte infolgedessen dann überlagert werden. Die erzwungene Ökonomisierung der Hochschule führt zur Vereinnahmung und Schwächung universitärer Pädagogik zugunsten von Nachbardisziplinen mit besserer Passung an die eingeführte fachfremde Währungsunion. Im dritten Kapitel soll der Auftritt einer Sonderpädagogik im neuen Gewand kommentiert werden. Evidenzbasierte Pädagogik als Maß aller Dinge schafft durch veränderte Methoden, Kompetenzen, Sprache und Veröffentlichungsorgane eine neue Ordnung. Die outgesourcte Kontrolle über diese neue Ordnung birgt allerdings die Gefahr, dass bewährte Grundlagen universitärer Pädagogik durch neue Inhalte ersetzt werden. Sonderpädagogik wird zunächst am Nasenring durch die Arena »anerkannter« Wissenschaften schließlich als Pädagogik ad absurdum geführt. In Kapitel 4 soll schließlich an klassische Antworten auf die Frage erinnert werden, in welche Richtung evidenzbasierte Lehrerbildung gehen kann, um Lehrerinnen und Lehrern pädagogische Qualifikationen mitzugeben.

2 Erzwungene Ökonomisierung und feindliche Übernahme universitärer Pädagogik

Die Veränderung im Universitätsbetrieb seit Beginn des Bologna-Prozesses durch das Abkommen von Lissabon 1997 hat viele Gesichter. Treibende Kräfte beim Umbau des europäischen Bildungswesens sind von Beginn an vor allem der Internationale Währungsfond (IWF) gemeinsam mit der Weltbank sowie die Welthandelsorganisation (WTO). IWF und Weltbank setzen sich für die Entstaatlichung der Bildungssysteme – und damit für die Kommerzialisierung und Öffnung für private Investoren – ein. Das Schlagwort der Erziehung als »Knowledge Economy« macht deutlich, dass Produktion, Gewinnstreben und Ökonomisierung als Prinzipien Einzug in den Bildungssektor erhalten. In der Schule wird parallel eine Art Dienstleistungsmarkt entwickelt. Einzelne Teilserviceleistungen werden in Form von »Educational Services« an Serviceleister vergeben, die dann ihrerseits für Produktion und Produktivität zuständig sind. Qualitätsprüfungen erfolgen anhand von ISO-Normen (vgl. Böttinger 2013, 74). Ökonomisierung der Hochschulen treibt verschiedene Blüten. Eine davon ist ein verändertes Verhältnis zwischen Einsatz und Ertrag: Es muss innerhalb kurzer Zeit viel erledigt und dargestellt werden, langes Denken, zeitaufwändiges Ausformulieren und sorgfältiges Abwägen waren gestern, heute geht Quantität vor Qualität. So hat sich die Beurteilung von Forschungsqualität auf das Auszählen von Veröffentlichungen – als hochrangig gelten dabei diejenigen in peer-reviewten Fachzeitschriften – und die Feststellung der eingeworbenen Drittmittel – möglichst DFG und EU – verlagert. Schnelle und zahlreiche Veröffentlichungen – gerne auch im Autorenkollektiv – sowie beachtliche Drittmittelanträge sagen heute scheinbar mehr über die Qualifikation eines Wissenschaftlers aus, als seine nachgewiesene Fähigkeit, logisch zu denken und zu argumentieren.

Sprache: Restringierter Code statt inhaltlicher Aussagekraft?

Im Forschungsbetrieb treibt diese Output-Orientierung mitunter bizarre Früchte. Der Informatiker Cyril Labbé von der Universität Grenoble entwickelte selbst eine Software, die per Zufall echt wirkende wissenschaftliche Texte produzieren kann, denen allerdings jeder Sinn fehlt. Labbé entdeckte in seinem Fachgebiet zwischen 2008 und 2013 über 100 computergenerierte Artikel, die in peer-reviewten Fachzeitschriften abgedruckt wurden (Lokshin 2014). Die Beiträge, deren Inhalt kompletter Unsinn war, blieben offensichtlich von den Gutachtern unentdeckt. Ganz offensichtlich enthielten sie die zentralen »qualitätstragenden« Signalwörter in ausreichender Menge. Es scheint vielen Beteiligten nicht mehr wichtig zu sein, welchen Informationswert eine Veröffentlichung für das jeweilige Fachgebiet wirklich hat. Wichtiger sind Stichworte im jeweiligen Titel, Messwertangaben in Abbildungen und Tabellen sowie vielversprechende Zitationen. Das Aussagepotenzial hochrangiger Veröffentlichungen geht oft gegen null, eine echte Auseinandersetzung zwischen Experten erfolgt kaum, denn es wäre ein Diskurs lediglich zwischen einer Handvoll aktueller Stichworte. So weist Gerhard Schad in seiner Kritik an dieser Art modernem Wissenschaftsverständnis darauf hin, dass »der Ertrag für unterrichtliche und erzieherische Orientierung bisweilen geradezu von peinlicher Dürftigkeit gekennzeichnet ist«. Es muss davon ausgegangen werden, dass die Sprache, derer sich ökonomisierte Wissenschaft bedient, nicht mehr fachgerecht ist. Schad kommt zu dem Schluss, dass »genuin sonderpädagogische Fragestellungen [...] in *fremden Sprachen* beantwortet« werden (Schad 2015, 341). Die der traditionellen Erziehungswissenschaft eigene elaborierte und niveauvolle Sprache ist vielerorts der bloßen Darstellung von Zahlenkolonnen und methodischen Hinweisen gewichen.

Forschung: Pekuniär orientiert statt vom Gegenstand inspiriert?

In einigen Bundesländern Deutschlands erhalten die Universitäten pro Euro Drittmittel, die ein Universitätsmitarbeiter einwirbt oder eingeworben hat, einen weiteren Euro Zuschuss aus Landesmitteln. Aufgrund der verbreiteten unzureichenden Grundfinanzierung und der Abhängigkeit von diesen Finanzierungszuschüssen ergibt sich ein klar definiertes Anforderungsprofil für die sogenannte »Bestenauslese« in Forschung und Lehre: Spitzenpersonal muss durch die eingeworbenen Drittmittel helfen, die berufende Universität zu finanzieren. Dabei geht es um Drittmittel in einem Fachgebiet, das zur Bearbeitung seiner traditionellen Fragestellungen keine Drittmittel braucht. Der Weg zur erfolgreichen Einwerbung ist klar: Erst ein gewisser Veröffentlichungsoutput ermöglicht die Beantragung von Forschungsgeldern. In den hochrangigen Gutachtergremien, die Anträge prüfen und die beantragten Mittel genehmigen, sitzen – das ist allgemein bekannt – keine Sonderpädagogen. Ebenso bekannt sind die Kriterien, die für eine Entscheidung zugrunde gelegt werden. Dazu gehören bestimmte Forschungsdesigns insgesamt und spezifische – vorwiegend empirisch-quantitative – Forschungsmethoden im Speziellen (vgl. Koch 2016). Zudem wird die Einbeziehung internationaler Studien vorausgesetzt. Ohne die weitgehende Verleugnung der fachspezifischen Forschungsprägung gelangt ein sonderpädagogisches Forschungsprojekt nicht zur Förderung. Somit gilt es, spezifische Akkommodation zu leisten. Hierzu ist es nötig, sich Begriffe und Vorgehensweisen aus erfolgreicheren Disziplinen anzueignen, Fragestellungen und Forschungsdesigns an die Erwartungen der Geldgeber anzupassen – nicht in erster Linie an den Fragestellungen des Faches zu orientieren – und auf diese Weise lediglich unsinnige Korrelationen, kleinschnittige Aspekte größerer Zusammenhänge und nichtssagende Zahlenkolonnen zu produzieren. Nicht selten gehen Forschungsprojekte von Prämissen aus, die eher gesetzt als argumentativ belegt werden. Diese Prämissen werden dann höchst aufwändig gemessen – was letztlich von der Art, wie sie zustande kamen, ablenkt.

Für viele prestigeträchtige und drittmittelfinanzierte Forschungsprojekte gilt, was Emil E. Kobi über »empirische Faktenhaufen psychologischer, psychiatrischer und quasi-pädagogischer Herkunft« schreibt: »Was eine Begründung findet, ergibt nicht ohne weiteres schon einen Sinn« (Kobi 2004, 366). Vielmehr scheint sich zunehmend die Kunst durchzusetzen, aus völligem Unsinn angeblichen Sinn zu konstruieren.

Internationalität: Prestige statt Angemessenheit?

Zur erfolgreichen Einwerbung notwendiger Drittmittel bietet sich weiterhin an, internationale Vernetzung und Kooperation, sowie die Rezeption internationaler Forschungsergebnisse darzustellen. Hierzu werden neben der Auswertung von Forschungsergebnissen aus anderen Ländern insbesondere Förderprogramme, Trainings und theoretische Abhandlungen aus dem angloamerikanischen Sprachraum in deutsche Settings implementiert. In großer Zahl finden sich derlei Strategien in einschlägigen Veröffentlichungen. Was sich auf dem allgemeinen Buchmarkt aus merkantilen Gründen bewährt hat, zahlt sich seit einigen Jahren auch für Nachwuchswissenschaftler aus. Deutsche Verlage lehnen in Masse Manuskripte von deutschen (z. B. Krimi-) Autoren ab und beschränken sich auf die Übersetzung erfolgreicher US-amerikanischer Autoren. Das unternehmerische Risiko ist gering, die Übertragungsleistung auf europäische Verhältnisse – z. B. des Gerichtswesens in Grisham-Krimis – wird von den Verbrauchern geleistet. Ähnlich in der Wissenschaft: Man nehme ein Trainingsprogramm, eine Theorie oder ein Manual, importiere den Inhalt oder auch nur einen Begriff aus Übersee nach Europa und belasse die englische Bezeichnung, um die Herkunft – und damit augenscheinliche »Qualität« – zu markieren. Unabhängig davon, ob der Inhalt des Importgutes erfolgreich, sinnvoll, kultursensibel oder systemrelevant ist: Es lassen sich auf dem Weg zum wissenschaftlichen Renommee vielbeachtete Veröffentlichungen produzieren. So erschienen in der Sonderpädagogik in den letzten Jahren Forschungsberichte zu beispielsweise »Tootling«, »Time-out«, »Advance Organizer«, »Response-to-intervention«, »Classroom-Management« und »Reciprocal Teaching«. Dass dabei sogar begrifflich als »Positive Behavior Support« getarnte Konditionierungsinstrumentarien in die sonderpädagogische Trickkiste eingeführt wurden, fiel nicht negativ auf – und wurde deshalb auch nicht kritisch diskutiert. Selbst auf Kosten zentraler und konsensfähiger pädagogischer Bekenntnisse hinsichtlich der Erziehung zu Mündigkeit und Selbständigkeit können hier amerikanische Anleihen innerhalb der universitären Pädagogik prestigeträchtig umgesetzt werden.

Zeitmanagement: Lernfabrik statt Bildungsinstitution?

Neben dem Zwang zu massenhaften Publikationen, zur Einwerbung von Drittmitteln, zur Forschung in fachfremden Forschungsdesigns und zur Internationalisierung ist die ökonomisierte Universität gekennzeichnet durch die Abwertung von Zeit. Im Januar 2009 druckte die Frankfurter Allgemeine Zeitung (FAZ) eine ausführliche Stellungnahme des Universitätsprofessors Marius Reiser ab, der begründete, warum er seinen Lehrstuhl räume. Er kritisiert die Selbstauflösung der deutschen Universität durch Verwandlung in eine Lernfabrik. Reiser stellt dar, dass er sich ein Arbeiten innerhalb des deutschen Hochschulsystems, das durch den Bologna-Prozess zunehmend in die Ökonomisierung und in einen unangemessenen

Wettbewerb gezwungen wird, nicht mehr vorstellen kann. Christoph Küffer fordert in der Zeitschrift des Deutschen Hochschulverbandes eine »Slow Science« und stellt fest: »Es gibt kein Entkommen von dem Druck der Beschleunigung« (Küffer 2015, 532). Vorlesungen mit bis zu 600 Studierenden sind in der Pädagogik keine Seltenheit. Das Schreiben von Klausuren scheint zwingend; immer häufiger kommt es zu Multiple-Choice-Aufgaben. Pädagogische Kompetenz in Ankreuztests? Eher nicht – aber was soll man angesichts einer nicht zu bewältigenden Masse tun?! Einige Fragestellungen – etwa zur Persönlichkeit eines guten Lehrers/einer guten Lehrerin – sind interessant und wichtig, lassen sich aber leider nicht diskutieren. Sorry: Wir müssen auf die Zeit achten. Ein Nachdenken über grundsätzliche Fragen, Engagement für Diskussion und Lektüre oder regelmäßige Teilnahme an freiwilligen Veranstaltungen ist von derlei durchgeschleusten Studierenden nicht zu erwarten.

Studium: Fachwissen statt sozialer Kompetenzen?

Christiane Florin legt in ihrem Insider-Essay der Universität Bonn dar, wie in einer solchen Universität stromlinienförmige, diskussionsunlustige und ausschließlich prüfungsrelevant studierende Absolventen sozialisiert werden (Florin 2014). Der Präsident der Freien Universität Berlin, Dieter Lenzen, bezeichnet die Lehrerbildung in einem Interview mit der FAZ als »eines der finstersten Kapitel der Universitätsgeschichte« (FAZ vom 27.07.2006). Die Qualität der Koordinierung lehrerbildender Institute lässt an vielen Universitäten sehr zu wünschen übrig. Einzelne Fachwissenschaften scheinen sich nicht bewusst zu sein, dass Lehrerbildung zu ihren Aufgaben gehört. Bei der konkreten Suche nach »Pädagogik« im Studienverlauf von Lehramtsanwärtern drängt sich der Verdacht auf, dass erziehungswissenschaftliche Angebote zwischen Fachwissenschaft und Fachdidaktik ein kümmerliches Schattendasein zu fristen haben. Besonders deutlich zeigt sich diese Tendenz im Stundenplan der Studierenden für das Lehramt an Gymnasien. An einigen lehrerbildenden Universitäten müssen für das gymnasiale Lehramt von 270 zu erbringenden ECTS ganze sieben Punkte in der Pädagogik vorgewiesen werden. Wegen der überwiegenden Schwerpunktsetzung auf die fachwissenschaftlichen Inhalte – die sich in anderen Lehrämtern nicht bedeutend besser darstellt – bleibt nur sehr wenig Raum für die Vermittlung einer pädagogischen Grundhaltung, die für gute Pädagogen so wertvoll wäre. Die Prioritäten sind eindeutig (fehl-)gesetzt.

3 »Evidenzbasierte Pädagogik« als Lösungsstrategie in der Sonderpädagogik

Die Veränderungen innerhalb universitärer Pädagogik scheinen der kleinen Schwester zunächst Luft zu verschaffen und Lösungswege aus hausgemachten

Krisen zu weisen. Universitäre Sonderpädagogik steht seit jeher unter Legitimationsdruck. Bereits mit Einrichtung der ersten Lehrstühle für Sonderpädagogik wird über das Wesen der Heil- und Sonderpädagogik als Teil einer allgemeinen Pädagogik diskutiert, werden Förderorte und Bildungsgänge von Förderschullehrerinnen und -lehrern kritisiert und mischt sich Politik in die Gestaltung von Eingangsklassen, Gutachten und Fortbildungen ein. Einer der ersten Inhaber eines Lehrstuhls für Heilpädagogik in Europa, Heinrich Hanselmann, beklagt bereits im Rahmen seiner Antrittsvorlesung 1932 an der Universität Zürich die Engführung, »mit welcher [...] die kindliche Schul-Leistung zum ausschließlichen Maßstab der Persönlichkeit eines Kindes und auch seiner künftigen Lebenstüchtigkeit« erhoben wird. Hanselmann macht auf den »bedeutsamen Umstand aufmerksam, daß der Umfang des Begriffes Heilpädagogik demnach bisher ausschließlich bestimmt worden ist durch das Kriterium des Versagens in der Schule. Das kommt einer nicht zu rechtfertigenden Einengung desselben gleich« (Hanselmann 1932, 2 f.). Universitäre Heilpädagogik schien schon damals durch die Fokussierung einiger Fachvertreter und Außenstehender auf die reine Funktionsherstellung der Schülerinnen und Schüler bedroht. Der Einfluss eben dieser Fachvertreter und Kritiker auf die Ausgestaltung der Heil- und Sonderpädagogik hat sich durch die Herausforderung, angehende Lehrkräfte auf ein inklusives Schulsystem vorzubereiten, verstärkt. Neben den von Reiser (2009) beklagten Veränderungen an deutschen Universitäten ist die Wandlung zur verschulten Berufsausbildung nirgends deutlicher zu spüren als in der Lehrerbildung. Dort kumulieren drei maßgebliche Faktoren: Ausbildung für die Praxis statt Bildung, Ökonomisierung des wissenschaftlichen Betriebs und zu allem Überfluss: vollständiger Umbau des Abnehmersystems der ausgebildeten Absolventen in ein nunmehr inklusives Schulsystem. Allein mit letzterem ist eine tiefgreifende Spaltung der sonderpädagogischen Welt verbunden. Die beteiligten Fachleute an den Hochschulen scheinen sich in drei Schwerpunkt-Engagements zu organisieren, um die geforderten Anpassungsleistungen moderieren zu können.

Schwerpunkt I: Politik und Organisation: Eher politisch argumentierende Inklusionsbefürworter sehen – mindestens vorübergehend – ihre Aufgabe darin, den Umbauprozess zum inklusiven Schulsystem konstruktiv und engagiert zu begleiten und universitäre Prüfungsordnungen, Modulinhalte, Veranstaltungen und Fortbildungen in den Dienst der neuen Struktur zu stellen. Sie suchen für die Lehrerbildung pragmatische Inhalte, die bestmöglich auf das bevorstehende Aufgabenfeld vorbereiten und zugleich im ökonomisch organisierten Universitätssystem umsetzbar sind. Darüber hinaus engagieren sie sich in der politischen Diskussion.

Schwerpunkt II: Pragmatische Kompetenzen in der inklusiven Schule: Einige Fachkollegen sind ebenso an Diskurs über Inklusion und den sich ergebenden Forschungsfragen beteiligt. Sie suchen allerdings weniger organisatorische Lösungen als vielmehr Antworten auf Grundlage empirisch belastbarer Befunde. Die Fragen im Kontext Inklusion sind inhaltlich nicht durch die Politik zu beantworten, sondern erfordern fachliche Befunde. Aufgabe der Lehrerbildung ist nach Meinung der Kollegen die Beschreibung und Vermittlung neuer Kompetenzen für inklusive

Handlungsfelder. Hierzu gehören insbesondere die Nutzung evidenzbasierter Förderprogramme und der Erwerb spezifischer diagnostischer und didaktischer Kompetenzen.

Schwerpunkt III: Pädagogik als Grundhaltung in der inklusiven Schule: Die Fachkollegen beforschen und vertreten in erster Linie die Förderung einer pädagogischen Grundhaltung seitens der Lehramtskandidaten. Gegenstand heilpädagogischer Bildung war von jeher die Entfaltung der Persönlichkeit im Lehrerberuf. Geschichtlich betrachtet kamen erst durch das Engagement der Heilpädagoginnen und Heilpädagogen grundlegende pädagogisch-erzieherische Zielsetzungen und Leitlinien in die Schule. Das Primat der Erziehung muss allerdings in der Schule nicht genuin von didaktischen, diagnostischen und methodischen Kompetenzen abgegrenzt werden. Gesetzt bleibt allerdings der in erster Linie pädagogische Charakter schulischer Fördermaßnahmen. Hier sind Klärungen hinsichtlich lerntherapeutischer, psychologischer und medizinischer Einflüsse vonnöten.

Zwischen den Vertretern dieser pädagogischen Grundhaltung und denjenigen der didaktisch-methodischen Kompetenzen (Schwerpunkt II) entwickeln sich auf Tagungen und in Veröffentlichungsorganen zunehmend z. T. heftige Diskurse. Unter dem Druck der drängenden Fragen im Zusammenhang mit Inklusion werden Grundbausteine pädagogischen Denkens und Lehrens als irrelevant und nicht mehr zeitgemäß abgelehnt. Anstelle der Pädagogik ist unversehens die »Evidenzbasierte Pädagogik« getreten – sie forscht nach dem Motto »what really works« und ist dem Anschein nach auf die konkreten Anforderungsprofile der Handlungsfelder ausgerichtet. Das Muster konkreter Tätigkeitsfelder findet sich auch in der veränderten Schulausbildung wieder. Nachdem mittelständische Unternehmen gemeinsam mit einzelnen Schulen Internet-Plattformen zum Austausch über angestrebte und notwendige Kompetenzbereiche unterhalten, rückt auch die Institution Schule zugunsten handlungsorientierten Wissens von allgemeinbildenden Inhalten ab. Die Zukunft wird zeigen, ob Hermann Giesecke mit seiner Prophezeiung Recht behält, wenn er schreibt, dass »alle Versuche, den Arbeitskräftebedarf [...] ohne den Umweg über eine möglichst breite Allgemeinbildung zu qualifizieren«, scheitern werden, »weil gerade die Erfindung der Allgemeinbildung die Lücke zwischen gegenwärtiger Schulbildung und künftigem, heute noch weitgehend unbekanntem beruflichen Anforderungsprofil zu überbrücken vermag« (Giesecke 2009, 131). Gleiches gilt für die Lehrerbildung: Der Ruf nach mehr Praxisbezug, Praxisrelevanz – und jüngst nach Konzepten, die sich als effektiv erwiesen haben – ist der Ruf nach Qualifikation ohne breite allgemeine pädagogische Bildung. Ob eine solche Schmalspurausbildung Lehrkräfte über die ersten Berufsjahre hinaus zu tragen vermag, scheint fragwürdig.

Forschung: Messdiener sticht Hermeneutiker?

Schwerpunkt I und II kooperieren und streiten gleichermaßen unter dem Dach Evidenzbasierter Pädagogik. Als gemeinsames Credo kann das zweite Missverständnis formuliert werden: Praxis verbessert Lehrerbildung: »What really works« bezieht sich auf den konkreten Output in beschreibbaren experimentellen Studien. Der »evidenzbasierte« Forschungsbegriff verspricht sowohl der Politik als auch den Praktikern Antworten auf drängende Fragen. Die verschiedenen Qualitätsstufen der Evidenz und die Schritte zur Realisierung evidenzbasierter Praxis sind getreu dem Motto »es ist zwar schon alles gesagt – nur noch nicht von jedem« mannigfaltig dargelegt worden. Zur Förderung empirischer Veröffentlichungen wurden neue Zeitschriften gegründet und Kooperationen ins Leben gerufen. Zudem scheinen auch Verlage, deren Hauptgeschäft früher u. a. im Vertrieb von Lexika lag, zur wichtigen Adresse für Bildungsforschung aufgestiegen zu sein. Ihre Auftragsforschungen finden weite Beachtung. Studien, Statistiken und deren Deutung werden publikumswirksam von selbsternannten Wissenschaftsabteilungen vermarktet. Internationale Tagungen beleben das Importgeschäft neuer Ideen, Forschungsfragen und Begrifflichkeiten. Es werden nun u. a. Fragen zu strukturierter Verhaltensveränderung, Fragen zur standardisierten Prävention, Fragen zur Aufmerksamkeitsförderung und Fragen zu verschiedenen Unterrichtsformen und Klassenraumgestaltungen z. T. reformuliert und empirisch beforscht. Das Bemühen um unabhängige und belastbare Daten – gerade im Zusammenhang mit pädagogischen Fragestellungen – ist unbestritten berechtigt. Hierzu sind auch neue Formen zu erproben, wie empirische Forschungsmethoden niederschwellig und nachvollziehbar an Lehramtsstudierende vermittelt werden können (vgl. Koch/Ellinger 2015). Das Anliegen, nicht Meinungen oder Ideologien, sondern gesicherte Erkenntnisse sprechen zu lassen, ist unbedingt unterstützenswert.

Allerdings darf im Eifer des Gefechts ein Grundsatz der Wissenschaftstheorie nicht vergessen werden: Der Erkenntnisgegenstand muss immer die Erkenntnismethode bestimmen. Durch methodisch einwandfreie Datenerhebung und strenge Datenanalyse garantiert ein Forschungsdesign noch nicht, gegenstandsangemessene Erkenntnisse zu liefern. Jede Forschung wird entscheidend durch die Formulierung der Fragestellung und – nicht weniger entscheidend – durch die kundige Interpretation der Ergebnisse geprägt. Empirische Daten können nicht für sich sprechen. Sie kommen ebenso wenig ohne fachkundige Interpretation aus, wie hermeneutische Forschung – also das Lesen und Verstehen von Texten. Diese Wahrheit wird allzu häufig auf dem Altar beeindruckender Wirksamkeitsforschung geopfert. Es findet in Forschungsprozessen mitunter eine quantitative Plakativität Zuspruch, die Friedrich Nietzsche bereits 1882 wie folgt beschreibt: »Und so wie sichtlich alle Formen an dieser Hast der Arbeitenden zugrundegehn, so geht auch das Gefühl für die Form selber, das Ohr und Auge für die Melodie der Bewegung zugrunde. Der Beweis dafür liegt in der jetzt überall geforderten *plumpen Deutlichkeit*, in allen den Lagen, wo der Mensch einmal redlich mit Menschen sein will, […]« (Nietzsche 1952, 190).

Fachvertreter: Praktiker statt Gelehrte?

Für die Besetzung von Lehrstühlen und universitären Mitarbeiterstellen scheint sich aus der geschilderten Schräglage die logische Konsequenz zu ergeben, dass neben den erwähnten Drittmitteln weniger pädagogische Bildung als vielmehr praktischhandwerkliche Kompetenzen im Sinne empirischer Forschungserfahrung oder langjähriger Lehrertätigkeit in der Schule entscheidend sind. So ist nicht verwunderlich, dass Sonderpädagogik-Lehrstühle zunehmend z. B. von Psychologen besetzt werden. Es ist mittlerweile keine Seltenheit mehr, dass sich Inhaber von Pädagogikprofessuren in Promotionsprüfungen, Podiumsdiskussionen oder Anhörungen mit den Worten outen »Ich bin zwar kein Pädagoge im Vollsinne, aber …«. Als Qualifikationsmerkmal für die Besetzung einschlägiger Stellen wird umfassende pädagogische Bildung nur noch in Ausnahmefällen als notwendig und ausreichend angesehen. Da die Lehrerbildung zunehmend den Nimbus der Bildung verliert und zum Ausbildungsberuf für praktische Lerntherapie und -begleitung zu mutieren scheint, überzeugen in den Berufungskommissionen und Bewerbungsverfahren oft klein geschnittene und sehr spezielle Forschungserfahrung und berufliche Spezialisierungen mehr als der Nachweis, ein Fachmann in der Disziplin Pädagogik zu sein. So rufen auch hoffnungslos veraltete oder unvollständige Literaturlisten der einschlägigen Pädagogik-Lehrwerke sogar in Akkreditierungsunterlagen längst schon keine Skepsis mehr hervor. Die Fachvertreter können schließlich angeblich nicht Fachmann für die Breite des Faches sein. Die Vergabe von Fördermitteln, die aufgrund prekärer Bedingungen an den Universitäten für die Produktion forschungsrelevanter Logistik und die Anbahnung von Veröffentlichungen unbedingt notwendig sind, schließen durch evidenzbezogene Kriterien bestimmte Fragestellungen und »unpassende« Methoden aus. Im Land der Dichter und Denker ist eine zentrale Universitätsdisziplin im Begriff, seinen sozial- und erziehungswissenschaftlichen Charakter zu verlieren. Johann F. Herbarts Mahnung aus dem Jahr 1806 scheint nach wie vor aktuell: »Es dürfte wohl besser sein, wenn die Pädagogik sich so genau als möglich auf ihre einheimischen Begriffe besinnen, und ein selbständiges Denken mehr kultivieren möchte, wodurch sie zum Mittelpunkt eines Forschungskreises würde, und nicht mehr Gefahr liefe, als entfernte eroberte Provinz von einem Fremden aus regiert zu werden« (Herbart 1965, 34).

Studium: Lerntherapeutenstatus statt pädagogische Grundhaltung?

Das Lehramtsstudium der Sonderpädagogik wird in den verschiedenen Bundesländern in unterschiedlicher Form angeboten. »Reine« sonderpädagogische Fachrichtungen zählen zu einer aussterbenden Spezies, Fachrichtungskombinationen in Verbindung mit dem Begriff »Inklusion« weisen auf veränderte Handlungsfelder der Absolventen im schulischen Kontext hin. Eine Gruppe universitärer Sonderpädagogen vertritt zudem die Auffassung, dass jegliche Bezeichnung eines sonderpädagogischen Förderbedarfs an sich schon unzulässig sei. Mit dem Wegfall sämtlicher Kategorisierung verlöre universitäre Sonderpädagogik allerdings endgültig ihre Existenzberechtigung. Da die tatsächlichen Aufgaben der »früheren Sonderschullehrerinnen und Sonderschullehrer« von Bundesland zu Bundesland unterschiedlich geplant sind, und da ein Ende des Veränderungsprozesses noch nicht abzusehen ist, wird eine Vielfalt denkbarer Praxis-Szenarien als Grundlage für die Gestaltung des Studiums angenommen. Die sonderpädagogische Lehrkraft wird sich im Rahmen schulischen Alltags möglicherweise um einzelne Kinder oder kleine Gruppen kümmern, hat Beratungsaufgaben an Kollegen aus der Regelschule, leitet Intensivgruppen für Kinder mit Teilleistungsstörungen oder ist vorrangig in Kooperation mit einer Regelschullehrkraft für eine Klasse zuständig. Jedes dieser Szenarien scheint eine praktische Ausbildung zu rechtfertigen, die weniger auf pädagogische Grundhaltung als vielmehr auf messbare Kompetenzen ausgelegt ist. So muss eine mobile sonderpädagogische Kraft konkret fördern können, über diagnostische Kompetenzen verfügen und lerntherapeutisch tätig sein. Für die Beratungsaufgaben reicht es dem Vernehmen nach aus, die eben genannten Kompetenzen treffend und praktikabel vermitteln zu können oder über Möglichkeiten zu informieren, wie die überforderte Lehrkraft »vom problematischen Kind befreit werden« kann. Pädagogische Beratung im Sinne einer Lernhilfe/einer längerfristigen Entwicklungshilfe für die Kollegin bzw. den Kollegen im Umgang mit schwierigen Kindern wird weder mitgedacht, noch in der Praxis gewünscht. Auch das Team-Teaching findet universitär weniger in Fragen der professionellen Einstellung, Kooperationskompetenz, Kommunikationsfähigkeit etc. Niederschlag als vielmehr in Tipps zu organisatorischen Aspekten hinsichtlich z. B. der Strukturierung des Klassenraums und der Absprache von Lehrinhalten zwischen den Lehrkräften. Unbestritten ist jedoch insbesondere im Zusammenhang mit Team-Teaching die professionelle Einstellung und Haltung entscheidend. Ohne sie ist Team-Teaching für Kinder mit Lern- und Verhaltensstörungen sogar kontraindiziert.

Die Studiensituation an den Universitäten trägt Weiteres zur Ingenieurisierung in pädagogischen Arbeitsbereichen bei. Überfüllte Veranstaltungen mit notwendigerweise unangemessenen Prüfungsformen verstärken den Eindruck, dass es im Studium um die Vermittlung eines Handwerks und nicht um eine zu erwerbende Haltung geht. Kooperation, Reflexionsbereitschaft und Zeit für Kommunikation werden von den Dozenten nicht zwingend vorgelebt und mit den Studierenden nicht eingeübt. Allerdings hat Hermann Giesecke vermutlich recht, wenn er beklagt, dass durch die Bildungsökonomisierung nicht etwa »ein hehres pädagogisches Ziel« verjagt worden sei. Er ist der Meinung, dass es schon vor Bologna bedauerlicherweise nichts dergleichen mehr zu vertreiben gab (Giesecke 2009, 134).

Nachqualifizierung: Schritt-für-Schritt-Anleitung statt feinfühligem Unterrichten?

Der Begriff einer Evidenzbasierten Pädagogik ist auch zum Kernbegriff vieler Qualifizierungsbemühungen im Zuge der Umstrukturierung zum sogenannten inklusiven Schulsystem geworden. Vorläufiger Höhepunkt dieses Umstrukturierungsprozesses ist in einigen Bundesländern die Gewohnheit, Grund-, Real- und Gymnasiallehrer, die in ihrer Schulform keine Anstellung bekommen konnten, zur Linderung des Personalnotstandes in Brennpunktschulen oder Förderzentren einzusetzen. In den unterschiedlichen Bundesländern werden verschiedene Qualifizierungskonzepte umgesetzt. So können Absolventen anderer Schulformen sonderpädagogische »Erweiterungen« nachstudieren, werden aktive Lehrkräfte in regionalen berufsbegleitenden Lehrgängen mit sonderpädagogischem Handwerkszeug ausgestattet oder können sich zukünftige Lehrkräfte im Laufe ihres Regelschulstudiums in unterschiedlichem Umfang mit »Grundlagen der Sonderpädagogik« vertraut machen. Dass es umfassende Grundbildung in einem so spezialisierten Fach nicht geben kann und dass die resultierenden »Sonderpädagogik light«-Versionen nur in Ausnahmefällen zu professioneller Handlungskompetenz führen, leuchtet im Vergleich etwa zu anderen Disziplinen sofort ein. Niemand käme auf die Idee, einer Medizin-Propädeutik in irgendeinem Studienfach berufsqualifizierende Bedeutung zuzuschreiben. In der Sonderpädagogik stehen dann Diagnostik, evaluierte Förderprogramme, effektive Trainings und organisatorische Hilfen auf der Agenda, selten aber pädagogische Theorie und Erziehungslehre. Eine notwendige sonderpädagogische Nachqualifizierung sollte unbedingt zur Fähigkeit führen, feinfühlig zu unterrichten. Zu befürchten ist allerdings, dass es sich vielerorts eher um Trainings und die Vermittlung von Schritt-für-Schritt-Anleitungen handelt, um »solche« Schüler »in den Griff« zu bekommen. Ein Curriculum zur sonderpädagogischen Nachqualifizierung verfehlt seinen Zweck, wenn es in erster Linie didaktisch aufbereitete Maßnahmen und Vorschläge beinhaltet, denen man als Lehrerin und Lehrer nur zu folgen braucht.

Die fragwürdigen Qualifizierungswege im Fachbereich Sonderpädagogik haben unter den Studierenden und auch unter examinierten Fachleuten in den vergangenen Jahren zu einem kritischen Selbstkonzept geführt. Immer häufiger wird in Zusammenhang etwa mit pädagogischen Fallbesprechungen und spezifischen Erziehungsbedarfen auf die eigene mangelnde Handlungskompetenz verwiesen. So fühlen sich sonderpädagogische Fachkräfte durch berufliche Herausforderungen immer häufiger überfordert und schlagen in konkreten Situationen vor, »jemanden zu fragen, der etwas davon versteht«. Verwiesen wird dann auf Nachbardisziplinen wie die Medizin, Psychiatrie oder Psychologie, denen offensichtlich zunehmend mehr Kompetenz zugesprochen wird als der eigenen Fachdisziplin. Nota bene: Es geht um Kompetenz im ureigenen – pädagogischen – Handlungsfeld!

Schülergruppe: Reparatur- statt Erziehungsbedarf?

Wichtiges Glied in der Argumentationskette Evidenzbasierter Pädagogik ist die Beschreibung der »Kinder mit sonderpädagogischem Förderbedarf«. Nicht nur in der öffentlichen Darstellung von Inklusion und ihrer Zielgruppe in den Medien wird die Dominanz vereinfachter Sichtweisen deutlich. Hier werden Kinder mit Trisomie 21 sowie Kinder mit einer Sehbehinderung oder Schülerinnen und Schüler im Rollstuhl in inklusiven Settings an Regelschulen werbewirksam abgebildet. Keine einzige Abbildung, kein Werbeplakat und kein Buchtitel zum Thema Inklusion zeigt traumatisierte, verhaltensgestörte oder lernbeeinträchtigte Kinder. Auch in den Grundannahmen einer großen Gruppe sonderpädagogischer Fachvertreter scheint nicht klar zu sein, wer den größten Teil der zu inkludierenden Förderschüler ausmacht. Es handelt sich dabei nach WHO/DIMDI nicht um Kinder mit »Impairment« oder mangelnder »Activity«, die per ICD-11 oder DSM-V zu diagnostizieren und entsprechend durch »effektive« Förderprogramme zu fördern wären. Dementsprechend können auch diagnostische Tests und Wirksamkeitsstudien mit Fördermaterialien und Trainings die Entwicklung geeigneter Hilfsmittel nicht fördern.

Von den zukünftig zu integrierenden Sonderschülerinnen und Sonderschülern sind über 40 % dem Förderschwerpunkt Lernen zuzuordnen, mehr als 20 % entfallen auf den Bereich emotionale und soziale Entwicklung und knapp 15 % auf den Förderschwerpunkt Sprache. Der größte Anteil der Sonderschüler in den Förderschwerpunkten Lernen, emotionale und soziale Entwicklung und Sprache stammt aus sozial benachteiligenden Lebensumständen. Diese Kinder stellen eine heterogene Gruppe in unterschiedlichen Lebenskontexten dar. Grundsätzlich werden Kinder aus armen Familien, Kinder mit Migrationshintergrund und aus Flüchtlingsfamilien, Kinder aus Risikofamilien und traumatisierte Kinder als sozial benachteiligt bezeichnet (ausführlich bei Ellinger 2013a). Sie weisen primär keine körperlichen Beeinträchtigungen auf und werden vom deutschen Schulsystem bisher in keiner spezifischen eigenen Schule aufgenommen, sondern kommen in verschiedenen Institutionen unter bzw. scheitern dort. Kinder aus armen Familien befinden sich häufig in einem Teufelskreis und reproduzieren ihre Lebensverhältnisse. Dabei spielen individuell unterschiedliche Faktoren eine entscheidende Rolle: Zum einen ist das Familieneinkommen sehr gering und führt objektiv zu Geldmangel. Notwendige Anschaffungen sind nur eingeschränkt möglich. Dazu gehören neben Kleidung und Nahrungsmitteln auch Bildungs- und Kulturgüter. Thomas Müller (2013) beschreibt die Gefahr »innerer Armut«. Diese zeigt sich darin, dass der Aufbau eines inneren Reichtums in Form immaterieller Werte durch das existenzielle Streben nach materiellen Werten zunehmend schwer erreichbar scheint. Durch Nebenjobs der Eltern wird häusliche Unterstützung in schulischen Dingen schwierig. Hin zu kommt eine weitere Gruppe: Kinder mit Migrationshintergrund erreichen in Deutschland zu über 11 % keinen allgemeinbildenden Schulabschluss und schließen zu 40 % keine Berufsausbildung ab.

Der Anteil an Risikofamilien nimmt in Deutschland zu. Darunter sind Familien zu verstehen, die z. T. eine Kumulation spezifischer Probleme aufweisen, z. B. schwere und chronische Krankheit eines Mitglieds der Familie, Verlust eines Elternteils durch Tod oder Trennung, Ein-Eltern-Familien, Arbeitslosigkeit, Armut, hohe finanzielle Schulden, sozial randständige und problematische Wohngegend, hohe Kinderzahl, sehr junge Eltern und/oder niedriger Bildungsstand, Migrationshintergrund, Gewalt und Süchte in der Familie, psychische Erkrankung der Eltern. Das Aufwachsen in einer Risikofamilie hat für Kinder nicht zwangsläufig Entwicklungsstörungen zur Folge. Forschungsbefunde zeigen allerdings, dass Kinder aus solchen Familien ein hohes Risiko tragen, in der Schule Schwierigkeiten zu entwickeln und unter Lernbeeinträchtigungen zu leiden. Zu Beginn der Schulzeit sind häufig Hinweise erkennbar. Es handelt sich dabei z. B. um mangelnde Aufmerksamkeit, um auffallende Ruhelosigkeit, erlernte Hilflosigkeit mit Antriebslosigkeit, ausgeprägte Misserfolgsmotivation, Ängstlichkeit und mangelndes Selbstbewusstsein, eingeschränktes sprachliches Ausdrucksvermögen, Distanzlosigkeit oder auffallendes In-sich-gekehrt-sein.

Risikokinder bedürfen neben der Förderung ihres Lernvermögens in der Schuleingangsphase vorrangig pädagogischer Hilfen. Eine zunehmend große Gruppe von Kindern ist durch Flucht und Vertreibung, häusliche Gewalt oder dauernde Verwahrlosung überdies von Traumatisierung betroffen. Sie befinden sich in einem Zustand des Dauerstresses, der sich in verschiedenen konkreten Körperreaktionen niederschlägt, die dann schulisches Lernen erheblich erschweren. Betroffene Kinder sind neben therapeutischer Betreuung dringend auf pädagogische Hilfe der Lehrpersonen angewiesen.

Sozial benachteiligende Lebenssituationen beeinträchtigen Kinder und Jugendliche in sehr unterschiedlicher Weise. Die Betroffenen sind nicht körperlich oder geistig behindert und sind auch nicht über eine irgendwie geartete Minderleistung zu definieren oder zu diagnostizieren. Sie sind durch ein bildungsfernes Elternhaus, durch mangelnde kulturelle und finanzielle Ressourcen, durch beschreibbare familiäre Risikofaktoren und/oder durch traumatisierende Erlebnisse an der Entfaltung ihrer Begabungen gehindert. Daher scheint die Frage berechtigt, welchen wesentlichen Beitrag Evidenzbasierte Pädagogik zur Entwicklung notwendiger Hilfen für diese Gruppe leisten kann. Empirische Projekte verweisen in diesem Problemfeld überwiegend auf unwesentliche Zusammenhänge oder auf eine Minderheit an betroffenen Kindern und Jugendlichen. Häufig handelt es sich um Lernförderungen mit kleinen Schülergruppen, die eine personverankerte Entwicklungsverzögerung aufweisen und sich aus diesem Grund für ein gesondertes Training eignen. Die viel häufigeren multifaktoriellen Problemlagen der sozial benachteiligten Kinder bleiben unberührt. Erzieherische Grundhaltung, wirkliches Verstehen und Umgangssicherheit ereignen sich anders. Auch im Förderschwerpunkt emotionale und soziale Entwicklung stellt Erziehung – und nicht Lernförderung – die Kernaufgabe der Pädagogen dar (Müller/Stein 2015, 217). Insbesondere müssen solche Forschungsprojekte als schädlich angesehen werden, die persönliche Zuwendung und soziale Verstärker als Erziehungsmittel einsetzen und evaluieren. Hier werden Wunden, die durch Deprivation und prekäre Umstände geschlagen wurden, für Maßnahmen genutzt, die eher zur Dressur denn zur Selbständigkeit führen.

Fachexpertise: Form statt Inhalt?

Form und Inhalt sind als ambivalentes Gegensatzpaar im Alltag strukturgebend. Viele mikrosoziologische und makrosoziologische Zusammenhänge sind nur durch ein angemessenes Zusammenspiel zu gewährleisten. Formen stützen, strukturieren, garantieren und verankern schulische und hochschulische Angebote und Bildungsinstitutionen. Institutionelle und verwaltungstechnische Formen stellen vielerorts den notwendigen Rahmen für inhaltliche Arbeit. Dabei können äußerlich-materielle Formen, wie z. B. die Notwendigkeit von Drittmitteleinwerbungen auch als Tarnung für Entwicklungen und Ziele dienen, die nicht offen zur Sprache kommen sollen. Im zwischenmenschlichen Miteinander transportieren

Formen häufig Sinn und müssen gepflegt werden. Mikrosoziologisch betrachtet darf Form als Selbstzweck nicht geduldet werden, sonst richtet sie Schaden an, weil auf Dauer kein Inhalt mehr erwartet wird.

In Bezug auf unser Thema können folgende Formen unterschieden werden:

1. Äußerlich-materielle Formen: Drittmittelvolumen, hochrangige Veröffentlichungen, Forschungsberichte, beschäftigende Universität;
2. Formelle Reglements: Position, Funktion, formaler Bildungsabschluss, akademische Titel, Ehrenämter, Zugehörigkeit zu einer Society/Forschergruppe;
3. Formale Handlungsformen: Vorlesung, Seminar, Prüfung, Unterricht, Sprechstunde,
4. Konferenzen, Forschungsprojekte, Förderung, Beratung;
5. Informelle Verhaltensformen: Vernetzung, persönliche Absprachen, Verändern formaler Handlungsformen, Bildung von Ingroups.

Das sinnvolle Zusammenspiel von Form und Inhalt ist allerdings immer wieder partiellen Veränderungen unterworfen. Eine dieser Veränderungen besteht aus der Ablösung eines Inhaltes von seiner Form. Es entstehen sowohl losgelöste Inhalte, die neue (Ausdrucks-)Formen suchen und Raum für spontane Handlungsformen bieten, als auch hohle Formen, die im wahrsten Sinne des Wortes nur noch formal bestehen oder unzureichend gefüllt sind und allenfalls noch auf gesellschaftlicher Ebene Sinn ergeben, aber in der konkret-fachbezogenen Umgebung sogar regelrecht falsche Signale senden. Von außen betrachtet ist einer hohlen Form nicht sofort anzusehen, dass sie keinen oder nur begrenzten Inhalt transportiert. Sie scheint noch ihre Funktion zu erfüllen und täuscht so über den Umstand hinweg, dass irgendwo ein Inhalt ohne Form übrig geblieben sein muss und möglicherweise verloren gehen könnte. Werden allerdings hohle Formen enttarnt und nicht angeprangert, sondern »gesellschaftsfähig« geduldet, geht damit ein immenser Vertrauensverlust einher. Wenn wir wissen, dass es in einem bestimmten Gesellschaftsausschnitt, z. B. der Universität, »sowieso nur um die Form geht«, wird dort kaum mehr Inhalt erwartet werden. Die Fachexpertise wird dann nicht mehr von den Pädagogen repräsentiert, sondern vorübergehend bei anderen Institutionen und Fachdisziplinen gesucht.

4 Ziel moderner Lehrerbildung muss eine Pädagogische Grundhaltung sein

Sozial benachteiligte Kinder und Jugendliche können hinsichtlich ihres Schulversagens weder durch eine starke Fokussierung auf Didaktik, noch durch individuelle Förderprogramme oder standardisierte Präventionsprogramme allein angemessen gefördert werden. Bereits 1831 wies Herbart darauf hin, dass Kindern und Jugendlichen in der Schule ggf. Nacherziehung zuteil werden müsse, wenn die Elternhäuser diese nicht in ausreichendem Maße unterstützen konnten. Der überwiegende Teil aller schulversagenden Kinder und Jugendlichen stammt aus problematischen Herkunftsfamilien und prekären Lebenssituationen. Oliver Hechler argumentiert zurecht, dass es weder sinnvoll ist, Kleinkinder aus solchen Familien im Kindergarten präventiv mit ausgefeilten kognitiven Trainings zu traktieren, noch Schulkinder mit Förderprogrammen für isolierte kognitive, soziale und emotionale Defizite unterstützen zu wollen (Hechler 2014, 29 f.). Schule und Unterricht sind Beziehungsräume und nicht Lernfabriken – und aus diesem Grund muss kognitiv, affektiv und sozial gelernt werden. Voraussetzung dafür ist das, was Hechler folgerichtig »feinfühliges Unterrichten« nennt. Pädagogik als Wissenschaft und Erziehung als deren professionelle Praxis müssen sich der Aufgabe stellen, wesentliche Elemente menschlicher Wertschätzung, menschlichen Vertrauens, menschlicher Kommunikation und emotionaler Sicherheit in der Schule zu ermöglichen. Greifen wir noch einmal die Ausführungen zu Form und Inhalt auf, ließe sich das Dilemma der Auflösung im Blick auf die professionelle Praxis beispielhaft wie folgt formulieren: Wenn sozial benachteiligte Kinder standardisiert mit Prävention, Konzepten, evaluierten Förderprogrammen und hocheffektiven Fördereinheiten günstig »versorgt« werden, ist die »formale Handlungsform« bestmöglicher Förderung erfüllt, weil aber Beziehungsarbeit und emotionale Entwicklungshilfe auf der Strecke bleiben, fehlt der wesentliche »Inhalt«.

Guter Lehrer/schlechter Lehrer

Wer oder was muss also ein Lehrer/eine Lehrerin sein, wissen oder können, um ein guter Lehrer/eine gute Lehrerin zu sein? Wenn sich Theodor W. Adorno nach dem zweiten Weltkrieg mit »Tabus über dem Lehrberuf« befasst, tut er das, indem er als sorgfältiger Alltagsbeobachter »Abneigungen gegen den Lehrberuf« darstellt: »Erlauben sie mir, daß ich einige triviale Belege dafür gebe. Liest man etwa Heiratsannoncen in den Zeitungen – das ist recht lehrreich – , so betonen die Inserenten, wofern sie Lehrer oder Lehrerinnen sind, sie seien keine Lehrertypen, keine Schulmeister« (Adorno 1971, 71). Bis heute gilt die Feststellung »Du bist lehrerhaft« nicht als Kompliment – ganz anders als etwa »Du trittst auf wie ein Arzt« oder »Du hast 'was von einem Pfarrer«. Das Bemühen, »gute Lehrer« und »schlechte Lehrer« nicht nur treffend zu beschreiben, sondern die Erkenntnisse im Blick auf Lehrerbildung fruchtbar zu machen, reicht viele Jahrhunderte zurück. Die professionstheoretischen Grundlagen hat Oliver Hechler ausführlich und treffend dargestellt (Hechler 2016). Im 20. Jahrhundert veröffentlichte der Erziehungswissenschaftler Christian Caselmann (1953) die Ergebnisse seiner Studien zur Typologie von Lehrerpersönlichkeiten. Er unterscheidet den »logo-tropen« vom »paido-tropen« Lehrer. Während der Erstgenannte (logos = griech. Wort, Sinn, Vernunft, Wissen) ein Lehrer ist, der auf Inhalte, Fachwissen und Methodik ausgerichtet und fixiert ist, wird der eher »paido-trope« Lehrer als menschenzugewandt und für die Kinder und Jugend interessiert beschrieben. Solche Typologien alleine helfen in der Frage nach dem »guten« und »schlechten« Lehrer nicht wesentlich weiter. Weitere Hinweise gibt der Blick auf andere Disziplinen. Die Qualität beispielsweise eines Arztes als Mediziner wird nicht in erster Linie an seiner Freundlichkeit und Menschlichkeit bemessen – so erfreulich sie sein mögen. Vielmehr sind in erster Linie die Belastbarkeit seiner Diagnostik und die Effektivität seiner Therapie entscheidend. Der gute Arzt soll heilen und Gesundheitsprobleme beheben helfen. Parallel argumentiert lässt sich im Blick auf den Lehrer folgende Erkenntnis formulieren: Hier entscheiden nicht die Effekte seiner Lehrmethoden im Sinne trivialer Verhaltensänderungen und positiver kognitiver Lernkurven – so erfreulich sie sein mögen –, sondern hier sind in erster Linie individuelle Entwicklungsförderung, Präsenz und Akzeptanz entscheidend. Der gute Lehrer hilft, Angst zu überwinden und Selbstvertrauen aufzubauen, er hilft aus der Unselbstständigkeit und der Hilflosigkeit heraus, hin zur Selbstständigkeit und damit zur Mündigkeit seines Edukanten. Dies ist Ziel und Zweck der Erziehung – insbesondere der Erziehung in besonderen Lebenslagen, wie sie bei sonderpädagogischen Fragestellungen vorliegen. Der »gute« Lehrer ist am einzelnen Schüler interessiert und erfüllt auf diese Weise mittelfristig die vorgesehenen Bildungs- und Erziehungsaufgaben der Schule. Wie der Arzt für eine zutreffende Diagnose zu sorgen hat, sorgt ein guter Lehrer für das, was Otto Friedrich Bollnow das »pädagogische Betriebsklima« nennt. So lange allerdings das »Schülermaterial« zu einem Ziel hin trainiert, geformt und modelliert werden soll, verkennt der Lehrer »den eigentlichen Kern der Erziehung, der darauf beruht, dass hier ein freies Wesen einem anderen freien Wesen fordernd entgegentritt« (Bollnow 1959, 114).

Schülererinnerungen

1999 veröffentlichte Lawrence M. Aleamoni einen Beitrag zur Glaubwürdigkeit von Schülerurteilen über Unterrichtsqualität und Lehrerfähigkeiten. Das Ergebnis seiner Analyse zahlreicher Untersuchungen weist auf hohe Reliabilität und Validität der Beurteilungen durch Schülerinnen und Schüler hin. Sie sind offenbar hinsichtlich ihrer Erinnerungen und Einschätzungen glaubwürdige Beobachter. Die Arbeitsgruppe um Kurt Czerwenka wertete mehr als 1.200 deutsche Schüleraufsätze zum Erleben ihrer Lehrer aus (Czerwenka et al. 1990), Richard Bessoth befragte 5.000 Schülerinnen und Schüler standardisiert zu zehn verschiedenen Unterrichtsaspekten, die in Mehrzahl das Lehrerverhalten fokussierten (Bessoth 1994), Gerd E. Stolz befragte 322 Studierende am erziehungswissenschaftlichen Seminar der Universität Freiburg. Die Befragten wurden gebeten, sich für einige Minuten in ihre Schulzeit zurückzuversetzen und sich an den Lehrer/die Lehrerin zu erinnern, den/die sie für ihren schlechtesten/ihre schlechteste hielten. Die Datenanalyse führte zur Formulierung von sechs Kategorien (Stolz 1997). In einer eigenen Untersuchung wurden an der Universität Würzburg 460 Studierende der Sonderpädagogik befragt, welche Erinnerungen sie an die Lehrkräfte ihrer Schulzeit hatten. Aus den Narrativen konnten acht Kategorien formuliert werden, die »gute« von »schlechten« Lehrer/innen in der Erinnerung der Schülerinnen und Schüler abbilden. Das Interesse an Untersuchungen zum Erleben von Lehrerverhalten durch Schülerbefragung hält sich seit Jahren konstant (Keilhacker 1932; Fischer 1954; Peinther 1966; Gerstenmeier 1975; Ditton 2002; von Carlsburg/Heyder 2005).

Guter Unterricht und gute Lehrkraft

Aus den Befragungen der Schülerschaft, den Auswertungen von Studien zu effektivem Unterricht und den vorliegenden phänomenologischen Ableitungen lassen sich Merkmale eines positiven Unterrichtsklimas sowie professionelle Verhaltensweisen und Einstellungen von Lehrkräften zusammenfassen (vgl. u. a. Ellinger 2013a; Wember 2011; Helmke 2010; Koch 2005; von Carlsburg/Heyder 2005; Prange 1998; Aye et al. 1991; Loch 1991; Herbart 1964; Caselmann 1953):

Guter Unterricht ...

- geschieht in einem unterstützenden Lernklima und in einer geeigneten Lernumgebung;
- ist hinsichtlich der Lernzeit, der Lernmedien und der Lehrpläne gut strukturiert;
- fördert konsequent aufgabenorientiertes Lernverhalten;
- findet im Rahmen eines sinnstiftenden Dialogs statt;
- ist getragen durch vielfältiges Üben und Anwenden;
- unterstützt gezielt Phasen des eigenständigen Lernens;
- enthält direkte Unterweisungsphasen für Lernstrategien;
- fördert kooperatives Lernen;
- enthält differenzierte, transparente und angemessene Formen der Leistungsmessung und Leistungsbeurteilung;
- beinhaltet zu jeder Zeit eine klar formulierte Leistungserwartung an die Schüler;
- beginnt mit einer sicherheitsstiftenden Einstiegsphase.

Gute Lehrkräfte ...

- schaffen ein förderliches Lernklima und eine geeignete Lernumgebung, indem sie das Bedürfnis nach Geborgenheit und Anerkennung befriedigen, Zuneigung zeigen und Beziehung bauen;
- können lehren und Lernprozesse fördern;
- verfügen über hohe Motivations- und Aktivierungsfähigkeit;
- sind kontaktfreudig und kommunikationsfähig;
- verfügen über hohe Sachkompetenz und sind im Fachwissen sicher;
- handeln intuitiv richtig;
- verfügen über hohes Reflexionsvermögen und die Fähigkeit zur Selbstkritik – sie entwickeln sich ständig weiter;
- sind flexibel und gerecht;
- verkörpern natürliche Autorität und sind getragen von Humor.

In den einschlägigen Darstellungen der Fachliteratur zum Thema finden sich fünf Kompetenzfelder immer wieder.

Humor

Humor kann als *das* positive Distanzphänomen verstanden werden. Humor verbessert nicht nur die Stimmung in einem Team, er öffnet auch den Weg, Ansichten zu relativieren und ungewöhnliche Auffassungen und Einstellungen weiterzudenken. Dabei ist es wichtig, Humor von anderen Interaktionsformen abzugrenzen, die mehr oder weniger zum Lachen bringen können: Sarkasmus, Ironie, Spott und Zynismus. Derartige Beobachtungen finden sich in den Erinnerungen von Schülern an Demütigungen durch »schlechte« Lehrkräfte wieder. Caselmann beschreibt Ironie als scharfe Waffe, mit der man den Nächsten bekämpft und nichts Gutes bewirkt (Caselmann 1954, 70). Humor dagegen macht Menschen nicht zu Opfern und erzeugt Belustigung nicht auf Kosten des Friedens oder des inneren Gleichgewichts. Ein humorvoller Mensch kann über sich selbst und seine unmittelbare Situation lachen und kann zugleich erheitert und versöhnt seine eigenen Begrenztheiten beschreiben. Humorvolle Äußerungen bewirken nicht Lagerbildung, sondern besitzen eher das Potenzial zu verbinden. Das Wort *(h)umor* (lat. = Feuchtigkeit, Saft, Flüssigkeit) drückte im Altertum ein ausgewogenes Verhältnis von Meinung und Kritik aus und galt als hohe Tugend der Gebildeten. Eine humorvolle Bemerkung über die räumliche Enge, ein selbstbelächelnder Hinweis auf ein Missgeschick oder eine erheiternde Einführung über eine eigene Schwäche zierte wichtige Reden und verschaffte angespannten Hörern befreiende Lockerung. Wer nicht über sich selbst und seine Situation lachen kann, denkt eng und ist neuen Überlegungen und Ideen gegenüber nicht aufgeschlossen. Lutz Koch sieht im Humor eine Eigenschaft, die ein Lehrer »mehr als alles andere braucht« (Koch 2005, 90). Eine Lehrkraft, die für sich und ihre Schulklasse humorvolle Züge entwickelt, gewinnt nicht nur die Herzen der Schüler, sondern zudem an innerer Stärke, weil sie bereit ist, über sich selbst und ihre Situation zu lachen. Humor kann deshalb als Ansatzpunkt für die Lösung festgefahrener Unterrichtssituationen, für die Einführung angstfreier Lernprozesse und für konstruktive Konfliktlösungen beschrieben werden. Übrigens gilt diese Fähigkeit als einer der schärfsten Feinde einer übertriebenen Ich-Bezogenheit.

Reflexionsfähigkeit und Selbstkritik

Der dänische Moralphilosoph und Erziehungsratgeber Jesper Juul rät, die Schulen zunächst einmal fünf Jahre zu schließen und den Lehrern die Möglichkeit zu geben, das zu lernen, was ihnen bisher niemand beigebracht habe: Wie man offen und konstruktiv mit Schülern und Eltern redet und streitet – wir könnten ergänzen: Wie man gemeinsam lernt, über das eigene Handeln und Denken nachzudenken (Posener 2012). Reflexionsvermögen gehört zu den zentralen pädagogischen Kompetenzen eines Professionellen. Wer nicht über sich nachdenken kann, ist dem Leben hilflos ausgeliefert. Ein wesentliches Merkmal und Ziel der Bildung des Menschen ist sein reflektiertes Verhältnis zu sich selbst, zu anderen und zur Welt. Die erworbene Ordnung in den Gedanken des Menschen, in seinen Überzeugungen und seinem Rollenverständnis lässt eine Weiterentwicklung nicht ohne weiteres zu. Erst durch den Prozess der Reflexion beginnt der Mensch, neuen Wissensbestandteilen Bedeutung beizumessen. Selbstkritik und Selbsterkenntnis werden insbesondere für die Weiterentwicklung des Lehrers und der Lehrerin als wichtige Fähigkeit beschrieben (von Carlsburg/Heyder 2005, 159). Konsensfähig scheint in der Lehrerbildung zu sein, was Werner Sacher (1980, 40) betont: »Der Lehrer muß ein Mensch sein, der hart an sich arbeitet.« Verschiedene Erinnerungsstudien zeigen: Es werden diejenigen Lehrer positiv beschrieben, die eine Art »Streitkultur« einführten und »eigene Meinung erlaubten« oder sogar kritisches Feedback zum Lehrer- und Schülerverhalten einforderten. Andererseits werden Lehrkräfte, die ihre Schüler konstruktiv kritisierten und damit den *Sinn* ihres Tuns hinterfragten, als solche Lehrer beschrieben, die Veränderungen ermöglichten und Lernerfolge anbahnten. Die Fähigkeit zur Reflexion schließt auch die Bereitschaft ein, Fehler einzugestehen und Kritik entgegenzunehmen.

Autorität

Kernaussage der meisten geschilderten Erinnerungen und theoretischen Abhandlungen ist der Versuch, eine »natürliche«, »wahre« oder »persönliche« Autorität zu umschreiben, die einerseits manchen Menschen aufgrund ihrer Ausstrahlungskraft gegeben sei, andererseits aber offensichtlich erlernt werden könne. Dabei wird das Rad leicht neu erfunden, denn Autorität war nicht zu allen Zeiten erläuterungsbedürftig. Dem ursprünglichen Wortsinn folgend, kann die lateinische *auctoritas* als »fördernde Überlegenheit« übersetzt werden. Wir finden hier weder den zwingenden Hinweis auf rechtliche Weisungsbefugnis noch auf ein Machtpotenzial anderer Art. Im römischen Staats- und Privatrecht herrschte ein bemerkenswert positives Autoritätsverständnis vor. So ist in der römischen Verfassung eine sorgfältige Unterscheidung zwischen der Autorität, die beim Senat lag, und der Macht (*potestas*), die der Magistrat inne hatte, zu finden. Bürgerinnen und Bürger suchten den Rat der Senatoren. Sie wurden als Autoritäten geachtet und aufgrund ihrer Lebenserfahrung, Bildung und Uneigennützigkeit ernst genommen. Zum Wesen der *auctoritas* gehörte nach damaligem Verständnis unabdingbar, dass sie durch die Vertrauenswürdigkeit ihres Trägers überzeugte. Die adligen Senatoren galten als moralisch vorbildlich und umfassend gebildet. Hier fußt die Überzeugungskraft auch der modernen Autoritätsperson: Sie erwirbt durch Fachkenntnis, Engagement, Verlässlichkeit, echte Wertschätzung und die Bereitschaft, den Lernenden zu dienen (sic!) Vertrauen und Einfluss.

Im Laufe der Geschichte ging sowohl begrifflich als auch inhaltlich das Bewusstsein vom ursprünglichen Inhalt wirklicher Autorität verloren. Dazu haben nicht nur die mittelalterlichen Kirchen, sondern auch spätere Machthaber, Schulen, Politiker und politische Systeme beigetragen. Heute steht der deutsche Begriff *Autorität* umgangssprachlich der *Macht* (*potestas*) sehr nahe. Wir sprechen von Amtsautoritäten (z. B. Polizei), Fachautoritäten (z. B. Computerspezialist) und administrativer Autorität (z. B. Hausmeister). Obwohl die tägliche pädagogische Arbeit in der Schule vom richtigen Verständnis der Autorität im Sinne einer fördernden Überlegenheit abhängt, wird es dem engagierten Lehrer häufig nicht leicht gemacht, als natürliche Autorität zu arbeiten. Strukturelle Macht korrumpiert in Form von Notengebung und Versetzungsunsicherheiten glaubhaften Verzicht auf Macht und erschwert das Entstehen von Vertrauen. Vertrauenswürdigkeit muss erworben werden.

Intuition

Intuitives Handeln wird mancherorts als übersinnliche Ahnung oder sogar als göttliche Eingebung angesehen. Auf jeden Fall entzieht es sich zunächst weitgehend einer rationalen Erklärung. Es ist eine Art Aktion nach Bauchgefühl. Bei genauer Betrachtung handelt es sich aber um eine neuzeitliche begriffliche Variante des »pädagogischen Taktes« nach Johann F. Herbart. Vielmehr noch: Intuition rückt ins Zentrum einer gelungenen Verknüpfung von Theorie und Praxis – und gewinnt damit auch große Bedeutung für den Lehrerbildungsprozess. Nach Herbart wird der noch so gute Theoretiker in den unvorhergesehenen und nicht planbaren schulischen zwischenmenschlichen Situationen erst dann erfolgreich handeln können, wenn die Fähigkeit des pädagogischen Taktes ausgebildet ist. Es handelt sich um »eine schnelle Beurteilung und Entscheidung, die nicht, wie der Schlendrian, ewig gleichförmig verfährt«. Herbart schlussfolgert sogar: »Die große Frage nun, an der es hängt, ob jemand ein guter oder schlechter Erzieher werde, ist einzig diese: Wie sich jener Takt bei ihm ausbilde ...« (Herbart 1964, 284 ff.). Im Begriff des pädagogischen Taktes lässt sich eine Antwort auf das aktuelle Theorie-Praxis-Problem in der Lehrerbildung finden. Pädagogische Intuition muss erarbeitet, muss als Qualifikation erworben werden (Eggenberger 1998). Hochqualifiziertes Fachpersonal unterschiedlicher Disziplinen folgt in beruflichen Routinesituationen häufig selbstverständlich seiner Intuition. In der Luftfahrt verantwortliche Personen tun dies ebenso wie sich auch z. B. Polizisten und Seelsorger auf ihre intuitive Wahrnehmung stützen. *Intuitives Handeln* wird allgemein ermöglicht durch fundierte Fachkenntnis und kritisch reflektierte Erfahrungen. Darüber hinaus nimmt eine intuitiv handelnde Person einzelne Situationen innerhalb eines größeren ethischen Sinnzusammenhangs wahr. Die Bedeutung eines Einzelerlebnisses kann so über den unmittelbaren Erlebensrahmen hinaus weisen und macht dadurch u. U. übergeordnete Anknüpfungspunkte sichtbar. Konkret wird intuitives Handeln angebahnt durch eine besondere Wachheit in der Situation, aufgrund derer der Handelnde auf unterschiedlichen Ebenen Eindrücke wahrnimmt und darauf reagieren kann. Eine intuitiv handelnde Person ist selbstbewusst. Wollten wir eine *Definition von Intuitionsfähigkeit* versuchen, lautete sie etwa so: Professionelle Intuition kann als ganzheitliches Erfassen einer Situation und der notwendigen Handlungen über die offensichtlichen Bedeutungsgehalte hinaus beschrieben werden, und stellt das Ergebnis einer fundierten theoretischen Ausbildung in Verbindung mit reichhaltiger, sorgfältig reflektierter Erfahrung und der Entwicklung einer selbstbewussten Persönlichkeit mit bewusst entwickelten ethischen Werten dar (vgl. Ellinger 2013a, 99 f.).

Motivationsfähigkeit

Die betreffende Qualifikation fasst die von Werner Loch beschriebene »Darstellungsfähigkeit«, die den Lehrer zu einem »faszinierenden Darsteller« macht, und die »Aktivierungsfähigkeit«, die »ihre Schüler weder über- noch unterfordert« (Loch 1991,102 f.) zusammen. Die so beschriebenen Lehrkräfte beggnen als überzeugende Profis, die ihren Schülern das Unterrichtsfach strukturiert und auf hohem Niveau präsentieren, und werden als brillante Didaktiker beschrieben, denen z. T. schier endlose Methodenkenntnisse zur Auswahl stehen. Zudem haben sie Spaß daran, ihr Fach von seiner interessantesten Seite zu präsentieren und stellen dafür häufig eine überbordende Masse an Materialien und Medien zur Verfügung. Zugleich werden motivierende Lehrerinnen und Lehrer als Menschenfreunde dargestellt. Ihr Unterricht trägt bisweilen spielerische Züge und wirkt durch die Begeisterung der Lehrkraft ansteckend. Insbesondere die Fähigkeit, schwierige Sachverhalte auf das Niveau der Schüler zu übertragen und sie so lange zu erläutern, bis alle verstanden haben, kann als motivierend und Mut machend angesehen werden. In schülerseitigen Erinnerungen werden motivierende Lehrerinnen und Lehrer als Menschen beschrieben, die ihre Schüler von Herzen mögen und sie auch außerhalb des Unterrichts privat unterstützen. In der Fachwelt herrscht Konsens darüber, dass der Mensch ein Beziehungswesen ist und auch in der Schule davon lebt, zwischenmenschliche Anerkennung, Wertschätzung, Zuwendung und Zuneigung zu erfahren. Das gilt für Lehrer wie Schüler gleichermaßen. Trotzdem scheint die Dringlichkeit einer durch Zuwendung und Respekt getragenen Atmosphäre immer wieder unterschätzt zu werden. Einer motivierenden Lehrkraft gelingt es, die für erfolgreiches Lernen so entscheidende positive emotionale Befindlichkeit zu erzeugen. Emotionen machen effektives Lernen erst möglich, Angst und Unsicherheit dagegen wirken lähmend. Wenn der britische Philosoph David Hume davon spricht, dass Vernunft immer nur der Sklave der Leidenschaft sein sollte, niemals andersherum, beschreibt er mit anderen Worten die Bedeutung der Emotionen – diese bei der Initiierung eines Lernprozesses zu beachten, ist unabdingbar. Emotionen sind ein wichtiger Verbündeter des rationalen Denkens, nicht dessen Feind.

Pädagogische Grundhaltung in der Hochschule

Das Hochschulstudium soll die Professionalität zukünftiger Lehrer herstellen. In der heutigen Hochschulstruktur stellt sich jedoch nahezu täglich die Frage, wie dies wirklich geschehen kann, da im Verlauf des Lehramtsstudiums nahezu ausschließlich die akademische Leistung stimuliert und kontrolliert wird. Werner Sacher beklagt in diesem Zusammenhang: »Nur soweit der Lehrer eine Persönlichkeit ist, kann er über die bloße Vermittlung von Kompetenzen hinaus auch erziehen und bilden« (Sacher 1980, 39) und Ernst Friedrich Schumacher weist in seinem Plädoyer für Alternativen zu Wirtschaft und Technik auf das Wesen der Bildung hin, wenn er daran erinnert: »Know-how aber ist kein Ding an sich. Es ist ein Mittel, dem kein Ziel zugeordnet ist, eine bloße Möglichkeit, ein Satz ohne Ende. Know-how ist ebenso wenig Kultur, wie ein Klavier Musik ist. [...] Das Wesen der Bildung ist die Weitergabe von Werten. Werte aber helfen uns nicht, wenn sie nicht Bestandteil unserer Selbst geworden sind, sozusagen Teil unseres geistigen Seins« (Schumacher 1977, 73 f.). Ein charakterlich für den Lehrerberuf ungeeigneter Student kann heute bedauerlicherweise bei tadellosen akademischen Leistungen das erste Staatsexamen ablegen oder andere qualifizierende Abschlussprüfungen bestehen. Dies war nicht immer so. Der Würzburger Pädagogikprofessor Albert Reble griff nach dem zweiten Weltkrieg eine alte Tradition auf, die 1852 von Carl Kirchner in einem Leitfaden zum Hochschulstudium entfaltet worden war. Reble, der als einer der Wiederbegründer der deutschen Pädagogik gilt, betont die Bedeutung der *Hodegetik* als Bestandteil der Lehrerbildung. Neben der Lehre der Wissensvermittlung (Didaktik) und der Lehre der ausgewogenen Lebensführung (Diätetik) erforscht und ergründet die Lehre der Persönlichkeitsbildung (Hodegetik) ethische Erziehungsziele an Bildungsstätten. Damit werden die Voraussetzungen geschaffen, universitäre Lehrerbildung mindestens *auch* als Persönlichkeitsbildung aufzufassen. Reble betont in seinen Ausführungen, dass »das eigentlich zentrale Anliegen der Lehrerbildung« die Entwicklung und Ausformung der »persönlichen Erziehungskraft im angehenden Erzieher« ist (Reble 1958, 134 f.). Weil Kinder und ihre individuellen Lernsituationen weder standardisiert noch normiert werden können, bedarf es einer Qualifikation der Lehrkraft, die nicht auf vorher Beschreibbares, eindeutig Messbares und postoperativ Evaluierbares baut. Im Berufsfeld des Lehrers und der Lehrerin müssen wir davon ausgehen, dass rund 15% der Kinder unter Risikobedingungen lernen – dem Unterricht also aufgrund einer Benachteiligung oder Behinderung nicht problemlos folgen können. Davon benötigt wiederum ein Drittel (also insgesamt 5%) konkrete und individuelle Beachtung und Hilfe. Diese Herausforderung erwartet zukünftige Lehrkräfte – ob soziale benachteiligte Kinder und Kinder mit Verhaltensstörungen nun aus politischen Gründen argumentativ marginalisiert werden sollen oder nicht. Weil es für den Umgang mit ihren Schülern kein umfassendes evidenzbasiertes Lehrbuch geben kann, ist die Lehrkraft auf Handlungsfähigkeit angewiesen, die insbesondere bei strukturellen Ungewissheiten trägt.

Der Diskurs darüber, ob wir grundsätzlich von einer notwendigen *Persönlichkeitsbildung* oder vom Erwerb *professioneller Handlungsfähigkeit* sprechen, wird von jeher geführt, verändert die notwendigen Qualifizierungsinhalte der Lehrerbildung aber nicht. Der langjährige Seminardirektor Horst Aye und seine Kollegen beschreiben die Aufgaben der Lehrerbildung wie folgt: »Obwohl die Lehrerbildung in den einzelnen Bundesländern unterschiedlich ist, steht generell am Anfang der Professionalisierung eine wissenschafts- und fächerorientierte Ausbildung, die schwerpunktmäßig das Feld des Unterrichtens vorsieht; dagegen garantiert die Beherrschung der Technik ›Unterrichtsplanung‹ noch keinen guten Unterricht. Vielmehr ist die *Persönlichkeit des Lehrers* gefragt. Er muss eine Lernumwelt schaffen, in der Kinder als unverwechselbare Individuen mit ihren Bedürfnissen nach Geborgenheit, Anerkennung, Selbstverantwortung, Mitverantwortung und spontanem Selbstausdruck zu sehen sind....« (Aye et al. 1991, 123). Klaus Prange indes wendet sich gegen die Auffassung, dass Lehrerpersönlichkeit als Kern pädagogischer Professionalität zu begreifen sei. Persönlichkeit, so Prange, muss im beruflichen Alltag häufig zugunsten professionellen Handelns im Sinne einer *wissensbasierten Technologie* zurücktreten (Prange 1998, 45).

Wenn wir davon ausgehen, dass die lebenslangen Lernleistungen des Menschen pädagogisch in verschiedenen Dimensionen zu beschreiben sind, lassen sich hier auch die Aufgaben der Lehrerbildung ableiten. Die pädagogische Sicht auf das Lernen des Menschen schließt Kenntnisse, Fertigkeiten und Willenseinstellungen ein (Sünkel 2011). Es geht darum, was der Mensch *können* soll, was er *wissen* soll und was er *wollen* soll, um ein selbstbestimmtes und mündiges Leben führen zu können. In den verschiedenen Lernsituationen geht es deshalb im pädagogischen Umgang mit dem Lernenden um die fallverstehende Frage: »Kann er nicht, weiß er nicht oder will er nicht?« Aus der Antwort auf diese Frage leitet sich die weitere z. B. schulische Lernhilfe ab. Wenn er nicht *kann*, muss *Können-Lernen* ermöglicht werden, *weiß* er nicht, wird *Wissenserwerb* unterstützt, *will* er nicht, sind andere *erzieherische* Interventionen nötig. Insbesondere im Umgang mit Kindern und Jugendlichen, deren Sozialisationshintergrund ein Risiko für ihre Entwicklung darstellt, hängt viel von der treffenden Einschätzung ihres Scheiterns in den unterschiedlichen Lernbereichen ab. So ist es von großer Bedeutung, ob ein Schüler bestimmte Lernzielkontrollen nicht mit Erfolg bewältigt, weil er nicht über das notwendige Wissen verfügt – da er es nicht versteht oder memoriert hat, oder ob er versagt, weil er nicht schnell genug schreiben oder sich nicht konzentrieren kann und deshalb immer zu wenig Zeit hat, oder schließlich: ob er versagt, weil er zwar genug kann und genug weiß, aber aus unterschiedlichen Gründen nicht leisten will. Eine pädagogische Definition leitet vier Dimensionen von Lernen ab. Wir unterscheiden das *Wissen-Lernen*, das *Können-Lernen*, das *Leben-Lernen* und das *Lernen-Lernen*. Auf die Hochschulbildung bezogen müssen alle vier Dimensionen berücksichtigt werden. Studierende erwerben in Bezug auf ihren angestrebten Lehrberuf konkretes Wissen und setzen dies z. B. während eines Praktikums in verkörperte Handlungsfähigkeit um. Das *Leben-Lernen* bezieht sich auf die Entwicklung eines Lebensstils, einer Haltung und Einstellung. Dazu zählen u. a. wichtige Werte im Leben und der Umgang mit dem eigenen Wollen, der eigenen Disziplin. Schließlich zieht sich noch die vierte Dimension durch die bisher genannten Lerndimensionen: Das *Lernen-Lernen* kann als eine Art Schlüsselqualifikation angesehen werden, die Lernroutinen ausbildet und den Lernenden in die Lage versetzt, in neuen und ungewohnten Situationen effektive Lernprozesse in Gang zu setzen – also flexibel auf Herausforderungen reagieren zu können und nicht auf feste Strukturen und äußerliche Sicherheiten angewiesen zu sein (Ellinger/Hechler 2013, 83 ff.). So gesehen schließt sich der Kreis in der oben angesprochenen Diskussion der Frage, ob es um Lehrerpersönlichkeit oder professionelles Handeln geht: Lehrerbildung muss *Wissenserwerb* ermöglichen, Raum für das Einüben von *Können* bereit stellen, selbstkritische *Willensbildung* anregen und die Entwicklung vielfältiger *Lernstrategien* fördern.

Fazit: Evidenzbasierte Pädagogik in der Lehrerbildung?

Evident ist, was sich als offensichtlich und begründbar erweist. Die Anforderungen an eine Lehrkraft in der Schule sind in den letzten Jahren komplexer geworden. Die von der Politik beschlossene Umstrukturierung des deutschen Schulsystems trägt dabei einen großen Anteil. Universitär haben sich die Bedingungen für sonderpädagogische Forschung und Bildung drastisch verschlechtert. Zum einen erwachsen durch die Veränderungen im Schulsystem große Herausforderungen hinsichtlich der Qualifizierung zukünftiger Lehrerinnen und Lehrer in allen Schulformen, zum anderen trägt die konsequente und nahezu widerstandslos akzeptierte Ökonomisierung der Universität zur Gefährdung einschlägiger Fachkultur bei. Eine angemessene Weiterentwicklung der Sonderpädagogik als Disziplin kann sich nicht einseitig aus der maximalen Anpassung an andere Fachkulturen speisen. Dies geschieht jedoch durch den dominanten Einfluss der Verfechter einer sogenannten Evidenzbasierten Pädagogik. Damit ist allerdings eine umfassende Legitimationskrise vorprogrammiert: Jede inhaltliche und forschungsmethodologische Verengung innerhalb der Sonderpädagogik ist sowohl im Blick auf die Schülergruppe, deren Anwalt sie sein sollte, als auch hinsichtlich der mittelfristigen Professionalität kontraindiziert und riskiert den Niedergang einer ganzen Fachkultur. Es bleibt die Notwendigkeit, beides zu bewahren: Exakte wissenschaftliche Forschungsmethoden und bewährte pädagogische Bildungsinhalte.

Literatur

Adorno, T. W. (1971): Erziehung zur Mündigkeit. Frankfurt a. M.
Aibauer, R. (1954): Die Lehrerpersönlichkeit in der Vorstellung der Schüler. Regensburg.
Aleamoni, L. M. (1999): Student Rating Myths Versus Research Facts From 1924 to 1998. In: Journal of Personnel Evaluation in Education 2, 153–166.
Aye, H./Jensen, D./Schuster, A./Sominka, J./Thielmann, H. (1991): Handelndes Lernen in der Lehrerbildung. In: Homfeldt, H. G. (Hg.): Ausbilden und Fortbilden. Krisen und Perspektiven der Lehrerbildung. Bad Heilbrunn, 123–149.
Bellmann, J./Müller, T. (2011): Evidenzbasierte Pädagogik – ein Déjà-vu? Einleitende Bemerkungen zur Kritik eines Paradigmas. In: Dies. (Hg.): Evidenzbasierte Pädagogik: Grundzüge eines wissenschaftlichen Paradigmas. Wiesbaden, 9–32.
Bessoth, R. (1994): Lehrerberatung – Lehrerbeurteilung. 4. Aufl., Neuwied.
Böttinger, T. (2013): »Wissen ist Macht«. Aktuelle Tendenzen im Verhältnis von Bildung und Ökonomie. Unveröffentlichte Diplomarbeit Universität Würzburg.
Bollnow, O. F. (1959): Existenzphilosophie und Pädagogik. Otto Friedrich Bollnow Schriften Band VIII. Hgg. von Boelhauve, U./Kühne-Bertram, G./Lessing, H.-U./Rodi, F. (2014). Würzburg.
Brumlik, M./Ellinger, S./Hechler, O./Prange, K. (2013): Theorie der praktischen Pädagogik: Grundlagen erzieherischen Sehens, Denkens und Handelns. Stuttgart.
Caselmann, C. (1953): Wesensformen des Lehrers. Stuttgart.
Czerwenka, K./Nölle, K./Pause, G. (1990): Schülerurteile über die Schule. Bericht über eine internationale Untersuchung. Frankfurt a. M.
Ditton, H. (2002): Lehrkräfte und Unterricht aus Schülersicht. Ergebnisse einer Untersuchung im Fach Mathematik. In: Zeitschrift für Pädagogik 2, 262–286.
Eggenberger, D. (1998): Grundlagen und Aspekte einer pädagogischen Intuitionstheorie. Die Bedeutung der Intuition für das Ausüben pädagogischer Tätigkeit. Bern.
Ellinger, S. (2013a): Förderung bei sozialer Benachteiligung. Stuttgart.
Ellinger, S. (2013b): Form und Inhalt. Soziologische Implikationen für pädagogisches Bewusstsein. In: Braune-Krickau, T. et al. (Hg.): Handbuch Kulturpädagogik für benachteiligte Jugendliche. Weinheim, 239–252.

Ellinger, S./Hechler, O. (2013): Erziehung als pädagogischer Grundbegriff. In: Brumlik, M. et al.: Theorie praktischer Pädagogik. Stuttgart, 64–95.
Fischer, W. (1954): Die Erzieher im Urteil der Jugend. In: Pädagogische Rundschau, 256–263.
Florin, C. (2014): Warum unsere Studenten so angepasst sind. 2. Aufl. Reinbek bei Hamburg.
Gerstenmeier, J. (1975): Urteile von Schülern über Lehrer. Eine Analyse ausgewählter empirischer Untersuchungen. Weinheim.
Giesecke, H. (2009): Pädagogik – quo vadis? Ein Essay über Bildung im Kapitalismus. Weinheim.
Hanselmann, H. (1932): Was ist Heilpädagogik? Arbeiten aus dem Heilpädagogischen Seminar. Antrittsvorlesung. Zürich.
Hechler, O. (2016): Evidenzbasierte Pädagogik – von der verlorenen Kunst der Erziehung. In: Ahrbeck, B. et al.: Evidenzbasierte Pädagogik. Sonderpädagogische Einwände. Stuttgart, 43–84.
Hechler, O. (2014): Feinfühlig unterrichten. Emotion und Interaktion im Fokus der Lehrerbildung. In: Spuren 4, 29–35.
Helmke, A. (2010): Unterrichtqualität und Lehrerprofessionalität. Diagnose, Evaluation und Verbesserung des Unterrichts. Seelze.
Herbart, J. F. (1964): Von der Erziehungskunst. In: Asmus, W. (Hg.): Johann Friedrich Herbart – kleine pädagogische Schriften. Düsseldorf, 165–179 (Original 1831).
Herbart, J. F. (1965): Allgemeine Pädagogik aus dem Zweck der Erziehung abgeleitet. In: Holstein, H. (Hg.): Kamps pädagogische Taschenbücher. Band 23: Historische Pädagogik. Bochum (Original 1806).
Keilhacker, M. (1932): Der ideale Lehrer nach Auffassung der Schüler. Freiburg i. Br.
Kirchner, C. (1852): C. Kirchner's Hodegetik oder Wegweiser zur Universität für Studierende: Nebst einer systematischen Übersicht der Wissenschaften und Künste und den Studienplänen für die einzelnen Fächer des Gelehrtenberufs. Leipzig.
Kleinschmidt, G. (1980): Der Lehrer als professioneller Erzieher. Pädagogischer Takt – Pädagogische Führungslehre – Erziehungsziele und Lehrerpersönlichkeit. In: Gröschel, H. (Hg): Die Bedeutung der Lehrerpersönlichkeit für Erziehung und Unterricht. München, 50–61.
Kobi, E. E. (2004): Grundfragen der Heilpädagogik. 6. Auf. Berlin.
Koch, K. (2016): Ankunft im Alltag – Evidenzbasierte Pädagogik in der Sonderpädagogik. In: Ahrbeck, B. et al.: Evidenzbasierte Pädagogik. Sonderpädagogische Einwände. Stuttgart, 9–42
Koch, K./Ellinger, S. (2015) (Hg.): Empirische Forschungsmethoden in der Heil- und Sonderpädagogik. Göttingen.
Koch, L. (2005): Der Lehrer zwischen Urteilskraft und Methode. In: von Carlsburg, G.-B./Heitger, M. (Hg.): Der Lehrer – ein (un)möglicher Beruf. Frankfurt a. M., 89–98.
Küffer, C. (2015): Slow Science: Denkfreiräume statt Beschleunigung. In: Forschung und Lehre 7, 532–534.
Loch, W. (1991): Was muss man können, um ein guter Lehrer zu sein? Eine Grundfrage der Lehrerbildung. In: Homfeldt, H. G. (Hg.): Ausbilden und Fortbilden. Krisen und Perspektiven der Lehrerbildung. Bad Heilbrunn, 96–112.
Lokshin, P. (2014): Wieder ließen Fachverlage Nonsens ungeprüft durchgehen. In: ZEIT online Wissen. 26. Februar 2014. In: http://www.zeit.de/wissen/2014-02/wissenschaftsverlage-zufallsgenerierte-fachartikel, 20.07.2015.
Müller, T. (2013): Innere und äußere Armut. In: Braune-Krickau, T. et al. (Hg.): Handbuch Kulturpädagogik für benachteiligte Jugendliche. Weinheim, 91–112.
Müller, T./Stein, R. (2015): Erziehung im Förderschwerpunkt emotionale und soziale Entwicklung. In: Stein, R./Müller, T. (Hg.): Inklusion im Förderschwerpunkt emotionale und soziale Entwicklung. Stuttgart, 216–229.
Nietzsche, F. (1952): Die fröhliche Wissenschaft. München.
Peinther, A. (1966): Lehrer im Selbsturteil und im Urteil ihrer Schüler. In: Berufsbildung 261–264.

Posener, A. (2012): Kinder sind keine Tyrannen, sie werden dazu gemacht. Welt online, 15.08.2012.
Postmoderne (2015): Blablabla auf hohem Niveau: Automatische Textgeneratoren. In: http://artikel.de.softonic.com/blabla-auf-hohem-niveau-automatische-textgeneratoren, 20.07.2015
Prange, K. (1998): Was muss man wissen, um erziehen zu können? In: Vierteljahresschrift für wissenschaftliche Pädagogik 1, 39–50.
Reble, A. (1958): Lehrerbildung in Deutschland. Ratingen.
Reiser, M. (2009): Warum ich meinen Lehrstuhl räume: Gegen die Selbstauflösung der deutschen Universität durch Verwandlung in eine Lernwerkstatt. In: Frankfurter Allgemeine Zeitung vom 14. Januar 2009
Rumpf, H. (2010): Was hätte Einstein gedacht, wenn er nicht Geige gespielt hätte? Gegen die Verkürzungen des etablierten Lernbegriffs. Weinheim.
Sacher, W. (1980): Muss der Lehrer eine Persönlichkeit sein? Personale Existenz als Qualifikationszentrum im Lehrberuf. In: Göschel, H. (Hg.): Die Bedeutung der Lehrerpersönlichkeit für Erziehung und Unterricht. München, 36–49.
Schad, G. (2015): Evidenzbasierte Erziehung? In: Zeitschrift für Heilpädagogik 7, 335–344.
Schad, G. (2013): Erleben und Erlebnis. In: Braune-Krickau, T. et al. (Hg.): Handbuch Kulturpädagogik für benachteiligte Jugendliche. Weinheim, 226–238.
Schumacher, E. F. (1977): Die Rückkehr zum menschlichen Maß. Alternativen für Wirtschaft und Technik. Reinbek bei Hamburg.
Stolz, G. E. (1997): Der schlechte Lehrer aus der Sicht von Schülern. In: Schwarz, B./Prange, K. (Hg.): Schlechte Lehrer/innen. Zu einem vernachlässigten Aspekt des Lehrerberufs. Weinheim, 124–178.
Sünkel, W. (2011): Erziehungsbegriff und Erziehungsverhältnis. Allgemeine Theorie der Erziehung. Band 1. Weinheim.
von Carlsburg, G. B./Heyder, S. (2005): Der »gute« Lehrer: Impressionen zur Lehrerpersönlichkeit als tragender Determinante der Lehrer-Schüler-Beziehung. In: Dies. (Hg.): Der Lehrer – ein (un)möglicher Beruf. Frankfurt a. M., 153–170.
Wember, F. B. (2011): Didaktische Prinzipien und Qualitätssicherung im Förderunterricht. In: Heimlich, U./Wember, F. B. (Hg.): Didaktik des Unterrichts im Förderschwerpunkt Lernen. Stuttgart, 81–95.

Miniaturen

Gerhard Schad

Es ist eine indianerhafte, dem Indianer-Blute eigentümliche Wildheit in der Art, wie die Amerikaner nach Gold trachten: und ihre atemlose Hast der Arbeit – das eigentliche Laster der neuen Welt – beginnt bereits durch Ansteckung das alte Europa wild zu machen und eine ganz wunderliche Geistlosigkeit darüber zu breiten. Man schämt sich jetzt schon der Ruhe; das lange Nachsinnen macht beinahe Gewissensbisse. Man denkt mit der Uhr in der Hand, wie man zu Mittag ißt, das Auge auf das Börsenblatt gerichtet, – man lebt wie einer, der fortwährend etwas »versäumen könnte«. »Lieber irgend etwas tun als nichts« – auch dieser Grundsatz ist eine Schnur, um aller Bildung und allem höheren Geschmack den Garaus zu machen. Und so wie sichtlich alle Formen an dieser Hast der Arbeitenden zugrundegehn: so geht auch das Gefühl für die Form selber, das Ohr und Auge für die Melodie der Bewegungen zugrunde. Der Beweis dafür liegt in der jetzt überall geforderten plumpen Deutlichkeit, in allen den Lagen, wo der Mensch einmal redlich mit Menschen sein will, im Verkehre mit Freunden, Frauen, Verwandten, Kindern, Lehrern, Schülern, Führern und Fürsten – man hat keine Zeit und keine Kraft mehr für die Zeremonien, für die Verbindlichkeit mit Umwegen, für allen Esprit der Unterhaltung und überhaupt für alles Otium. Denn das Leben auf der Jagd nach Gewinn zwingt fortwährend dazu, seinen Geist bis zur Erschöpfung auszugeben, im beständigen Sich-Verstellen oder Überlisten oder Zuvorkommen: die eigentliche Tugend ist jetzt, etwas in weniger Zeit zu tun als ein anderer. Und so gibt es nur selten Stunden der erlaubten Redlichkeit: in diesen aber ist man müde und möchte sich nicht nur »gehen lassen«, sondern lang und breit und plump sich hinstrecken. Gemäß diesem Hange schreibt man jetzt seine Briefe: deren Stil und Geist das eigentliche »Zeichen der Zeit« sein werden. Gibt es noch ein Vergnügen an Gesellschaft und an Künsten, so ist es ein Vergnügen, wie es müde gearbeitete Sklaven sich zurecht machen. Oh über diese Genügsamkeit der »Freude« bei unsern Gebildeten und Ungebildeten! Oh über diese zunehmende Verdächtigung aller Freude! Die Arbeit bekommt immer mehr alles gute Gewissen auf ihre Seite: der Hang zur Freude nennt sich bereits »Bedürfnis der Erholung« und fängt an sich vor sich selber zu schämen. »Man ist es seiner Gesundheit schuldig« – so redet man, wenn man auf einer Landpartie ertappt wird. Ja es könnte bald so weit kommen, daß man einem Hange zur vita contemplativa (das heißt zum spazierengehen mit Gedanken und Freunden) nicht ohne Selbstverachtung und schlechtes Gewissen nachgäbe. (Nietzsche 1952)

Die Beiträge dieses Buches haben nun deutlich werden lassen, weshalb es evidenzbasierte Erziehung in der strengen Form dieses Begriffs nicht geben kann, weshalb Erziehungshandeln sich nicht dem Grundschema kausaler Logik fügt und somit nicht im empirisch strengen Sinne vollständig erkundbar ist, weshalb das Wesentliche des Erziehungshandelns sich nicht der Methode der empirischen Wissenschaft erschließen kann.

In diesem letzten Kapitel werde ich versuchen, die Diskussion um evidenzbasierte Forschung und evidenzbasierte Praxis mit einer Betrachtung anzureichern, die weit über die methodologische und wissenschaftstheoretische Auseinandersetzung hinausweist und den Blick öffnen kann für Zusammenhänge, die nicht nur wissenschaftliche und erkenntnistheoretische Probleme berühren, sondern menschliche Praxis überhaupt.

Es sind Gedankenimpulse, die die Diskussion um evidenzbasierte Pädagogik in Zusammenhänge stellt, die gesellschaftliche Praxis insgesamt tangieren. Wissenschaft und Forschung können in ihrem Wandel und in ihrer aktuellen Ausformung als Indikator betrachtet werden für einen dominierenden Zeitgeist, der unsere gesamte Kultur, Bildung, die Erziehung und in zunehmendem Maße auch unsere Existenzbedingungen bestimmt. Dies kann als Phänomen solch eines Zeitgeistes beschrieben werden, der immer mehr Bereiche unserer Lebenswelt erfasst und nahezu all diese Bereiche beherrscht mit zunehmender Nachhaltigkeit und in immer größerer Geschwindigkeit. Die Überformung unseres Denkens, Bewertens und Handelns folgt dabei gleichsam einem Prinzip, das jenen Wandel hervorruft.

Im Folgenden soll der Versuch gemacht werden, Erscheinungsformen dieses Wandels sichtbar zu machen. Es soll hier kein Nachweis in einem strengen Sinne erfolgen, natürlich schon gar nicht in evidenzbasierten Untersuchungsdesigns. Es geht hier vielmehr um Denkanstöße, um das Sichtbarmachen von weitreichenden Zusammenhängen, die vernetzte Struktur haben können und damit weit über schlichte Kausalketten hinausreichen. Es handelt sich um die Reflexion einer Erfahrungsdrift, wie sie sich in vielfältiger alltagsweltlicher menschlicher Praxis wiederfindet. Der Begriff der Praxis ist zentral für evidenzbasierte Forschung. Praxis impliziert immer den Gedanken erfolgreicher Praxis, das Bestreben, Praxis zu verbessern. Der Maßstab für die Bewertung des Erfolges führt zum Begriff der Wirkung. Wirkung, Wirksamkeit und Nutzen sind die Richtgrößen evidenzbasierter Praxis und ergeben die Leitlinie evidenzbasierter Forschung.

Ich werde diese Denkanstöße in der Form von »Miniaturen« formulieren. Damit sind mehr oder minder kleine Einheiten gemeint, die jeweils für sich stehen können, in ihrer Gesamtheit jedoch auf jene Vernetzung verweisen.

Am Anfang dieser Miniaturen soll eine Skizze der pragmatischen Art des Denkens, Argumentierens und Handelns stehen, die zunehmend die im »alten Europa« verankerte Art tiefergehenden Reflektierens verdrängt – »*Die leichtfertige Reduktion von Komplexität*«.

Der unverhältnismäßig hohe Stellenwert von Nachrichten aus der Wirtschaft im Gesamtkontext alltäglicher Informationspolitik ist Gegenstand der Miniatur »*Die sensiblen Märkte*«.

Die Miniatur »*Wertlos*« hat die Bedeutungsverschiebung des Wertbegriffs zum Thema.

Die trügerischen Garanten für Sicherheit, für Genauigkeit und die Protagonisten einer eigenen Wirklichkeit sind die Zahlen: »*Die Zahl – konsequenteste Form quantitativer Verdichtung*«.

Der Versuch, Sprache mit jener Exaktheit zu versehen, ist Thema der Miniatur »*Die Begriffe und ihre Verdichtung: Festschreibungen*«.

Für wen Sicherheit einen hohen Stellenwert besitzt, der fühlt sich vom Unbestimmten, vom Unwägbaren bedroht: »*Bedrohlich: die Unwägbarkeit, das Unbestimmte, das Überraschende, das Spielerische*«.

Die letzte Miniatur hat »*Erziehung?*« zum Thema und die Frage, welche Folgen das Ansinnen einer evidenzbasierten Praxis für pädagogisches Handeln hat.

1 Die leichtfertige Reduktion von Komplexität

Einen Sachverhalt zu »verstehen« bedeutet, diesen in plausiblen Rastern abzubilden. In Unterscheidung zum »Erklären« bezieht sich »Verstehen« auf Bewusstseinsinhalte und Kulturerzeugnisse. Die Differenz von Erklären und Verstehen basiert auf zwei methodisch divergierenden Prinzipien, Gegenstände zu untersuchen.[1] Situationen, Interaktionen, Handlungen oder Prozesse menschlichen Erlebens sind in ihren Grundstrukturen komplexe Gebilde. Der Zugang und die Vorhersagbarkeit sind äußerst begrenzt, spekulativ und in strengem Sinne kaum verallgemeinerbar. Erst eine Reduktion in generalisierte Schemata erlaubt diesen erklärenden Zugang. Boulevard-Zeitungen etwa bedienen sich dieser Reduktionsmethode, indem sie komplexe Zusammenhänge eindampfen und in vereinfachte Kausalitätsmuster überführen. Dies erlaubt schnelles »Verstehen« nach dem Muster von Kausal-Erklärungen. Dass Kausalitätsannahmen in komplexen Gebilden in der Regel zu falschen Schlüssen führen – dies wird bevorzugt nicht zur Kenntnis genommen. Die schnelle und klare Lösung steht im Vordergrund (»Nehmt den Griechen den Euro weg!«, Bild-Zeitung 03.11.2011(!); »Bushido gehört ins Gefängnis«, Bild-Zeitung 15.07.2013). Wann immer Menschen nicht nachdenken oder dazu nicht in der Lage sind, sind sie anfällig und gerne bereit, eine vereinfachte Wirklichkeit der klaren Strukturen anzuerkennen. Die Reduzierung der Handlungsoptionen, die digitale Struktur einer schlichten Bewertung sind willkommene Entlastungen für emotional und intellektuell überforderte Menschen in schwierigen und manchmal aussichtslosen Lebenslagen. Dies ist dann auch der Haftgrund für Parolen und Ideologien und erlaubt es beispielsweise Parteien, durch vermeintlich »radikale« Thesen und Schlagworte Wählerstimmen zu fangen (»Freiheit statt Sozialismus«). Gleichermaßen eröffnet dieses schlichte Schema der Reduktion einer einschlägigen Sparte an Ratgeber-Literatur und jedweder »Heils-Lehre« lukrative Märkte (»Lob der Disziplin«, Bueb 2006, »Warum unsere Kinder Tyrannen werden«, Winterhoff 2009).

Dieses Denkmuster der Reduktion von Komplexität führt innerhalb des Wissenschaftsbetriebs zu ähnlichen Konsequenzen.

Ganz im Sinne von Popper ist das Anliegen evidenzorientierten wissenschaftlichen Forschens, alle beobachtbaren Gegebenheiten als Ursache-Wirkungs-

---

1 Dilthey hat die Unterscheidung von **Erklären** und **Verstehen** in die Diskussion gebracht. Danach bedienen sich die Naturwissenschaften der Erklärung, indem sie auf dem Hintergrund einer Reihe einzelner Beobachtungen eine Theorie eines allumfassenden, kausalbestimmten Naturzusammenhangs konstruieren. Sie liefern somit Ursachenerklärungen. Die Geistes- und Gesellschaftswissenschaften brauchen demnach diesen Umweg nicht, sondern haben, weil wir unser eigenes Bewusstseinsleben und unsere eigenen Kulturerzeugnisse von innen her verstehen, einen unmittelbaren Zugang zu den Zusammenhängen des Bewusstseinslebens und der Kultur. Mit dem Unterschied von Erklären und Verstehen eng verbunden ist die Unterscheidung von nomothetischen (Gesetzes-) und ideographischen Wissenschaften.

Zusammenhänge zu begreifen, darzustellen und damit berechenbar, vorhersehbar und planbar zu machen.

»Die Theorie ist das Netz, das wir auswerfen, um ›die Welt‹ einzufangen – sie zu rationalisieren, zu erklären und zu beherrschen. Wir arbeiten daran, die Maschen des Netzes immer enger zu machen« (Popper 1973, 3 ff.).

Diese idealisierte Vorstellung über die Wirklichkeit und die Möglichkeit, dieser Wirklichkeit habhaft zu werden, sie zu beherrschen und steuerbar zu machen, ist die Grundlage evidenzbasierter Forschung und bestimmend für die Vorstellung, eine Praxis zu begründen, die sich nach den Maßgaben gesicherter »Fakten« ausformen lässt. Weil die komplexe Wirklichkeit mit den schlichten Methoden einer kausal erklärenden Wissenschaft nicht annähernd erfasst werden kann, können über diese Wirklichkeit auch lediglich dürftige Aussagen gemacht werden. Präzise Aussagen mit dem Anspruch auf Gültigkeit beziehen sich dann notwendigerweise auf schlichte, häufig ziemlich irrelevante Sachverhalte. Sie korrespondieren dem vorausgesetzten Credo empirischer Wissenschaft: messen, was messbar ist und was nicht messbar gemacht werden kann – dies existiert nicht im Wirklichkeitsgebäude dieser Art von Wissenschaft. »Not everything that can be counted counts, and not everything that counts can be counted« (dieses Zitat wird A. Einstein zugeschrieben).

Die vermeintliche Widersprüchlichkeit von »Erklären« und »Verstehen« hat seit geraumer Zeit zu teilweise erbitterten Auseinandersetzungen wissenschaftstheoretischer Art geführt. Die mitunter heftig und auch emotional gefärbte Diskussion um »evidence-based education« oder »evidence-based practice« erweckt den Anschein eines Methodenstreits und erinnert damit an einen längst überwunden geglaubten methodologischen Paradigmenstreit in den Sozialwissenschaften. Der Positivismusstreit in der deutschen Soziologie wurde in der Tat mit ähnlichen Argumenten ausgefochten. Wieder geht es heute um einen Begriff von Wissenschaftlichkeit, der den Begriff der Wirksamkeit zum Zentralkriterium der Forschung erhebt. Dieses Wissen über kausale Zusammenhänge soll nun zugleich ein praktikables Wissen für Handeln darstellen. Im Hintergrund steht die Annahme, dass man Wissen über Ursache-Wirkungs-Zusammenhänge auch in der sozialen Welt zugleich als Wissen über die bewusste Herbeiführung gewünschter Wirkungen nutzen kann: »evidence« ist in diesem Sinne immer zugleich Wirkungswissen und Bewirkungswissen« (Bellmann/Müller 2011, 14 f.).

Dies ist nun kein Streit über Methoden mehr, es geht nicht mehr um eine »Suche nach Gewissheit« (Bellmann/Müller 2011, 12), sondern dieses Wissen über Ursache-Wirkungs-Zusammenhänge, über kausale Verknüpfungen soll erfolgreiches Handeln in sozialen Kontexten ermöglichen: Wirkungen sollen damit herbeigeführt werden können, die praktische Relevanz von Wissenschaft gerät zu ihrem bevorzugten Kriterium.

Evidenzbasierter Pädagogik geht es also um weit mehr als um die Bereitstellung der besten Informationen für praktisches pädagogisches Handeln (vgl. Voß et al. 2015, 85), wogegen es wohl kaum vernünftige Einwände gibt. Diese Auffassung einer »wissenschaftlichen« Pädagogik bringt jedoch einen Praxisbegriff hervor, der Praxis gleichsetzt mit effektiver Intervention nach dem Muster zweckrationalen Handelns. Vertreter dieses »What-works-Denkens« betonen, dass es für die Bildungsforschung höchste Zeit sei, dem Muster zu folgen, das »die Art von fortschreitender und systematischer Verbesserung« erzeugt habe, »die charakteristisch ist für erfolgreiche Teile unserer Wirtschaft und Gesellschaft im 20. Jahrhundert wie Medizin, Agrarwirtschaft, Transportwesen, Verkehr und Technologie« (Slavin 2002, 16). Sie behaupten, »der wichtigste Grund für die herausragenden Fortschritte in Medizin, Agrarwirtschaft und anderen Bereichen [sei], dass Praktiker empirische Befunde als Grundlage der Praxis akzeptieren« (ebd.). Dies gelte insbesondere für randomisierte kontrollierte Studien, die »die Effektivität (oder den Mangel an Effektivität) einer für die Anwendung bestimmten Behandlung frei von vernünftigem Zweifel« (ebd.) feststellen können. Einige Befürworter behaupten sogar, dass jede Praxis, die *nicht* auf wissenschaftlichem Wissen basiert, minderwertig sei und letztendlich ausgeschlossen werden sollte (nach Biesta 2014, 97)

Hand in Hand mit einer dergestalten Wissenschaftsauffassung gehen forschungs- und bildungspolitische Tendenzen, die ein indikatorengestütztes und datengestütztes Steuerungsmodell bevorzugen:

»Nationale Fördermittel werden an bestimmte Bedingungen der Evidenzproduktion geknüpft, wodurch ein ›streamlining‹ der Forschungslandschaft zugunsten bestimmter Fragestellungen und dazu passender Methoden erreicht wird. Gleichzeitig werden im Sinne der ›Methode der offenen Koordinierung‹ Standards und Richtlinien für ›gute‹, d.h. förderungswürdige erziehungswissenschaftliche Forschung erlassen. Auf diese Weise kann auch in Bereichen, in denen die nationalstaatliche Ebene keine unmittelbare (rechtliche) Gestaltungskompetenz besitzt, ein nachhaltiger Einfluss ausgeübt werden« (Bellmann/Müller 2011, 18).

Evidenzbasierte Praxis ist offenbar ein Indikator für eine Tendenz, die zunehmend unsere Wirklichkeit zu dominieren scheint und die man als Tendenz der Ökonomisierung bezeichnen kann. Unter Ökonomisierung ist die Ausbreitung und Vereinnahmung einer wachsenden Anzahl von Praxisfeldern durch Prinzipien und Gesetzmäßigkeiten des Marktes auf Praxisfelder zu verstehen, in denen ökonomische Überlegungen in der Vergangenheit eine eher untergeordnete Rolle gespielt hatten. Das führt dazu, dass diese Prinzipien und diese Art zu denken und zu handeln in immer mehr Praxisbereiche unserer Gesellschaft vordringen und diese von Grund auf verändern, deren spezifische Sichtweisen und Prinzipien überlagern und dominieren. Im schlimmsten Fall sind diese Praxisbereiche dann nicht mehr in der Lage, ihre eigentlichen Funktionen wahrzunehmen.

2 Die sensiblen Märkte

Einen festen Platz in Nachrichtensendungen der öffentlich-rechtlichen Sender haben Börsennachrichten. Wenn man bedenkt, welch geringe Zahl an Menschen in diesem Lande unmittelbares Interesse am Börsengeschehen hat, dann ist es eine bemerkenswerte Tatsache, dass Tag für Tag über die Börsenentwicklung der DAX-

Konzerne und das (Miss-)Management einzelner Firmen berichtet wird, dass »die Märkte« wie sensible, psychisch empfindliche Menschen dargestellt werden – »die Märkte reagieren nervös«; »die Märkte haben sich beruhigt«; »die Stimmung ist angespannt«; »die Märkte reagieren auf eine Naturkatastrophe, auf eine Rede, auf einen Regierungswechsel«. Die Märkte fungieren damit als ein Gradmesser gesellschaftlicher Befindlichkeit. Diese Befindlichkeit zeigt sich in der Tat in der inhaltlichen Ausformung von nicht-kommerziellen Nachrichtensendungen: welche Themen erlangen den Grad an Bedeutung, der das Interesse des Mainstream widerspiegelt: überproportional häufig sind dies Themen der Ökonomie oder Themen, die unter dem Aspekt des Ökonomischen betrachtet werden. Die ökonomische Betrachtungsweise ist zur Leitfigur des Bewertens, des Denken und Planens geworden, andere sind deutlich nachgeordnet. Staatsbesuche etwa dienen in erster Linie der Abwicklung lukrativer Handelsabkommen; humanitäre Fragen, etwa die Einhaltung oder Verletzung der Menschenrechte, werden zwar für die Rechtfertigung vor der Öffentlichkeit plakativ thematisch in den Vordergrund gestellt – die jeweiligen Resultate der unterschiedlichen »Missionen« lassen jedoch keinen Zweifel daran, was tatsächlich gespielt wird.

Ein aktuelles Beispiel, marktferne Bereiche wie Bildung, Wissenschaft und Kultur ökonomischen Kriterien zu unterwerfen und nach Kosten-Nutzen-Kalkülen zu bewerten, ist die Reform der britischen Wissenschaftspolitik: Wissenschaftler müssen demnach künftig die wirtschaftliche und gesellschaftliche Wirkung (»economic and social impact«) ihrer Forschungen nachweisen, um Fördermittel zu erhalten (vgl. hierzu: Frankfurter Allgemeine Zeitung vom 2. Februar 2011, 8; Artikel *Das Vereinigte Königreich verabschiedet die Wissenschaftsfreiheit*.). Die universitäre Grundlagenforschung wird dadurch zugunsten der Anwendungsforschung (kommerzielle Produktinnovation) zunehmend aus dem Wissenschaftssystem herausgeschnitten.

3   Wertlos?

Wieviel wert ist mir deine Gegenwart? Welchen Wert hat ein Kunstwerk? Ist Schönheit etwas wert? Was ist uns der Friede wert?

Zunehmend sind wir geneigt, solche Fragen über den ökonomischen Wert zu beantworten. Die Sprache ist ein feinfühliger Indikator für Bedeutungs-Unterströmungen: »wir stellen in Rechnung«; »unter dem Strich bilanzieren wir ein Ereignis«; »etwas hat sich gelohnt«; »du bist im Minus«; »diese Bekanntschaft ist Gold wert«; »das kostet mich zu viel Zeit«.

»Wert« ist in unserer Sprache und in unserem Denken zunehmend »ökonomischer Wert«, eine Kategorie, die die Grundlage dafür bildet, dass völlig verschiedene Entitäten in einem quantitativen Verhältnis gegeneinander verrechnet werden können: sie bekommen einen Preis. Werte im Sinne platonischer Ideen – die Werte des Guten, des Wahren und des Schönen – werden überlagert und verdrängt von einer kapitalistischen Bestimmung des Begriffs, die den Wert eines Produkts durch die in ihm vergegenständlichte (abstrakte) Arbeit bestimmt und die das gesellschaftliche Handeln der Menschen strukturiert und dominiert.

Auch Qualitäten lassen sich so quantifizieren, damit vergleichen und gegeneinander aufrechnen. Die Quantifizierung von Werturteilen geschieht allmählich, erfasst weitgehend unbemerkt alle lebensweltlichen Bereiche unserer Existenz und nimmt die Dimension eines Prinzips an, so dass sie nicht mehr anstößig wirkt, uns gleichsam zur zweiten Natur wird.

Was Kunst ist, regelt fortan der Markt. Ein Bild ist erst dann wertvoll, wenn es einen bestimmten Mindestpreis erzielt. Die Qualität dieses Kunstwerks ist dabei nebensächlich. Die steuerfreien Luxusoasen für die Kunstobjekte der Superreichen sind neuerdings die »Freeports«: Lagerhallen im Bereich internationaler Flughäfen. »Ursprünglich waren Freeports für Waren gedacht, die sich nur kurze Zeit im Transitbereich befinden. Aber man hat festgestellt, dass das sehr ausbaufähig ist. Kunstwerke können hier dauerhaft gelagert werden, ohne dass Einfuhrzölle bezahlt werden müssen. Auch Handel ist möglich. Mehrwertsteuerfrei. In eigenen Showrooms. Ein Prozent der Weltbevölkerung besitzt 50 Prozent des globalen Vermögens. Allein auf das Finanzsystem vertrauen die Superreichen längst nicht mehr. Schon gar nicht nach der Abschaffung des Bankgeheimnisses an Finanzplätzen wie Liechtenstein, Luxemburg oder der Schweiz. Da sind Wertgegenstände wie teure Kunst eine gute Alternative. Und die soll vor neugierigen Blicken geschützt werden« (Aus der Sendung Titel, Thesen, Temperamente vom 22.03.2015, abrufbar unter http://www.daserste.de/information/wissen-kultur/ttt/sendung/br/freeports-100.html). Was ursprünglich die Domäne für den Umgang mit Qualität war, der gesamte Bereich der Kunst, wird zunehmend zur Ersatzwährung.

Auch der alltagsweltliche Umgang mit Wert zeigt diese Tendenz der Ökonomisierung: Ein Geschenk erscheint billig oder wertvoll nach Maßgabe der vermuteten oder tatsächlichen Kosten, Parameter wie etwa die investierte Zeit oder der nichtökonomische Aufwand spielen für die Bewertung immer weniger eine Rolle.

Der Schutz und die nachhaltige Nutzung der Natur lohnen sich volkswirtschaftlich. Denn die Vorsorge zur Sicherung unserer Lebens- und Wirtschaftsgrundlagen ist deutlich preiswerter als der Versuch, Verlorengegangenes gegebenenfalls zu ersetzen. Die internationale TEEB-Studie ›The Economics of Ecosystems and Biodiversity‹ (2007–2010) hat gezeigt, dass kostenlose Naturgüter und Ökosystemleistungen nicht ausreichend in politischen Entscheidungen berücksichtigt werden (McVittiee/Hussain 2013).

Längst haben wir uns daran gewöhnt, dass zwischenmenschliche Handlungen, wie die der Körperpflege, Ernährung, Beweglichkeit und der hauswirtschaftlichen Versorgung im Bereich der Pflege durch Leistungspakete (Module) erfolgen und dass der vorgegebene Zeittakt die Qualität der jeweiligen Handlung dominiert.

4 Die Zahl – konsequenteste Form quantitativer Verdichtung

»Was beweisbar ist, soll in der Wissenschaft nicht ohne Beweis geglaubt werden. So einleuchtend diese Forderung erscheint, so ist sie doch, wie ich glaube, selbst bei der Begründung der einfachsten Wissenschaft, nämlich desjenigen Theiles der Logik, welcher die Lehre von den Zahlen behandelt, auch nach den neuesten Darstellungen noch keineswegs als erfüllt anzusehen. [...] die Zahlen sind freie Schöpfungen des menschlichen Geistes, sie dienen als ein Mittel, um die Verschiedenheit der Dinge leichter und schärfer aufzufassen. Durch den rein logischen Aufbau der Zahlen-Wissenschaft und durch das in ihr gewonnene stetige Zahlen-Reich sind wir erst in den Stand gesetzt, unsere Vorstellungen von Raum und Zeit genau zu untersuchen, indem wir dieselben auf dieses in unserem Geiste geschaffene Zahlen-Reich beziehen« (Dedekind 1893, 7 f.).

Die Zahl ist die Abstraktion in ihrer reinsten Form. Für einen empirisch forschenden Wissenschaftler ist sie in vielerlei Hinsicht Leitbild: exakt, unbestechlich, befreit von allem unerwünschtem störenden »Beiwerk«, die Essenz der Messung. Man ahnt, was Pythagoras ausdrücken will, wenn er sagt, alles sei Zahl.

In praktischer Hinsicht verkürzt die Rückführung auf Zahlenwerte manche Diskussion: Ob Bayern München in einem Fußballspiel die überlegene Mannschaft gewesen sei oder nicht – 64% Ballbesitz sind ein Argument, dem nur schwer zu widersprechen ist (vielleicht nur: mit einem ebenfalls zahlenbasierten Argument?).

Die Schlagkraft von Argumenten scheint in der Tat in dem Maße zu steigen, in dem das Argument durch Zahlenwerte gestützt wird. Man kann dies etwa gut beobachten, wenn Politiker in einem verbalen Schlagabtausch sich um überzeugende Darstellung ihrer Positionen bemühen. Die »Belege« bestehen dann in hohem Maße aus Zahlenwerten, Prozentsätzen, Korrelationen oder Relationen. Gegenargumente müssen sich dann ebenso in Zahlenwerten ausdrücken lassen.

Der Nimbus der Exaktheit, der Präzision, der ideologiefreien Abbildung einer objektiven Realität, der Zahlenwerten entgegengebracht wird, ist gleichzeitig der Kern der Problematik. Wenn Zahlenwerte in dieser klaren Form Aspekte der Wirklichkeit wiedergeben, dann ist das Bestreben plausibel, möglichst viele Fakten in Zahlenwerte überzuführen – sie messbar zu machen. Auf dem Weg hin zu dieser Abstraktion werden zunächst sehr »weiche« Sachverhalte – also etwa die Meinungen von interviewten Personen durch Einordnung in Raster und durch die Zuordnung zu Kategorien – immer »härter«, bis hin zu einem Zahlenwert, der sich oft noch im Dezimalbereich ausdrückt. »58,34 % der Deutschen sind der Meinung ...«. Ein glasklarer Wert ist geschaffen, mit dem sich nun ebenso exakt weiter rechnen lässt, dessen Zustandekommen (etwa durch den Interpretationsspielraum bei der Beantwortung der Frage) keine Rolle mehr spielt.

In diesem Prozess des Zustandekommens eines exakten Zahlenwertes steckt die gesamte Problematik empirischer Forschung. »Fakten« müssen erst bestimmt werden, bevor man sie zählen kann. Diese »Vorarbeit« benötigt andere Methoden, ist notwendigerweise weit weniger exakt und präzise. Die Exaktheit eines Zahlenwertes ist somit nicht gleichzusetzen mit der genauen Abbildung einer Wirklichkeit. Lediglich ein ganz kleiner Ausschnitt dieser Wirklichkeit steht hier im Fokus.

Zahlenwerte sind trügerische Garanten für Sicherheit, für eine stabil errechnete Wirklichkeit; sie schaffen vielmehr eine Wirklichkeit fernab lebendiger Unwägbarkeit und Unberechenbarkeit.

5 Die Begriffe und ihre Verdichtung: Festschreibungen

Das Bestreben, Klarheit und Präzision in Aussagen zu realisieren, damit zu widerspruchsfreien, intersubjektiv überprüfbaren Aussagen zu gelangen, führt zu einer zunehmenden Festschreibung von Begriffen, zu einer Tendenz, Begriffe durch Definitionsverfahren festzulegen. Es gibt offenbar eine hohe Analogie zwischen diesem Bedürfnis nach begrifflicher Festschreibung, nach einem definitorisch festgelegten System an Aussagen, das Ordnung in die Vielfalt der Phänomene bringt, sie demnach auch verfügbar und beherrschbar hält und einem ausgeprägten Wunsch nach Kontrolle. In naturwissenschaftlich orientierten Disziplinen oder gänzlich in der Mathematik ist dies für Erkenntnisgewinnung geradezu notwendig. In Disziplinen, die mit dem Menschen befasst sind und mit den Produkten des menschlichen Geistes und der menschlichen Kultur sind derartige Festschreibungen lediglich in vermindertem Maße sinnvoll, ganz im Gegenteil: sie engen ein und können zu erheblichen Fehlschlüssen führen. Dies kann weitreichende Konsequenzen nach sich ziehen. So führte etwa im DSM 5 die Tendenz zunehmender Ausdifferenzierung und Festschreibung von Krankheitsbildern zu einer Aufweichung verschiedener Krankheitsbilder bis hin zur Aufnahme z. B. »abgeschwächter Psychose-Syndrome«. Bislang galten solche potenziellen, keineswegs zwangsläufig in eine Psychose führenden Vorstufen nicht als eigenständige Diagnosen. Die neueste, fünfte Auflage des DSM wurde schon mehrfach (z. B. Frances 2012) dafür kritisiert, dass in ihr fast jedes von der Norm abweichende Verhalten als Krankheit betrachtet wird. Mit dem DSM 5 wurden viele neue Krankheiten geschaffen.

Für Kinder und Jugendliche mit Hyperaktivitäts- und Aufmerksamkeitsstörungen zeigt dies Ahrbeck in kritischer Absicht gegenüber einer »multimodalen Therapie«, die »ein standardisiertes Vorgehen anmahnt, das die pädagogische Komplexität im hohen Maße reduziert. Den Ausgangspunkt bildet die Fixierung auf eine eng umschriebene Störung, die evidenzbasiert so kategorisiert wurde, dass lebensgeschichtlich bedeutsame Phänomene an den Rand gedrängt und entglittene Sozialisations- und Beziehungserfahrungen kaum noch zum Thema werden. Entscheidungen sollen jeglicher Subjektivität entkleidet werden: Zugunsten einer empirisch gesicherten Standardbehandlung, die im Korsett der Serumforschung gefangen ist und sich der Wirkungslogik einer Medikamentenvergabe verschreibt. Methodische Zwänge erheben sich dadurch über fachspezifische Notwendigkeiten« (Ahrbeck 2016, 93).

Festschreibung ermöglicht Kontrolle, ist Klassifizierung. Ein Netz wird ausgeworfen, um ›die Welt‹ einzufangen – sie zu rationalisieren, zu erklären und zu beherrschen. Wir arbeiten daran, die Maschen des Netzes immer enger zu machen. Diesen ausdifferenzierten Krankheitsbildern kann niemand entkommen. Zumindest die Arzneimittelindustrie wird davon profitieren.

6 Bedrohlich: die Unwägbarkeit, das Unbestimmte, das Überraschende, das Spielerische

Kontrolle und Macht – in allen Bereichen meint dies auch ökonomische Macht. Die Verfügungsgewalt über die lebensnotwendigen Ressourcen wie etwa Erdöl, Wasser, fruchtbaren Boden, die Verfügung über Energieressourcen und der Zugang zu neuen Märkten bedeuten nahezu uneingeschränkte Macht für die Besitzer und völlige Abhängigkeit für die Besitzlosen. James Glattfelder, Stefano Battiston und Stefania Vitali veröffentlichten bereits 2011 in einer bemerkenswerten Studie der renommierten Schweizer Universität ETH Zürich, dass nur 1318 der insgesamt 43.060 international tätigen Unternehmen, sogenannte Globalplayer, vier Fünftel der Weltwirtschaft dominieren – gemessen am Umsatz (Vitali et al. 2011). Diese enorme Konzentration an ökonomischer Macht hat weitreichende Konsequenzen für alle Menschen auf dieser Erde und macht sichtbar, welchen Einfluss global agierende Konzerne auf politische Entscheidungen besitzen. So wird offenkundig, weshalb die Rettung von Großbanken Priorität besitzt, was »Globalisierung« tatsächlich meint und weshalb die Logik des Kapitals über allen anderen Interessen steht. Diese Logik ist die wohl nachhaltigste und alarmierendste Veranschaulichung für eine gesellschaftliche Gesamtpraxis, in der die Leitlinie der Gewinnmaximierung gekoppelt ist an ökonomische, militärische und politische Macht. Der Mensch muss durch Arbeit, durch Ausbeutung und Pflege der Natur, seine Lebensgrundlage schaffen und erhalten. Daher ist Ökonomie neben Ethik, Pädagogik, Politik, Kunst und Religion eine gesellschaftlich notwendige Form menschlicher Praxis und zusammen bilden sie in ihrer vielfältigen Vermitteltheit das Fundament, auf dem die Menschheit ihre eigene Existenz erhält und hervorbringt. Bedrohlich wird dies dann, wenn die Regeln dieser Praxis machtbedingt festgeschrieben werden in Gesetzen und Vereinbarungen, die demokratische Veränderungsprozesse nicht zulassen.

»Diese sechs Grundphänomene menschlicher Koexistenz stehen untereinander in historisch und gesellschaftlich äußerst komplexen Wirkungszusammenhängen. Jede Veränderung in einem Bereich menschlicher Praxis ist für alle anderen Bereiche folgenreich und in ihren Wirkungen über die jeweils anderen Bereiche menschlicher Koexistenz vermittelt« (Benner 1987, 20). Die sechs angeführten Grundphänomene menschlicher Koexistenz beeinflussen sich gegenseitig, keines kann jedoch für sich alleine stehen, sie können auch nicht auseinander abgeleitet werden und stehen nicht in hierarchischer Beziehung zueinander. Sie stellen gleichsam die Basis menschlichen Daseins dar. Diese Grundphänomene sind in andauerndem Veränderungsprozess begriffen und formen sich gemäß der aktuellen gesellschaftlichen Bedingungen. Hierbei spielt die Wissenschaft eine entscheidende Rolle: »Die Grundintention neuzeitlicher Wissenschaft, alles Zufällige in Gesetzmäßiges zu überführen und alles Besondere unter allgemeine Regeln zu bringen, richtet sich auf alle Wirklichkeitsbereiche und zielt darauf, diese nach Grundsätzen unseres konstruierenden Verstandes zu erklären und menschlicher Herrschaft zu unterwerfen« (Benner 1987, 38). Seit Bacons programmatischer These »Wissen ist Macht« wird versucht, durch Wissenschaft jede Weltbegebenheit als mitunter komplexe Ursache-Wirkungs-Zusammenhänge zu dechiffrieren und damit berechenbar zu machen, mithin vorhersehbar und planbar – letztlich damit verwertbar.

Wirkungen sind im komplexen sozialen Feld jedoch keineswegs durch einfache Kausalitätszuschreibungen auszudrücken. Die Exaktheit und Klarheit der Aussagen, die Verknüpfung der Aussagen im Denkmodell der Kausalität haben einen hohen Preis, der letztlich nicht bezahlbar ist: Ganze Fragenkomplexe und Problembereiche werden aus dem Gegenstandsbereich dieser Wissenschaft herausgenommen, können mit dieser Art von Wissenschaft nicht gestellt und nicht bearbeitet werden. Fatalerweise sind dies überwiegend genau die Problematiken, die in der Praxis der Erziehung besonderes Gewicht besitzen. »Diese allgemeine Feststellung gilt für alle auf den Kontext der Erziehung bezogenen Sachverhalte und Fragestellungen. Er wird allerdings in besonderer Weise deutlich in den beiden sonderpädagogischen Fachrichtungen ›Pädagogik bei geistiger Behinderung‹ und ›Pädagogik bei Verhaltensstörungen‹. Die Lebenswelt und Erlebensqualität eines anderen Menschen ist in strenger Weise lediglich aspekthaft ergründbar. Dabei werden wichtige handlungsrelevante Teilaspekte und Zusammenhänge sichtbar. Es wird aber auch deutlich, von welch zentraler Bedeutung die Verknüpfung der unterschiedlichen wissenschaftlichen Erkundungsverfahren sind. Um in einem pädagogischen Zusammenhang angemessen handeln zu können, sind Verstehen, Sinnerfassung und Interpretation unabdingbar. Es geht um die Bedeutung dessen, was als Phänomen in Erscheinung tritt« (Schad 2012, 33 f.).

Die »Gegenspieler« einer Auffassung, die auf Exaktheit, Eindeutigkeit und Präzision Wert legt, sind etwa chaotische Systeme, sind Unvorhersehbarkeit, das Überraschende, das Nicht-Festgelegte, das Spielerische.

Spätestens seit der Einführung der Torlinienkamera wird es deutlich: auch Spiele sollten möglichst streng berechenbar sein. Die menschliche Fehlleistung sollte hierfür ausgeschlossen oder auf ein Minimum reduziert werden, zumindest die der Schiedsrichter. Das »Spielermaterial« wird so gut es geht in einer Weise ausgebildet und geformt, dass sie eine Verlässlichkeit von Prognosen erhöht. Tagesform und psychische Verfassung sind noch Störquellen. Spielmanipulationen müssen vor dem großen Publikum geheim gehalten werden, da dieses für die Illusion des Unbestimmten, des Überraschenden und Nicht-Vorhersagbaren viel Geld bezahlt.

Das, was das Leben lebendig macht, was Spannung verheißt, was Neugierde und Interesse wecken kann, ist für diese Art der Weltbetrachtung unerwünscht, ist Störvariable. Unsicherheit bedeutet Bedrohung.

Das Bemühen, sich die Welt in allen ihren Erscheinungsformen als Objekt gefügig zu machen, bezeichnet Adorno als »instrumentelle Vernunft«, die sich bemüht, »Nichtidentisches«, also alles Heterogene, Fremde, Verschiedene, Einmalige oder Besondere auf deren begrifflich fixierbaren oder praktisch verwertbaren Aspekt festzulegen.

7 Erziehung?

Die letzte meiner »Miniaturen« befasst sich mit dem Fragezeichen hinter dem Begriff Erziehung. In der Tat ist vieles fragwürdig, wenn »Erziehung« zum Thema gemacht wird, im Hinblick auf eine Einstellung wissenschaftstheoretischer Art, deren Maximen mit Eindeutigkeit, Klarheit, Überprüfbarkeit, Kontrolle und Wertfreiheit beschrieben werden können. Der Begriff »Erziehungshandeln« wird in diesem Zusammenhang wohl weniger häufig verwendet, man spricht bevorzugt von »praktischem pädagogischem Handeln«. Hierfür will man die besten Informationen bereitstellen und ist bemüht, solche Informationen methodisch sauber zu gewinnen. Was aber ist gemeint mit jenem praktischen pädagogischen Handeln? Es besteht in evidenzbasierter Hinsicht ein grundsätzliches Unbehagen in Bezug auf jenes praktische Feld, das in seiner grundsätzlichen Komplexität unbestimmt bleibt, das in seiner Wirksamkeit möglicherweise auf einzelne Erzieherpersönlichkeiten zurückgeführt werden muss, in Bezug auf ein Handeln, das sich der konstitutiven Ungewissheitsstruktur pädagogischer Praxis gemäß nicht regelhaft abbilden lässt. So versucht man sich gar nicht erst an der Bestimmung eines Begriffs, überlässt dies den »Praktikern«, begnügt sich mit »interessierenden Verhaltensmerkmalen (z. B. Melden, wenn es Fragen gibt)« (Casale et al. 2015, 329). Wen aber interessiert welches Verhalten und weshalb? Es geht hier um die Bestimmung und Messung eines »Zielverhaltens«. Welches Zielverhalten weshalb ausgewählt wird, ist nicht Thema dieser Art von Pädagogik. Nun beginnen die Fragwürdigkeiten deutlich zu werden.

Erziehung kann nicht »gemacht«, nicht hergestellt, nicht bewirkt werden. Dies ist offenbar schwer zu ertragen für Wirkungs-Wissenschaftler. Gleichzeitig nämlich geschieht Erziehung nicht von selbst, sie muss mit Absicht geschehen. Erziehung ist eben kein »Bewirken«, sondern wie es Kobi ausdrückt, »ein gemeinsam vollzogener Gestaltungsprozess und nicht ein einseitiges Tun und Erleiden« (Kobi 2004, 74). Derartige Formulierungen sind vermutlich ein Graus für Wissenschaftler, die gerne hochpräzise arbeiten, die Dinge im Griff haben und Resultate ihres Einwirkens messen wollen. Der »Goldstandard« wissenschaftlicher Wirksamkeitsüberprüfung ist jedoch absehbar nicht zu erreichen, da Kinder und Jugendliche ungeeignetes »Material« darstellen für derartige Forschung: »[...] so dass eine Herauslösung und Durchmischung der einzelnen Kinder und Jugendlichen – wie bei vollständig randomisierten Forschungsdesigns gefordert – nicht realisierbar (und pädagogisch auch nicht sinnvoll) ist« (Casale et al. 2015, 325). Was aber ist pädagogisch sinnvoll?

Es gibt unterschiedlichste Auffassungen von Erziehung. Zwei Orientierungen spielen hierbei grundsätzlich eine Rolle: Kinder und Jugendliche sollen befähigt werden, zum einen ein individuell sinnstiftendes und erfülltes Leben zu führen und zum anderen am öffentlichen Leben einer Gesellschaft verantwortlich teilzunehmen:

Ziel jeglicher Erziehung ist es demnach, bei der Entwicklung einer Person hilfreich zu sein – einer Person, die letztendlich weitgehend eigenständig sein soll, ihre eigenen Belange so gut es geht selbst regelt und verantwortet, mit den Dingen, mit anderen Menschen und mit sich selbst kritisch und fürsorglich umgeht, für sich selbst spricht, plant und handelt – *ein mündiger Mensch* also.

Dies kann jedoch nur gelingen, wenn Erziehung gleichermaßen soziale Kompetenzen zu vermitteln anstrebt – die Bereitschaft und Fähigkeit, auf die Belange anderer zu achten, die Zukunft einer Gemeinschaft und einer Gesellschaft verantwortlich mit zu gestalten – *ein sozialer Mensch* also.

Ein nach Möglichkeit autonomer Mensch als Ziel jeglicher Erziehung versucht demnach in seinem Denken und Handeln beides gleichermaßen zu vereinbaren: Verantwortung für sich selbst und gegenüber den Mitmenschen.

Pädagogisches Handeln hat im Wesentlichen dialektische Struktur. Die produktive Arbeit mit Widersprüchen kennzeichnet die Kunst erfolgreicher Erziehung. Beispielsweise erfordert der Entwicklungsprozess hin zu einem mündigen Menschen, dass *Anpassung* und *Widerständigkeit* gleichermaßen kultiviert und akzeptiert werden – beide sind für das Wachstum der Persönlichkeit in angemessenem Gleichgewicht förderlich. In diesem Zusammenhang wird eine Auseinandersetzung mit Begriffen wie Pflicht, Gehorsam und Disziplin, aber auch Widerspruch, Verweigerung und Eigensinn notwendig. Oder: indem die *Kultivierung des Willens* realisiert wird, die ihren Ausdruck im Durchsetzen, aber auch im reflektierten Unterlassen von Handlungen findet. Eine solche Kultivierung verzichtet auf die einseitige Durchsetzung von Machtansprüchen aller im Erziehungsgeschehen Beteiligter. Sie müht sich mit allen Kräften darum, Erfahrungen der Ohnmacht, des Ausgeliefert-Seins und der Willkür bei Kindern und Jugendlichen zu vermeiden. Oder: indem *Grenzen gesetzt, Sicherheit und Einschränkungen* erfahrbar werden. Dies bringt auch eine Auseinandersetzung mit der Handhabung von Konsequenzen und Strafen und der Bewertung von als schwierig oder auffällig empfundenem Verhalten mit sich, die sich nicht darin beschränken kann, Maßnahmenkataloge für scheinbares Fehlverhalten zu erstellen. Sicherheit erleben Kinder und Jugendliche durch bewusst gesetzte und konsequent eingehaltene Grenzen, an denen man nicht nur wachsen und sich reiben kann, sondern die nachvollziehbare Orientierungen bieten.

Die Annäherung an die Verwirklichung dieser anspruchsvollen Ziele ist seit je das Anliegen engagierter Pädagogik. Die Konzeptualisierung standardisierter Trainings- und Förderprogramme kann hierbei lediglich ein sehr bescheidener Beitrag sein. Die eigentlichen pädagogischen Kernaufgaben werden davon nicht berührt. Erziehung lässt sich nicht evidenzbasiert betreiben.

Evidenzbasierte Forschung hat ihre unverzichtbare Aufgabe in der Bereitstellung der besten Informationen aller Randbedingungen von Erziehung. Für Erziehungshandeln und dessen Erforschung stehen geeignetere Verfahren zur Verfügung. Hermeneutik und Phänomenologie sind hierbei wesentlich notwendige und für jegliche pädagogische Arbeit zentrale Methoden.

Literatur

Ahrbeck, B. (2016): ADHS und Evidenzbasierung. In: Ahrbeck, B./Ellinger, S./Hechler, O./Koch, K./Schad, G.: Evidenzbasierte Pädagogik. Sonderpädagogische Einwände. Stuttgart, 85–100.
Bellmann, J./Müller T. (2011): Wissen was wirkt. Kritik evidenzbasierter Pädagogik. Wiesbaden.
Benner, D. (1987): Allgemeine Pädagogik. Weinheim, München.
Biesta, G. (2014): The Beautiful Risk of Education. London.
Bueb, B. (2006): Lob der Disziplin. Eine Streitschrift. Berlin.
Casale, G./Hennemann, T./Grosche, M. (2015): Zum Beitrag der Verlaufsdiagnostik für eine evidenzbasierte sonderpädagogische Praxis am Beispiel des Förderschwerpunkts der emotionalen und sozialen Entwicklung. In: Zeitschrift für Heilpädagogik 7, 325–334.
Dedekind, R. (1893): Was sind und was sollen die Zahlen? Braunschweig.
Dilthey, W. (1990): Gesammelte Schriften I: Einleitung in die Geisteswissenschaften. Versuch einer Grundlegung für das Studium der Gesellschaft und der Geschichte (1883). Göttingen.
Dilthey, W. (1957): Gesammelte Schriften V: Die geistige Welt. Einleitung in die Philosophie des Lebens. 1. Hälfte: Abhandlungen zur Grundlegung der Geisteswissenschaften. Göttingen.
Frances, A. J. (2012): DSM 5 is guide not Bible. – Ignore the ten worst changes. *Psychology Today*, December 12. Retrieved February 2, 2013, In: http://www.psychologytoday.com, 20.08.2015.
Kobi, E. E. (2004): Grundfragen der Heilpädagogik. Ein Einführung in heilpädagogisches Denken. 6., bearb. und erv. Aufl. Rendsburg.
Nietzsche, F. (1952): Die fröhliche Wissenschaft. München.
Popper, K. (1973): Logik der Forschung. 5. Aufl. Tübingen.
Schad, G. (2012): Evidenzbasierte Erziehung? In: Ratz, C. (Hg.): Verhaltensstörungen und geistige Behinderung. Oberhausen, 23–37.
Schad, G. (2015): Evidenzbasierte Erziehung? In: Zeitschrift für Heilpädagogik 7, 335–344.
Slavin, Robert E. (2002): Evidence–Based Education Policies: Transforming Educational Practice and Research. In : Educational Researcher 31, 15–21.
McVittie A./Hussain S. S. (2013): The Economics of Ecosystems and Biodiversity – Valuation Database Manual.
Vitali, S./Glattfelder, J. B./Battiston, G. (2011): The network of global corporate control. Research article.
Voß, S./Sikora, S./Hartke, B. (2015). Was heißt hier Evidenzbasiert? – Kriterien zur wissenschaftlich begründeten Auswahl von Materialien für den Mathematikunterricht in der Grundschule. Zeitschrift für Heilpädagogik, 66, 85–101.
Winterhoff, M. (2009): Warum unsere Kinder Tyrannen werden. Oder: Die Abschaffung der Kindheit. Gütersloh.

Autorenspiegel

Bernd Ahrbeck, Prof. Dr. phil., Erziehungswissenschaftler, Dipl.-Psychologe, Psychoanalytiker, ist Inhaber des Lehrstuhls für Rehabilitationswissenschaften mit dem Schwerpunkt Pädagogik bei Verhaltensstörungen an der Humboldt-Universität zu Berlin. Seine Arbeitsschwerpunkte sind: Verhaltensgestörtenpädagogik, Psychoanalytische Pädagogik; Empirische Bildungsforschung; Schulische Inklusion.
Kontakt: bernd.ahrbeck@hu-berlin.de

Stephan Ellinger, Prof. Dr. phil., Dipl.-Pädagoge, Soziologe (M.A.) und ev. Theologe, ist Inhaber des Lehrstuhls für Pädagogik bei Lernbeeinträchtigungen an der Universität Würzburg. Seine Arbeitsschwerpunkte liegen in soziologischen Fragestellungen der Sonderpädagogik, in Problemfeldern der pädagogischen Beratung und in der schulischen und außerschulischen Förderung bei Lern- und Verhaltensstörungen.
Kontakt: stephan.ellinger@uni-wuerzburg.de

Oliver Hechler, Priv.-Doz. Dr. phil., Dipl.-Pädagoge und Kinder- und Jugendlichenpsychotherapeut, ist Akademischer Rat am Lehrstuhl für Pädagogik bei Lernbeeinträchtigungen an der Universität Würzburg. Seine Arbeitsschwerpunkte sind: Beratung als pädagogische Handlungsform, pädagogische Grundlagen der Sonderpädagogik und Psychoanalyse und Sonderpädagogik.
Kontakt: oliver.hechler@uni-wuerzburg.de

Katja Koch, Prof. Dr. phil., ist Inhaberin des Lehrstuhls für Frühe Sonderpädagogische Entwicklungsförderung an der Universität Rostock. Ihre Arbeitsschwerpunkte liegen in der frühen Förderung von Kindern sowie in Fragestellungen im Kontext von kognitiven Beeinträchtigungen.
Kontakt: katja.koch@uni-rostock.de

Gerhard Schad, Dr.phil., war vor seinem Ruhestand Akademischer Direktor am Lehrstuhl für Pädagogik bei Verhaltensstörungen an der Universität Würzburg mit den Schwerpunkten Beratung im Kontext sonderpädagogischer Arbeit, Erlebnispädagogik, Wissenschaftstheorie.
Kontakt: gerhard.schad@uni-wuerzburg.de

Bernd Ahrbeck

Inklusion

Eine Kritik

2. Auflage 2014
160 Seiten. Kart. € 24,99
ISBN 978-3-17-028779-2

auch als EBOOK

Brennpunkt Schule

Die schulische Inklusion ist heute allseits akzeptiertes Ziel für ein Mehr an Gemeinsamkeit von Kindern mit und ohne Behinderung. Allerdings bleiben hinter diesem Grundkonsens in der Inklusionsdebatte viele der anstehenden Fragen ungeklärt, darunter auch solche grundsätzlicher Art. Sie beziehen sich sowohl auf die konkrete Umsetzung als auch auf die Fernziele der Inklusion. Der Autor greift diese Fragen entschieden auf. Er spricht die neuralgischen Punkte in der Integrationsdebatte differenziert an, weist auf Widersprüche und ungelöste Problemstellungen hin, wobei Polarisierungen, die einer konstruktiven Weiterentwicklung der Inklusion im Wege stehen, vermieden werden.

Prof. Dr. Bernd Ahrbeck hat den Lehrstuhl für Verhaltensgestörtenpädagogik an der Humboldt-Universität zu Berlin.

Leseproben und weitere Informationen unter www.kohlhammer.de

W. Kohlhammer GmbH
70549 Stuttgart
vertrieb@kohlhammer.de